中国語教師のための
基礎講座
入門から初級レベルの教授法

村松恵子 著

白帝社

はじめに

今回、『中国語入門から初級の基礎力養成講座（会話編）』と『中国語入門から初級の基礎力養成講座（講読編）』を出版しました。両者はともに、主に日本の大学において日本語を母語とする大学生に中国語を教授する際に使用するテキストとして編みました。

そもそも「大学における良い授業」とは、どのような授業でしょうか。本書を読んでみようと思っていらっしゃる方の中には、すでに大学で中国語を教授している方、そしてさらにこれから大学で中国語を教授する予定である方などがいらっしゃると思いますが、皆さんはこの問に対して、どのようにお考えでしょうか。私は次のように考えます。

当該授業が、学部の専門科目の授業であれ、教養科目の授業であれ、外国語科目の授業であれ、さらには第二外国語科目の授業であれ、この問に対する答えはすべて同じだと思います。その答えは一言でいえば、「大学における良い授業とは、**学生の知的好奇心を刺激する授業**だ」ということです。大学によって、いわゆる偏差値や学生の学習意欲に差はあったとしても、「良い授業」に対する答えは同じはずだと考えます。

難しいことをやさしくわかりやすく説明するということは、とても重要なことです。しかし、「やさしくわかりやすく説明する」ということと、「幼稚である」ということは同じことではありません。全く異なることです。「難しいことをやさしく説明する」→そして「やさしく説明しながら深く説明する」→さらには「やさしくかつ深く説明しながら、それをさらに面白く説明する」というのが、理想だと思います。たとえば、大学生向けの中国語入門テキストにおいて、中国語の単語の意味を覚えさせるのに、牛乳瓶の絵を描いて“牛奶”、3個のリンゴの絵を描いて“三个苹果”と答えさせる練習問題を設定しているテキストをよく見かけます。しかしそれが、「やさしくわかりやすく説明しながら深く説明する」ということなのでしょうか。それは違うと思います。これは「幼稚」であるということの典型ではないでしょうか。絵を用いて教えることを否定しているのではありません。しかし、このような絵の使い方は、大学生には幼稚であると思います。私はこういうテキストを見ると、「日本の大学生の知的レベルは幼稚園児と同じですか？」と問いたくなり、怒りを通り越して、悲しくなってきます。

本題に戻ります。

「学生の知的好奇心を刺激」する方法は、中国語学習においても複数あると思います。中国に関して、歴史的、文化的、社会的、経済的等の各方面から、さまざまな説明や解説を行うことも、その方法の１つです。これに関しては、先生方もいろいろと工夫なさっていると思います。そこで本書では、**中国語を言語面から**、特に音声の特徴、語彙の特徴、文の構造の特徴という面から、**学生に知的刺激を与えることができる知識の一助となる内容**を書いていこうと思います。これが本書の柱の１つです。

これに加えて、もう１つ柱があります。中国語を教えるということによって教壇に立つ場合、教える対象が誰であれ、どのような年齢層であれ、「**中国語教師として最低限知っておく必要のある中国語に関する知識**」というものがあるはずです。換言すれば、「中国語を読んだり書いたり話したりできる＝中国語を教えることができる」ということではないということです。たとえその教師の専門が中国語学や中国語教育でなくても、中国語教師として教壇に立つのであれば、「中国語を教える際に必要な、中国語に関する最低限の言語的知識は持っていてしかるべきだ」ということです。そして、教師として心得ておかなければならないのは、入門の教授は簡単なことではなく、中級や上級と比べて、**入門の教授はそれこそが一番難しい**ということです。本書はこういう主旨からも解説していきたいと思います。

さらに、これまでに何冊もの「中国語文法書」は出版されています。しかし、中国語の音声については、中国語教師が学んでおかなければならない知識を教えてくれる手ごろな解説書がありません。本書では、**中国語の音声についても、中国語教師に最低限必要な知識を解説**していきたいと思います。これについては、その多くを平井勝利著『教師のための中国語音声学』（2012 年、白帝社）を参照して解説しています。

そして、音声、語彙、文の構造の各方面の解説において、それらは単に「こう教えれば OK です」というような内容ではなく、**「なぜそうなのか」**ということを解説するよう､いろいろと試みました。

本書が皆さんにとって中国語を教授していく際の一助となれば幸いです。

2023 年　8 月　　　　　　　　　　村松　恵子

目　次

はじめに … 1

Ⅰ．導入部

1. “汉语（漢語）”と“中文” …… 18
2. “普通话”とは何か …… 19
  2-1　“普通话”の枠組み … 19
    2-1-1　音声 … 19
    2-1-2　語彙 … 20
    2-1-3　文法 … 21
  2-2　“普通话”にいたるまでの歴史 … 21
    2-2-1　“北京官话（Mandarin）”とは何か … 21
    2-2-2　「国語」とは … 22
  2-3　清朝末期の歴史 … 23
    2-3-1　「中国何千年の歴史」という言い方 … 23
    2-3-2　清朝末期の留学生と視察団 … 25
  2-4　“国语”という問題 … 26
    2-4-1　「文学革命」… 26
    2-4-2　「文学革命」と「五・四運動」… 27
    2-4-3　「文学革命」と「漢字革命」… 27
    2-4-4　“中国拉丁化字母”… 28
  2-5　国語統一の中止と再開⇒“国语”から“普通话”へ … 28
3. “繁体字”と“简体字” …… 29
  3-1　中華人民共和国建国当時の人民の識字率の低さ … 29
  3-2　“中国文字改革委员会”… 30
  3-3　漢字の簡略化（“简体字”）… 30
    3-3-1　建国後の簡略化の歴史 … 30

3-3-2　簡略化の目標と簡略化の方法 … 31
4. “ピンイン”は「発音のルビ」 …… 36
5. 音声的特徴 …… 39
6. 語彙的特徴 …… 42
6-1　「屈折語」… 42
6-2　「孤立語」… 43
6-3　「膠着語」… 44
7. 台湾における言語状況 …… 45
7-1　台湾の“國語”教育の歴史 … 45
7-2　中国の“普通话”と台湾の“國語”の相違点 … 47

II. 発音部

1. 声調 …… 50
1-1　日本列島に漢字が伝来した … 50
1-2　中国語の漢字は音節文字である … 50
1-3　声調とは何か … 51
1-4　“普通话”は「四声」である … 51
1-5　声調のモデル … 52
1-5-1　趙元任のグラフ … 52
1-5-2　各声調の音声実体 … 53
1-5-3　声調のモデル … 54
1-5-4　各声調の発音のポイント … 55
1-6　二音節による声調の練習 … 62
1-6-1　20通りの組み合わせ … 62
1-6-2　日本語母語話者にとってリズムの取りにくいもの … 63
2. 音節の構造 …… 65
2-1　一音節の構造 … 65
2-2　音素と声母・韻母 … 65
2-2-1　音素とは … 66

2-2-2　声母と韻母 … 66
2-2-3　一音節の全体像 … 66
2-3　音節の独立性と等時性 … 67
2-3-1　音節の独立性 … 67
2-3-2　音節の等時性 … 68
3. 声母 …………………………………………………………………… 69
3-1　従来の声母表 … 69
3-2　子音の生成 … 71
3-2-1　ケネス・リー・パイクと「調音点」、「調音方法」… 72
3-2-2　上記の {声母表 1}、{声母表 2}、{声母表 3} の問題点 … 72
3-3　より正確な声母表 … 73
3-4　{声母表 4} の「調音点」と「調音方法」… 75
3-4-1　「調音点」… 75
3-4-2　日本語母語話者に説明が必要な「調音方法」… 76
3-4-2-1　無気音と有気音 … 76
3-4-2-2　/zh/, /ch/, /sh/, /r/ … 81
3-4-2-3　/z/ と /c/ … 83
3-4-2-4　その他の声母の調音方法 … 84
3-5　声母の説明の優先順位 … 85
4. 韻母 …………………………………………………………………… 87
4-1　母音の生成 … 87
4-2　基本母音（6 種類）… 88
4-2-1　/e/ … 90
4-2-2　/i/ … 91
4-2-3　/u/ … 92
4-2-4　/ü/（ウムラウト）… 93
4-3　二重母音、三重母音 … 94
4-4　介母の重要性 … 96
4-4-1　介母は 3 種類 … 96
4-4-2　日本語母語話者にとって介母の認識は重要である … 96

4-5　音節末尾音の /-n/ と /-ng/ … 98
4-5-1　中国語の /-n/、/-ng/ と日本語の撥音「ん」… 98
4-5-2　/-an/ と /-ang/ … 100
4-5-3　/-in/ と /-ing/ … 101
4-5-4　/-ian/ と /-iang/ … 102
4-5-5　/-ong/ の /o/ … 103
4-6　“儿化音” … 104
4-6-1　発音の要領 … 105
4-6-2　“儿化”に伴う韻尾の音声変化 … 106
4-7　韻母の説明の優先順位 … 109
5．軽声と声調変化 …… 110
5-1　軽声 … 110
5-1-1　軽声の音の高低 … 110
5-1-2　軽声音節は弱化音節である … 111
5-1-3　テキスト『会話編』、『講読編』における軽声の図 … 113
5-1-4　語彙的軽声と文法的軽声 … 113
5-1-5　弱化による音声変化 … 114
5-1-5-1　声母の弱化 … 115
5-1-5-2　韻母の弱化 … 115
5-2　声調の変化 … 117
6．中国語音節全表 …… 119
6-1　音節全表の構成 … 119
6-1-1　介母によるグルーピング … 119
6-1-2　声母がゼロの音について … 119
6-1-3　韻母の表記と“拼音字母”の表記が異なるもの … 120
6-2　音節全表の不備 … 122
7．日本語の特殊音節と中国語 …… 123
［発音部のおわりに］ …… 124

III. 表現部

[1]　中国語の文法研究について …………………………………………… 126
1. 中国語文法研究の歴史 ………………………………………………… 126
2. 中国における中国語の学校文法 ……………………………………… 128

[2]　各文法項目の説明に入る前に ………………………………………… 130
1. 簡単な表現の発音練習—基本的なあいさつ表現 ……………………… 130
1-1　中国語は漢字の「原義」が生きている言語 … 130
1-2　「“请”＋V」という表現について … 133
1-3　その他：“你好”について … 134
2. 中国語の基本文型—4つ …………………………………………………… 134
2-1　「主語」と「述語」… 134
2-1-1　そもそも「主語」とは何か … 135
2-1-2　英語の主語の特徴 … 136
2-1-3　これまでの中国語の主語の捉え方 … 136
2-2　テキスト『会話編』と『講読編』での中国語の文の捉え方 … 139
2-2-1　英語の文の捉え方 … 139
2-2-2　中国語の文の捉え方 … 141
2-2-3　中国語の４つの基本文型 … 142
2-2-4　基本文型の全体像を示す重要性 … 145
2-3　“A是B。”について … 145
2-3-1　“是”の捉え方の歴史 … 146
2-3-2　“是”を「動詞」とする根拠 … 147
2-3-3　“是”を用いない表現の捉え方 … 148
2-2-4　“是”の品詞の位置づけ … 149
2-4　「大主題述部文」について … 152
3. 情報伝達構造から見た「中国語の文の語順三原則」 …………………… 153

[3]　中国語の「品詞」について ……………………………… 157
1.「品詞」とは何か ……………………………… 157
2. 日本語の語彙の品詞と中国語の語彙の品詞の比較 ……… 157
3. 中国語における形容詞と動詞 ……………………… 159

[4]　入門、初級段階で押えておくべき文法項目 ……………… 161
1. 人称代名詞 ……………………………… 161
1-1　自分をどう呼ぶか＝一人称の日中語比較 … 161
1-2　相手をどう呼ぶか＝二人称の日中語比較 … 162
1-3　“你”と“您”＝敬語の日中語比較 … 163
1-4　第三者をどう呼ぶか＝三人称の日中語比較 … 164
1-5　“我们”と“咱们”（一人称複数）… 164
1-6　“它”… 167
2. 指示詞 ……………………………… 168
2-1　中国語の指示詞と日本語の指示詞 … 168
2-2　“这／那／哪”とは何か … 169
2-3　“这”と“那”は文の「主題」となることができる … 170
2-3-1　“这”と“那”が文の「主題」となる文型について … 171
2-3-2　“这”と“那”が文の「主題」となることができる理由 … 176
2-3-3　“这”と“那”が文の「主題」になる場合の相違 … 177
2-4　“这／那／哪”にはなぜ量詞が必要か … 178
2-5　“这本书”と「この本」… 179
2-6　英語の指示詞“this ／ that”との比較 … 182
2-7　中国語指示詞のバリエーション … 184
3. 構造助詞の“的”と“地”……………………………… 187
3-1　構造助詞とは何か … 187
3-2　構造助詞の“的”… 188
3-3　構造助詞の“地”… 190
4. 名詞述語文 ……………………………… 191
5. 疑問文 ……………………………… 192

5-1　“吗”の疑問文 … 192
5-2　反復疑問文 … 193
5-3　“吗”の疑問文と反復疑問文の相違 … 193
5-4　疑問詞疑問文 … 195
6. 副詞 ……………………………………………………………………… 199
6-1　副詞とは何か … 199
6-2　“也” … 199
6-2-1　文脈が重要 … 199
6-2-2　疑問文について … 201
6-3　“都” … 202
6-3-1　全部否定と部分否定 … 203
6-3-2　疑問文について … 203
6-4　“还” … 204
6-4-1　“还”の本質的な意味 … 205
6-4-2　疑問文について … 206
6-4-3　“还”の日本語訳の問題点 … 207
6-5　“就” … 207
6-5-1　“就”の従来の説明 … 208
6-5-2　“就”の本質的な意味 … 209
6-6　“才” … 212
6-6-1　“才”の従来の説明 … 213
6-6-2　“才”の本質的な意味 … 213
6-6-3　“才”と文末の“了” … 216
6-7　“不”と“没（有）” … 217
6-7-1　2つの否定の表現のまとめの表 … 217
6-7-2　“不”と“没（有）”の本質的な相違 … 218
6-7-2-1　“不”による否定 … 218
6-7-2-2　“没（有）”による否定 … 219
7. 前置詞 …………………………………………………………………… 221
7-1　前置詞とは何か … 221

7-2　“把”… 223
7-2-1　“把”の目的語 … 224
7-2-2　“把”の目的語に対する行為者の行為 … 226
7-2-3　行為者は“把”の目的語に対して積極的に働きかけるのか … 227
7-3　使役の“让”、“叫”、“使”と受け身の“被”、“让”、“叫”… 230
7-3-1　使役の“让”、“叫”、“使”… 230
7-3-2　受け身の“被”、“让”、“叫”… 232
7-3-3　“让”と“叫”の使役と受け身の区別 … 235
8. 語気助詞 ……………………………………………………………… 236
8-1　「対事的語気助詞」と「対人的語気助詞」… 236
8-2　対事的語気助詞 … 237
8-2-1　“的”… 237
8-2-2　“了”… 240
8-3　対人的語気助詞 … 241
8-3-1　“呢”… 241
8-3-2　“吧”… 242
8-3-3　“吗”… 243
8-3-4　“啊”… 243
8-4　「対事的語気助詞」と「対人的語気助詞」の境界線 … 244
9. 時態助詞 ……………………………………………………………… 245
9-1　時態助詞とは何か … 245
9-2　“了”… 246
9-2-1　従来の説明 … 246
9-2-1-1　文末の“了”の従来の説明―「変化」、「発生」… 246
9-2-1-2　動詞の直後の“了”の従来の説明―「完了」、「実現」… 247
9-2-2　“了”の本質的な意味 … 248
9-2-3　2つの“了”の連用 … 251
9-2-4　「動詞+“了”+はだかの目的語」では文は完結しないのか … 252
9-3　“过”… 254
9-3-1　従来の説明 … 254

9-3-2 「経験」とは何か … 254
9-3-3 “过”の本質的な意味 … 255
9-4 “着”… 257
9-4-1 従来の説明 … 257
9-4-2 “着”の「時間的特性」と「質的特性」について … 258
9-4-3 “着”の本質的な意味 … 260
9-5 時態助詞表現の否定型 … 260
10. “有”の表現 …… 261
10-1 “有”の原義 … 261
10-2 “有”と“在”の相違 … 262
10-3 その他の重要な説明 … 264
11. 疑問詞について …… 265
11-1 “什么”… 265
11-2 “怎么”… 266
11-2-1 従来の説明 … 266
11-2-2 “怎么”の本質的な意味 … 267
11-3 “几”と“多少”… 270
11-3-1 “几”の学習者に対する説明のポイント … 270
11-3-2 “多少”の学習者に対する説明のポイント … 271
11-3-3 量詞の付加について … 272
11-4 「“多”＋形容詞」の表現 … 273
11-5 疑問詞の不定代名詞の用法 … 273
12. 助動詞 …… 275
12-1 可能の意味を表す助動詞“会”、“能”、“可以”… 275
12-1-1 “会”… 275
12-1-1-1 従来の説明 … 275
12-1-1-2 “会”の意味する可能の本質 … 276
12-1-1-3 “会”の否定表現 … 278
12-1-2 “能”… 278
12-1-2-1 従来の説明 … 278

12-1-2-2 “能”の意味する可能の本質 … 279
12-1-2-3 “能”の否定表現 … 280
12-1-3 “可以”… 282
12-1-3-1 従来の説明 … 282
12-1-3-2 “可以”の意味する可能の本質 … 283
12-1-3-3 “可以”の否定表現 … 288
12-2 願望や義務などを表す“想”、“要”、“得”、“应该”… 289
12-2-1 “想”… 289
12-2-2 “要”… 290
12-2-3 “得”… 291
12-2-4 “应该”… 292
13. 補語……………………………………………………………………………294
13-1 中国語における補語とは何か … 294
13-2 結果補語 … 295
13-3 方向補語 … 296
13-3-1 単純方向補語と複合方向補語の種類 … 296
13-3-2 単純方向補語と複合方向補語の派生義 … 297
13-3-3 複合方向補語の“下来”と“下去”… 298
13-3-4 複合方向補語の表現の目的語の位置 … 299
13-4 程度補語 … 301
13-4-1 “得”のないタイプと“得”のあるタイプ … 301
13-4-2 “得”のないタイプの例 … 303
13-4-3 “得”のあるタイプの例 … 303
13-5 “得”補語 … 303
13-5-1 様態補語 … 303
13-5-1-1 様態補語の肯定表現 … 303
13-5-1-2 様態補語の否定表現と反復疑問型 … 304
13-5-1-3 「形容詞＋“得”」の例 … 305
13-5-1-4 様態補語の自立性 … 305
13-5-1-5 様態補語表現は「主述述語文」か … 306

13-5-2　可能補語 … 307
13-5-2-1　可能補語の本質的な意味 … 307
13-5-2-2　可能補語の肯定型と否定型の使用頻度の差について … 309
13-5-2-3　可能の助動詞“能”と可能補語の連用（“能”＋V 得 R） … 310
14. 比較の表現 …… 311
14-1　前置詞“比”を用いた比較の表現 … 312
14-1-1　学習者に対する説明のポイント … 312
14-1-2　前置詞“比”を用いた比較の表現の否定型は“不比” … 312
14-2　“有”を用いた比較の表現 … 313
14-3　“不比”と“没有”の比較の表現が続けて用いられている例 … 313
15. “有点儿” …… 315
15-1　“有点儿”と“一点儿”の従来の説明 … 315
15-2　“有点儿”の本質的な意味 … 316
16. 「“好”＋動詞」の表現 …… 320
17. コミュニケーションを円滑にするための婉曲表現 …… 322
17-1　動詞の重複形式 … 322
17-2　動詞＋“一下儿”、“一点儿”、“一会儿” … 323
18. 一文中に動詞が複数表現される動詞文 …… 325
18-1　連動式動詞文 … 325
18-2　兼語式動詞文 … 326
18-2-1　従来の捉え方 … 326
18-2-2　本書の捉え方 … 327
18-2-3　“有”は兼語式動詞文 … 328
19. 存現文 …… 330
19-1　存現文の語順とその特徴 … 330
19-2　自然現象を表す文 … 332
20. 文と文をつなぐ接続詞 …… 332
20-1　逆接の接続詞―“可是”、“不过”、“但（是）” … 333
20-2　接続詞および副詞と呼応関係のある接続詞の表現 … 334

21. 品詞の兼務 …… 336
21-1 “在”の４つの品詞 … 336
21-1-1 “在”の４つの品詞の例 … 337
21-1-2 学習者に対する説明のポイント３つ … 338
21-1-2-1 “在”の基本義 … 338
21-1-2-2 “在”に後置するもの … 338
21-1-2-3 前置詞の“在”の用法と補語の“在”の用法の意味の違い … 339
21-2 “给”の３つの品詞 … 340
21-2-1 “给”の３つの品詞の例 … 341
21-2-2 学習者に対する説明のポイント３つ … 341
21-2-2-1 “给”の原義 … 342
21-2-2-2 前置詞の“给”… 344
21-2-2-3 補語の“给”… 344
22.「動詞＋[sentence]」の表現 …… 345

[5] その他 …… 347
1. 親族呼称＝家族をどう呼ぶか …… 347
2. 日中同形語 …… 348
2-1 意味概念が完全に一致するもの … 348
2-2 意味概念が部分的に一致するもの … 349
2-3 意味概念が完全に異なるもの … 350
3. “多音字（破音字）” …… 350
4. 外来語 …… 351
4-1 外来語の作り方 … 351
4-2 外来語から見る語彙的経緯と中国文化 … 352
5. 離合詞 …… 353
6. 漢字の同音異義による誤解を避けるための方策 …… 357
6-1 声調 … 358
6-2 量詞（類別詞）… 358

6-3　単音節語の複音節語化 … 360
7. 今後の中国語 …… 361

[6]　**中国語の文の構造のまとめ** …… 362
1. 文型から見た構造のまとめ …… 362
2. 名詞、形容詞、動詞の修飾表現 …… 363
3. 形容詞と動詞の補語表現 …… 364

参考文献 … 365
おわりに … 368
中国語音節全表

I

導入部

1．“汉语（漢語）”と“中文”

「現代中国語」を指す中国語の名称は複数あります。

まず、「現代中国語」というのは大体、五・四運動（1919 年）以降の中国語を指します[1]。現在では現代中国語を指す名称として通常、**“汉语”**と**“中文”**が用いられます。この 2 つの名称の違いは何でしょうか。

① **“汉语”**＝これには 2 つの意味があります。1 つは、**「漢民族の言語」**という意味です。中国は多民族国家で、自分たちの言語を持っている民族もいます。たとえばチベット族はチベット語、モンゴル族はモンゴル語、ウイグル族はウイグル語を持っています。そこで漢民族（“汉族”）の言語を“汉语”と呼んでいます。

　もう 1 つは、**学術用語**として用います。したがって、中国語の辞書は《现代汉语词典》、文法研究書は《实用现代汉语语法》というように、必ず**“汉语”**を用います。

② **“中文”**＝本来は文字となっている中国語を指しました。つまり書き言葉の中国語です。したがって“说中文”という言い方は成立しないはずですが、現在ではこれも抵抗なく用いられています。

この他に、“中国话”という言い方もありますが、これは主に話し言葉の中国語を指します。したがって、学習者に中国語を中国語で何というかと教える際には、**“汉语”と“中文”の 2 つを教える**のが妥当です。

ちなみに「中国語」という言い方は日本語です。

1　これについては 2-4 で詳述。

2. “普通话 pǔtōnghuà”とは何か

“普通话 pǔtōnghuà”とは一言でいえば、「**中華人民共和国の民族全体の共通語**」です。そして教師としては、授業の最初に学習者に対して、「**これから学んでいく中国語は“普通话 pǔtōnghuà”である**」ということをきちんと説明することが必要です。

“普通话”という名称は 1955 年 10 月に“全国文字改革会议”において正式に採用されました。以下で、その枠組みを見ていきます。

2-1 “普通话”の枠組み

民族共通語である“普通话”の音声面、語彙面、文法面の柱はそれぞれ次の通りです。

1. 音声面：北京語音を標準語音とする。
2. 語彙面：北方方言を基礎語彙とする。
3. 文法面：五・四運動（1919 年）以降の模範的な“白话文”の著作をその規範とする。

“普通话”はこのように定義づけられ、1956 年 2 月に“国务院指示”が公布され、同年 9 月からは小中学校で国語教育に“普通话”が採用されるようになりました。

では次に、“普通话”のそれぞれの柱の内容を詳しく見ていきます。

2-1-1 音声

“普通话”は音声面では北京語音を標準語音としています。その理由は次の通りです。

清末に公用標準語として認められていたのは“北京官话（Mandarin）”[2]で、さらに中華民国成立後、1924 年に北京語音が国音の標準とされまし

---

2 “北京官话（Mandarin）”については 2-2-1 で詳述。

た。これらが、北京語音が“普通话”の音声面でのベースとして採用されることになった理由です。

2-1-2　語彙

“普通话”は語彙面では七大方言の中の北方方言を基礎語彙としています。ちなみに七大方言とは、以下の通りです。

（1）北方方言（長江以北の各省）　（2）呉方言（浙江省）
（3）湘方言（湖南省）　（4）贛（カン）方言（江西省）
（5）客家（ハッカ）方言（広東省・江西省・福建省・四川省などに散在）
（6）粤（エツ）方言（広東省・江西省）（7）閩（ビン）方言（福建省）

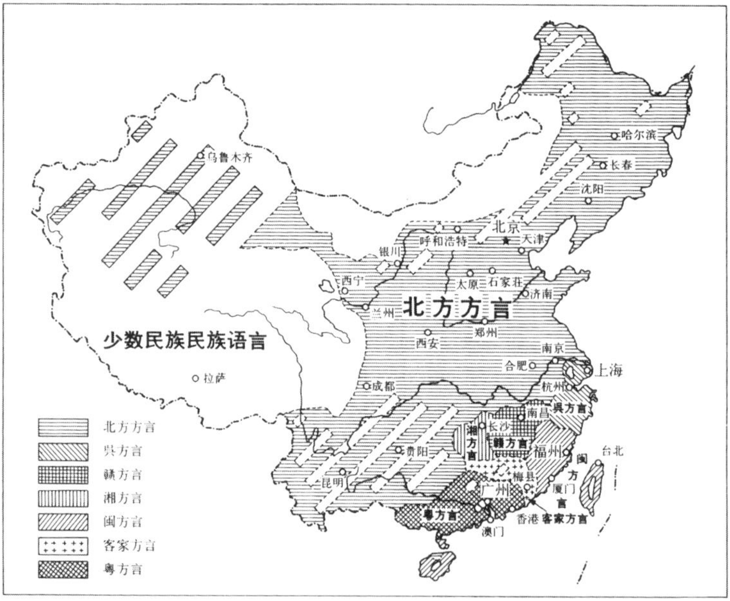

现代汉语方言分区地图（1989 年、松尾善弘『漢語入門発音編』白帝社より）

七大方言の中で（1）の北方方言が“普通话”の語彙面での基礎として採用された理由は、上記の中国語方言地図からも分かるように、七大方言の中で**北方方言の使用地域が一番広く、また使用人口も一番多い**からです。

2-1-3　文法

“普通话” は、文法面では五・四運動以降の模範的な “白话文” の著作を規範としています。

“白话” とは通常、“明白如话（明白であること話の如し）” の省略だと言われています。しかし “白” には「説明する、陳述する」などの意味があり、戯曲の中の歌のないセリフのことを言います。つまり “白” にはもともと「話す」や「話すもの」という意味があり、**“白话文” とは、話し言葉を反映して書かれた文のこと**を指します。古代中国語の基本語彙と文法を基にして書かれた春秋・戦国時代の《詩経》や諸子百家の文章などが “文言文” と呼ばれるのに対して、話し言葉を反映して書かれたものが “白话文” と呼ばれているということです。たとえば明代に書かれた長編小説の《水滸伝》や《金瓶梅》、清代に書かれた長編小説の《儒林外史》や《紅楼夢》などは “白话文” です。

“文言文” ⟷ “白话文”

さらに教師としては、下記のタームも押えておく必要があります。

“书面语（書き言葉）” ⟷ “口头语（話し言葉）”

以上が “普通话” の枠組みです。

これが、現在私たちが日本語で「中国語」と呼んでいるもの、あるいは中国においてアナウンサーが使っている言葉の実体です。したがって、**“普通话” は北京語そのものではありません**。このことはきちんと押えておく必要があります。

2-2　“普通话” にいたるまでの歴史

中国語の統一は “北京官话（Mandarin）” → “国语” → “普通话” という歴史です。ここではまず、“北京官话（Mandarin）” について見ていきます。

2-2-1　“北京官话（Mandarin）” とは何か

「官話」とは、「役人や知識人の話すべき言語」のことです。

明清時代の北京の歴史は次の通りです。まず、1368年に明王朝が建国されましたが、当初、都は南京でした。そして1421年に明の第3代皇帝の永楽帝が都を北京に遷しました。明が1644年に滅亡してからは、清王朝が北京を都とし、それは1912年の清王朝滅亡まで続きました。

明王朝が当初南京を都としたことにより、19世紀初頭まで、南京語音を基礎とした「南京官話」が役人や知識人の公用語となっていました。しかし、その中で北京の役人だけは北京語を話しているという実態がありました。

これが大きく変化したのは、アヘン戦争（1840-42）以後のことです。アヘン戦争以後は、外交言語として北京語がその地位を獲得し、「北京官話」が、それまで役人や知識人の公用語であった「南京官話」に取って代わることとなりました[3]。

2-2-2 「国語」とは

次に、“国语”（国語）という語彙について見ていきます。

「国語」という語彙は、日本の江戸時代末期から明治初期に日本人が造った1万語あまりの漢語（＝新造漢語）[4]の1つです。日本においては、江戸末期から「邦語」→「日本語」→「国言葉」→という変遷を経て、明治期に入って「国語」に定着しました。

「国語」に定着させたのは国語学者の上田万年（うえだかずとし）[5]という人です。上田万年は明治27年(1894年)にヨーロッパ留学から帰国し、東大に国語研究室を開設しました。そして「国語と国家と」と題する講演を行って、ドイツで学んだ言語ナショナリズム（＝民族による国家を創り、その国家にその民族による「国語」を設定する）を日本に植え付ける役割

3　中村雅之 2007、2012参照。

4　「新造漢語」については、「Ⅲ．表現部」の最後の項目である「[5] その他」の「2. 日中同形語」の中で詳述しています。参照して下さい。

5　「P音考」は有名な論文です。関心のある方はネットなどで調べてみて下さい。
小説家の円地文子は彼の娘であり、教え子に新村出、橋本進吉、金田一京助などがいます。

を果たしました。この日本語の「国語」の概念が中国に入っていき、中国で“国语 guóyǔ”と呼ばれました。

「国語」の決め方には2つの方法があります。1つは「標準語」という決め方、もう1つは「共通語」という決め方です。この2つの方法の違いは次の通りです。

① **「標準語」**：これは、特定の地域や階層で使用されている言葉を標準とする決め方です。日本の「国語」は1913年に標準語という決め方を採用しました[6]。

② **「共通語」**：これは、広い地域にわたって共通に使用している、共通に通用する言葉という決め方です。中国の“国语”は共通語という決め方で、中華人民共和国成立後、これは“普通话”という名称になりました。共通語にはいくつかの柱が必要となります。“普通话”の柱については、2-1でお話しした通りです。

2-3　清朝末期の歴史

ここでは少し清朝末期の歴史を概観していきます。

2-3-1　「中国何千年の歴史」という言い方

よく「中国3千年の歴史」とか「4千年の歴史」という言い方をします。しかし実際には「中国」という国が何千年も存在したわけではありません。

“中国”という言葉は、もともとは「中央の都市」という意味で、本来は「首都」を意味しました。

1912年に中国大陸に初めての共和制の国である「中華民国」が成立するまで、中国大陸の歴史は王朝の歴史です。そしてそれらは決して漢民族の一貫した王朝ではなく、いろいろな民族の争いの歴史です。皆さんがこれまで中国史を勉強したときに暗記したのは、中国大陸における民族の攻

6　日本の「標準語」は、「東京の教養ある階級の言葉を素地とする」というようなものでしたが、現在では、日本語においては何を「標準語」とするのか、または日本語は「共通語」なのか、明確な規定、定義がないというのが現実です。

防によって成立した歴代の王朝名だったはずです。

では「中国何千年の歴史」という言い方はどのようにして生まれたのでしょうか。

清朝にとって歴史的に大きな転換点となったのはアヘン戦争（第1次アヘン戦争は1840年～42年、第2次アヘン戦争は1856年）における敗北でした。続く1894年の日清戦争で日本に敗北するまで、清朝と他国との関係は「冊封（さくほう：君臣関係を結ぶもので、朝鮮王朝などがそれにあたります）」や「朝貢（貢物を奉じる関係で、日本などがそれにあたります）」といったものでした。しかしアヘン戦争敗北後、清朝と他国との関係は次第に近代的な条約によるものに転換していきました。

すでに19世紀後半の清朝の外交文書には、“英国”、“法国”などの言い方に対して“中国”が用いられていたこともあり、“清”という王朝名よりも“中国”を国名として意識するようになっていきました。そして次第に“中国”は、王朝を貫く国家の呼称として位置づけられていきました。

そしてさらに、知識人の間で王朝を超越した「中国の歴史」というものが求められるようになり、「中国史」という共通の歴史を持つ“中国人”というものが想定されるようになったのでした。これが定着して、19世紀後半から「中国3千年の歴史」とか「4千年の歴史」という言い方が広がっていきました。

つまりこの言い方は、150年ほど前から意図的に使われるようになったということです。換言すれば、19世紀中葉に外圧に屈するまでは、中国大陸においては国家としての“中国”や、そこの人民である“中国人”というものは意識されていなかったということです。

さらに現在の中国では、これに加え、中華人民共和国の国籍を持つすべての民族と、世界中の中華系の人々を包括する言い方として、“中华民族”という言葉が頻繁に使われています。そして“中华民族”の共通の歴史を“中华文明”と呼び、モンゴル帝国の初代皇帝であるチンギス・ハンなども、「中華民族の英雄」と呼んでいます。

ちなみに、日本においても明治になって初めて「日本」や「日本人」というものが人々に認識されていきました。しかし“中国”という国家の呼称が19世紀後半から使用されたのに対して、「日本」というのは1300年ほど前（持統天皇の時代）から現在まで一貫して存在し、使用されている国号です。

2-3-2　清朝末期の留学生と視察団

アヘン戦争、続く日清戦争に敗北した清朝は、明治維新後約30年で近代国家を築いた日本から、日本そのものではなく、日本の摂取した西洋近代を学ぼうとしました。清朝は1896年に13名の官費留学生を初めて日本に派遣し、1905年には官費、私費をあわせて1万人を超える留学生が来日しました。続く中華民国成立後も、西洋近代を学ぶため、多くの留学生が来日しています。この中には後に中国近代化に重要な役割を果たした人々（蒋介石、陳独秀、魯迅、周作人、郭沫若、周恩来など）が含まれています。

- 蒋介石＝日本の陸軍士官学校に留学。孫文の後継者として1928年に南京政府の主席となる。1949年に台湾に中華民国を移す。
- 陳独秀＝1921年に中国共産党創立時の初代総書記。
- 魯迅（周樹人）＝中国近代文学の父。現在の東北大学医学部に留学。
- 周作人＝魯迅の弟。日本文学に造詣が深く、『源氏物語』などを中国に紹介。
- 郭沫若＝文学者。現在の九州大学医学部に留学。中日友好協会名誉会長。
- 周恩来＝中華人民共和国初代首相。

さらに清朝は、さまざまな分野において日本に学ぶための視察団を派遣しています。たとえば教育の分野においては、中国に近代学校制度を導入するために、1902年に4か月間にわたって呉汝綸を中心とする視察団を派遣しました。呉汝綸は、中国最初の近代的大学である“京师大学堂”（1898年～1912年。中華民国成立後の1912年に「北京大学」と改称された）の教員でした。呉汝綸は帰国後、中国で初めて“国语”ということばを使い、北京語を標準とする“国语”の実施に関する意見書を、当時の清朝の大臣に送っています。

ちなみに、中国は**1905年**に、隋の時代から1300年余り続いた**科挙試験（元代に一時中止）を廃止**しました。そしてここから中国の教育制度の近代化が始まりました。

2-4 “国语”という問題

中国において、“国语”という名称で全国に通用する言語の問題が取り上げられたのは1910年からです。中国においても日本と同様に、近代国家統一に向けて全国に通用する“国语”の制定が実施されようとしました。そして清朝政府の中でかなり具体的な方法まで議論されましたが、1911年の辛亥革命のため、これは実施できませんでした。

1912年に中華民国が成立し､翌年の1913年には中華民国の教育部（日本の文部科学省にあたる）が“读音统一会”を招集し、中国語の発音の統一と中国語表音方案について、史上初めて議論されました。そして漢字の筆画をもとにして考えられた“注音字母”が1918年に公布され、1923年には北京語が国音の標準とされました。

2-4-1 「文学革命」

中華民国政府によって全国共通の言語の問題が議論されている頃、1910年代中頃から､「文学革命」と呼ばれる啓蒙運動が起こりました。この文学革命のスローガンは「科学と民主」で､儒教道徳を批判しました。この革命の大きな特徴は、それまでのような一部の知識人による革命に終わらなかったということです。

この運動の中心人物であった陳独秀は、1915年に上海で《新青年》（当初の名前は《青年雑誌》）を創刊し、さらに1917年には胡適がこの《新青年》に“白话文学”を提唱する論文を発表しました。これを受け、鲁迅が1918年に“白话文”で書かれた初めての小説『狂人日記』を発表し､「白話文学運動」を発展させました。

日本においても、明治期から大正期にかけて、「言文一致運動」が起こります。**日本の「言文一致運動」も中国の「白話文学運動」も**、どちらも目指したのは**「書き言葉を話し言葉に近づける」**ということです。皆さんもご存じの通り、中国語も日本語も、19 世紀後半に西欧文化の影響を強く受けるまで、書き言葉と話し言葉の乖離は当然のことと考えられてきました。ヨーロッパの言語と出会い、「話しているように書かれている」文章に出会い、多くの知識人は衝撃を受けたのでした。

2-4-2 「文学革命」と「五・四運動」

「文学革命」が展開されている状況のなか、1919 年 5 月 4 日、パリ講和会議におけるベルサイユ条約の内容[7]に反対する北京の学生約 3000 名が、市内をデモ行進しました。これが**「五・四運動」**です。この運動はその後全国各地に波及し、単なる学生運動ではなく、労働者や商人層など、広汎な社会階層を巻き込んだ運動へと発展していきました。それに伴って、それまで一部の知識階級が使用していた古典的な“文言文”ではなく、話す言葉で書かれた文章、すなわち“白话文”を使うことが、中華民国政府にも受け入れられていきました。そして 1920 年には政府の教育部が全国の国民学校の教科書を“白话文”に改め、教科名を初めて“国语”と呼びました。

以上のような時代背景のもとで、**五・四運動以降の中国語を「現代中国語（“现代汉语”）」**と区分しています。

2-4-3 「文学革命」と「漢字革命」

「文学革命」の中では、「漢字革命」も提唱されました。この「漢字革命」の議論の焦点は、漢字とローマ字のどちらを選択するかということでした。これを受け、1928 年には教育部によって、北京語を標準音とした“國語羅馬字（国語ローマ字つづり）”が公布されました。しかしこの国語ローマ字つづりの普及には政府が積極的でなかったため、大衆の間に普及して実用化されるということはありませんでした。

また、1918 年に公布された“注音字母”は 1930 年には“注音符号”

7　その内容は、第一次大戦中に日本が要求した二十一か条の要求を取り消さない、ドイツの山東省権益を日本に与えるなど、中国にとって不利益なものでした。

と改称されました。

2-4-4 “中国拉丁化字母”

その他、ソ連領内において中国共産党員の瞿秋白を中心に“中国拉丁化字母（中国ラテン化字母）”が考案され、1930 年に発表されました。これはソ連領内にいる文字を知らない中国人のために考案されたもので、その特色は、28 の字母を用い、声調は表記しないというものでした。瞿秋白は、「これが大衆に定着すれば、適当な時期に漢字に取って替わることができる」と考えていました。

また 1930 年代中頃から「大衆語運動」が展開され、1935 年 12 月には蔡元培（教育者、民国初代文部大臣、1916 年に北京大学学長）、魯迅、郭沫若ら 688 名の知識人によって“中国拉丁化字母”を積極的に擁護する意見書が発表されました。その結果、上海、北京、西安、重慶、漢口、広州などの国民党支配地域のみならず、延安を中心とする解放区にも、この新文字は定着していき、さらに抗日戦争（日中戦争のこと、1937 ～ 1945）の時期にも、ラテン化新文字運動は発展していきました。

2-5 国語統一の中止と再開⇒“国语”から“普通话”へ

1937 年に抗日戦争が始まると、国語統一に関するすべての事業は停止しました。これが再開されるのは、1949 年 10 月 1 日の中華人民共和国成立後のことです。

1949 年 10 月 10 日に“全国文字改革协会”が設立され、1954 年 10 月には国務院（日本の内閣に相当する最高の国家行政機関）の指導のもと、“全国文字改革委员会”が成立しました。さらに **1955 年 10 月には“全国文字改革会议”** が招集され、これ以降は民族共通語を“国语”ではなく、**“普通话”** と呼んでいます（中国の学校での教科名は“语文”です）。

以上が、“北京官话（Mandarin）”→“国语”→“普通话”という中国語の歴史です。このような中国語の歴史を、中国語の講義において詳細に説明する必要はありませんが、中国語の教師としては、自分が教えている中国語の近・現代の歴史に対するおおまかな知識は必要でしょう。

3. “繁体字” と “简体字”

現在中国では主に “简体字” が使われています。ここではその経緯と簡略化について見ていきます。

3-1　中華人民共和国建国当時の人民の識字率の低さ

1949 年の中華人民共和国建国当時、人口は 5 億人ほどでしたが、そのうちの実に 8 割にあたる約 4 億人が、文字が読めない、書けないという状況だったのです。つまり、中国建国当時の識字率は 2 割程度だったということで、このことは、換言すれば、それまでこの地域において漢字は、総人口の 2 割に満たない封建支配者階級に独占されていたということを意味します。

そこで建国後、識字率アップということが国家発展の必要条件となり、1949 年 12 月に教育部によって “全国教育会议” が招集され、成人に対する識字教育を推進することの必要性が確認されました。

ちなみに戦後の日本においては、日本を統治していた GHQ（連合国総司令部の日本統治は 1952 年まで続いた）が、日本語の漢字を廃止して、日本語をローマ字化しようと考えました。しかし GHQ によって実施された「国語テスト」によって、逆に当時の日本人の識字率の高さが証明され、日本語の漢字は廃止することができませんでした[8]。

8　漢字を廃止してローマ字化する前に、日米合同で国語テストを実施することになり、1948 年 8 月、全国民の国語のレベル測定テストを、15 歳から 64 歳（当時の平均寿命は 60 歳程度）までの無作為で選んだ約 2 万人に対して実施しました。結果は、全国平均点が 78.3 点、0 点が 1.7%でした。GHQ 側は、柴田武（当時、東大言語学助手）に結果の改ざんを要求しましたが、柴田はこれを断りました。当時の日本人のこの識字率の高さに、GHQ は日本語のローマ字化を断念せざるを得ず、その結果、現在日本語は、書き言葉において「口語体による漢字かな交り文」を用いています。

中国建国当時、当然、漢字を廃止してすべてローマ字化するという考え方もありました。しかし、それまで一部の封建支配階級に独占されてきた漢字を、そして自分たちの文化そのものである漢字を一般庶民も学びたいという強い要求があり、漢字を廃止できなかったという状況がありました。

さらに、ローマ字は表音文字なので、ローマ字化すると次第に表記が地域によって変化していき、ヨーロッパのように言語分裂から国家の分裂になりかねないという懸念もありました。

では、中国政府は漢字の識字率の低さにどのように対応していったのか、以下で見ていきます。

3-2　“中国文字改革委員会”

1954 年 10 月に“中国文字改革委員会”が成立しました。これは初めて“文字改革”という名称が付けられた政府の専門機関でした。

この委員会の急務は以下の 2 つでした。

（1）漢字の簡略化

（2）漢字のローマ字方式による表音表記

（1）の漢字の簡略化は、当時の識字率の低さに早急に対応して、識字層を増大させることが大きな目的でした。就学年齢の子どもたちに対しては学校で漢字教育を行えばいいのですが、問題は文字の書けない、読めない成人に対する漢字教育です。つまり漢字の簡略化はこのような成人に対する苦肉の策でした。

（2）のローマ字方式による表音表記は、国際的に通用する文字による漢字の表音化がその目的です。

以下では、まず、漢字の簡略化の内容について詳しく見ていきます。

3-3　漢字の簡略化（“简体字”）

ここではまず、漢字の簡略化の歴史を概観します。

3-3-1　建国後の簡略化の歴史

1955 年 1 月に“中国文字改革委員会”から「第 1 次漢字簡化方案草案」

が発表され、1956 年 1 月に「第 1 次漢字簡化方案」が国務院（日本の内閣に相当する最高の国家行政機関）より公布されました。

その後、1977 年に「第 2 次漢字簡化方案」が公布されましたが、これは 1 年の試用期間をおいて没となりました。なぜなら、それらはもとの漢字が全く分からないほど簡略化されたものだったからです。たとえば“雪→ヨ”“冀→北”などです。

したがって、現在は「第 1 次漢字簡化方案」による簡略字（＝“简体字”）が使用されています。そして今後はこれ以上の漢字の簡略化は無く、簡略化しない漢字（＝“繁体字”）に戻っていくか、あるいは両者が併用される可能性が非常に高いと思われます。

その理由は、①漢字の読めない、書けない世代人口の減少、②“普通话”の普及、③ 80 年代以降の改革開放政策による、海外の華僑との経済交流、などです。海外の華僑たちは、共産党政権成立後も一貫して“繁体字”を使用しています。

さらにもう 1 つ、やはり“繁体字”は“简体字”に比べて重みがあります。たとえば“劉”と“刘”、“鄧”と“邓”などを比較してみれば一目瞭然です。その他、日本の企業も、たとえば「豊田自動車」も“丰田汽车公司”より“豐田汽車公司”の方が重みが感じられます。最近中国人から名刺をもらうと、自分の名前や会社名が“繁体字”で書かれているものを多く見かけます。

3-3-2　簡略化の目標と簡略化の方法

漢字簡略化の目標は、**すべての漢字を 10 画以内**にするというものです。したがって、繁体字で 10 画以内の漢字は、簡略化しないということです。

次に、**簡略化の方法**ですが、それには主に**下記の 4 種類**があります。

（1）草書体の採用

（2）新しい形声文字

（3）漢字の一部の採用

（4）俗字の採用

以下で、それぞれ詳しく見ていきます。

(1) 草書体の採用

一番多いのは、草書体を採用した簡体字です。

漢字全体が草書体の場合と、偏旁が草書体の場合があります。

（例 1）漢字全体が草書体のもの：「車→车」「東→东」「書→书」など。

（例 2）偏旁が草書体のもの　　：「言→讠」「食→饣」「糸→纟」「貝→贝」など。

「書体」と言っても、学習者にはわかりにくいかもしれません。筆者はいつも学生に次のような話をします。

「漢字の「書体」とは、漢字の字の形のことです。これを最初に統一したのは、秦の始皇帝です。紀元前 221 年に中国を統一した**秦の始皇帝**は、それまで各地域によってバラバラであった**漢字の書体（字の形）を「小篆（しょうてん）」に統一**しました。これにより全土での筆談が可能となりました。しかし中国全土で統一の音による“普通话”教育が実施されるのは、20 世紀後半のことです。

ちなみに、現在の日本でも容易に「小篆」という書体で書かれた文字を見ることができます。それは**日本のパスポートの表紙**の**「日本国　旅券」**という文字です。パスポートを持っている人は、各自自分のパスポートで「小篆」の字体を確認してみてください。」

そして続けて、つぎのような話をします。

「では、**「草書体」**とはどういうものでしょうか。それは始皇帝の後の時代である前漢（中国では「西漢」と言う。紀元前 202 年～紀元後 8 年）に、**日常の早書きの書体**として使用されたものです。5 ～ 6 世紀ごろになると、それらは洗練されて、芸術的な美しい書体として発展しました。この**早書きの「草書体」が“简体字”に採用**されたということです。

また、現在は、中国でも日本でも、日常的に用いられている漢字の書体は**「楷書（かいしょ）」**です。「楷書」は一点一画を正確に書く書体です。日本のパスポートの表紙で小篆の「日本国　旅券」という文字を確認すると、現在日本で日常的に私たちが使っている「楷書」との違いをはっきりと認識することができます。

では、「楷書」はいつごろから使われるようになったのでしょうか。

4世紀の前半に活躍した中国の書家に**「王羲之（おうぎし）」**という人がいます。この人は**「中国第一の書聖」**と呼ばれ、**「楷書」の書体も完成させた**と言われています。そしてその特徴は、**漢字の「右肩上がり」**ということです。つまり、それまでは横線が左から右へ真っ直ぐに書かれていたのが、「王羲之」以降は左から右へ少し上に向かって書かれるようになりました。みなさんが漢字を書くときにも、知らず知らずのうちに「右肩上がり」に書いていませんか？ときどき「右肩下がり」の字を見かけることがありますが、圧倒的に「右肩上がり」の字が多いですね。これが**「王羲之の楷書」**の大きな特徴です。

日本には、奈良時代（8世紀）に入ってきて流行しました。そして私たちは4世紀の中国で完成された書体を、現在も日常的に踏襲しているということになりますね。」

こういう話をすると、学生は自分の身近な事柄と結びつけやすいので、「へえー」という感じで興味深そうに聞いてくれます。そして中国と日本の歴史的に長い関係にも気付いてくれるようです。

また、早書きは、言い換えれば字を崩して書いているので、どの字の崩し字なのかが分かりにくいという欠点があります。それは見て覚えるより方法がありませんので、草書体を採用している“简体字”は、もともとの漢字（＝“繁体字”）と日本語の常用漢字を、学習者に示す必要があります。

(2) 新しい形声文字

二番目に多いのは「新しい形声文字」です。

まず、「形声文字」とはどういうものでしょうか。

西暦100年頃、後漢（中国では「東漢」と言う。25年～220年）の許慎という人が、15篇から成る《説文解字（せつもんかいじ）》という中国最古の部首別字書を編纂しました。そして漢字をその構造の違いによって4種類（1. 象形、2. 指事、3. 会意、**4. 形声**）に分け、さらに運用の違いによって2種類（5. 転注、6. 仮借（かしゃ））に分けました。これらの6種類は合わせて「六書（りくしょ）」と呼ばれています。

漢字はすべて「象形文字」だと思っている人が多いのですが、象形文字は漢字全体の13％程度で、**一番多いのは「形声文字」で、漢字全体の80％ほどを占めています。**

(2)-1　「形声文字」の構造

では次に、「形声文字」の構造を見ていきます。

1つの漢字が、意味を表す部分（＝“形旁”）と音を表す部分（＝“声旁”）が合体してできている構造のものを「形声文字」と言います。

たとえば日本語で「坊、枋、妨、肪、訪、紡」などは「ボウ／ホウ」という音ですが、これらは中国語ではすべて“fang”という音です。

つまり「方」が音を表す部分（“声旁”）で、「土、木、女、月、言、糸」が意味を表す部分（“形旁”）ということです。

〈形声文字の構造〉

“形旁”	“声旁”	
土	方	(坊 fāng)
木	方	(枋 fāng)
女	方	(妨 fáng)
月	方	(肪 fáng)
言	方	(訪 fǎng)
糸	方	(紡 fǎng)

このような構造をしている漢字が圧倒的に多いということです。

(2)-2　「新しい形声文字」とは

次に、「新しい形声文字」とは何かということを説明していきます。

たとえば“機”という漢字は“木”が“形旁”、“幾”が“声旁”の、16画の漢字です。そして、“声旁”の部分の“幾 (ji)”の画数を減らすために、同じ音を持っている画数の少ない“几 (ji)”という漢字をこれに替えてあてる、というのが「新しい形声文字」です（この場合、“声旁”の部分の声調は問題にしません)。その結果、“機”という16画の漢字は“机”

という6画の漢字になりました。

（例）「億→亿」、「遷→迁」など。

この方法を採用することによって、ずいぶん画数を減らすことができます。しかし日本語母語話者である学習者にとっては、もともとの漢字（“繁体字”）で表記されている方が分かりやすい場合が多いという欠点があります。したがって、学習者には、「新しい形声文字」についても、“繁体字”と日本語の常用漢字でもともとの漢字を示し、なぜそのような“简体字”になっているのかということを、きちんと説明する必要があります。

(3) 漢字の一部分の採用

これは、漢字の一部を使用して、漢字全体とするものです。

（例）「從→从」、「豐→丰」、「開→开」など。

日本語母語話者の学習者には、日本の常用漢字（2010年に2136文字が指定されている）と、中国語の“简体字”が別のものであることをきちんと説明する必要があります。

たとえば日本の常用漢字である「従」から、中国の“繁体字”の“從”の漢字の一部を使用した“简体字”の“从”は想像できません。同様に、日本の常用漢字である「豊」から、中国の“繁体字”の“豐”の一部分を使用した“简体字”の“丰”も想像できません。したがって、漢字の一部分を採用して“简体字”としているものについては、もともとの漢字、つまり“繁体字”を示し、さらに日本の常用漢字も示す必要があります。

(4) 俗字の採用

これは、昔から俗字として使用されていたものをそのまま採用したものです。

（例）「會→会」、「難→难」、「學→学」、「箇→个」など。

たとえば“繁体字”の“箇”は“个”と表記されますが、これはもともと“箇”の竹冠の一部分の“个”が俗字として通用していたものを、“简体字”として採用したものです。

“会”や“学”などは日本語の常用漢字と同じなので問題ありませんが、“难”などはもともとの漢字である“難”を示して説明する必要があります。

ちなみに日本において「1 個、2 個」というときに「1 ケ、2 ケ」と書くのは、すでに中国で俗字として通用していた「个」の使い方が日本に入ってきて、それが日本語のカタカナの「ケ」が似ていたことによると言われています。

以上が主な簡略化の方法です。

“简体字”については、学習者に対して「この漢字はこう書きます」と言うのではなく、**なぜそのように簡略化されているのかを説明することが大切**です。テキスト『会話編』と『講読編』の「導入部」においては、これらをまとめて下記のように書いておきました。

＜簡体字の規則と例＞

“繁体字”	簡略化の方法		“简体字”	日本語の「常用漢字」
書	①草書体の採用	→	书	書
機	②新しい形声文字	→	机	機
從	③漢字の一部分の採用	→	从	従
學	④俗字の採用	→	学	学

4. “ピンイン”は「発音のルビ」

漢字の読み方を示すものとして“汉语拼音方案”が全国人民代表大会で批准されたのは 1958 年です。そしてこれ以後、ローマ字表記の**“汉语拼音字母”が“普通话”の漢字の発音の読み方を示す正式なもの**となりました。

しかし、音の体系の表記としては、“汉语拼音字母”よりも、現在でも台湾で用いられている発音記号である“注音符号”の方が、はるかに優れています。つまり、“汉语拼音字母”には発音記号としての不備があるということです[9]。

なぜ“汉语拼音字母”には発音記号としての不備があるのかというと、これは、中国共産党員の瞿秋白を中心に考案され、1930年に発表された“中国拉丁化字母（中国ラテン化字母）”のローマ字表記をベースにしているからです。“中国拉丁化字母”は、もともと漢字を廃止して、それ自身を文字として使用するために提示されたものです。したがって、それをベースとしている**“汉语拼音字母”は、「発音記号」ではなく、文字としても代用できる「発音のルビ」**なのです。そのため、“汉语拼音字母”は発音記号としては不備があるのです。

たとえば、英語の単語“girl”の発音記号は［gəːl］です。この発音記号は「国際音声字母（IPA表記＝international phonetics alphabetの省略)」[10]と言って、誰が読んでも読み方は決まっています。

文字としてのローマ字は各言語によって読み方が異なります。たとえば“Michael”は、英語話者は「マイケル」、イタリア語話者は「ミカエル」、フランス語話者は「ミッシェル」と読み、ローマ字では同じスペルでも、言語の違いによってこのような音の違いが生じています。しかし英語もイタリア語もフランス語も、発音表記としては基本的にIPA表記を使用しているので、同じローマ字表記の単語の実際の発音の違いは、発音記号であるIPA表記を見れば分かります。

また各言語でローマ字の読み方が異なるのは、**各言語でローマ字の読み方の決まりがそれぞれ異なっている**からです。日本語は基本的にはローマ字で表記はしませんが、日本語にも、たとえば「私は行きます。」の「は」は「wa」と読むという決まりがあります。各言語のこのような「読み方の決まり」を**正書法（表記法）**と言います。

“汉语拼音字母”は「発音記号」ではなく、文字としても代用できる「発

9 “汉语拼音字母”の発音記号としての不備については、「Ⅱ. 発音部6-2」で詳述しています。

10 IPA：世界のすべての言語音を同定し分類する基準を設定することを目指し、国際音声学協会（International Phonetic Association）が制定したものです。

音のルビ」です。そして**“汉语拼音字母”にも独特の読み方の決まり**があります。しかし日本語母語話者は、日本語のローマ字読みに慣れているので、中国語の“汉语拼音字母”を日本語のローマ字読みで読もうとしてしまいます。したがって、**中国語の発音のルビである“汉语拼音字母”の「独特の決まり（＝正書法)」をきちんと覚える必要がある**ということを、学習者に十分説明する必要があります。そのためには、教師の側が、その「独特の決まり＝正書法」をきちんと理解する必要があります。

中国語の“汉语拼音字母”の「決まり」については、「Ⅱ．発音部」で詳述しますが、学習の導入段階では学習者に以下の３つのことをきちんと説明しておく必要があります。

1. 1958年以降、“普通话”の発音のルビとして、ローマ字表記の“拼音字母”が用いられており（全部で400種類余りある)、本書およびテキスト『会話編』、『講読編』の巻末に載せてある「中国語音節全表」がそれであること。
2. 中国語の発音をマスターするためには、“拼音字母”に声調（音の高低の抑揚のこと。「Ⅱ．発音部」で詳細に説明）を伴った正確な発音習得が必須であること。
3. 通常、“拼音字母”に声調を伴ったものを“拼音（ピンイン)”と呼んでいること。

学習の導入段階においては、“拼音字母”と“拼音（ピンイン)”について上記の１～３を説明するだけでよいと思いますが、ピンインの書き方について、必ず次のことを説明する必要があります。それは「ピンインは一漢字ごとに書くのではなく、**ピンインは一単語ごとに書く**」ということです。なぜそうなのかは、もうお分かりだと思います。ピンインは漢字の代用の文字として使用することが可能だからです。したがって、「**ピンインは一単語ごとに分かち書きするという決まり（正書法)」**なのです。これらの説明は、テキスト『会話編』でも『講読編』でも、「Ⅱ．発音部」において、中国語の発音と個別のピンイン表記についての説明が終わった段階か、あるいは「Ⅲ．表現部」に入った段階でよいと思います。しかし、必ず必要な説明です。

> **1. ピンインは、発音のルビであって、発音記号ではない**
> **2. ピンインは、「“拼音字母”＋声調」**
> **3. ピンインは、一単語ごとに分かち書きする**

ちなみに日本語には文字として、漢字の他にカタカナとひらがながあります。日本では平安時代に、漢字の一部分からカタカナを創り、次に漢字を崩してひらがなを創りました。現代日本語で文を書くときには、漢字の他に、動詞や形容詞の活用部分や助詞、助動詞、副詞等々にはひらがなを使用し、外来語にはカタカナを用いるなど、3 種類の文字を使って文を書きます。この他、カタカナもひらがなも、漢字の発音のルビとして使用しています。

これに対して、中国語のピンインは、通常、文を書くときには使用しません。中国語で文を書くときは、漢字しか使用しないということです。つまり、中国語のピンインは、文字として使用することも可能ではありますが、実際には、漢字の発音のルビとしてのみ使用されている、ということです。しかし最近、時々デザインなどで“Beijing”などと書かれているのを見たり、また人名が“拼音字母”で書かれているのを目にしたりします。現段階では、“拼音字母”は単語や固有名詞にのみ使用される場合があるという感じですが、今後は、“拼音字母”がもっと文字として、文にも使用されていくかも知れません。

5. 音声的特徴

世界には 3,000 から 6,000 余りの言語があるとされています。「3,000 から 6,000 余り」というあいまいな言い方をするのは、ある言語を方言と見るか単独の言語と見るかが研究者によって異なるため、正確にその数を決めることができないからです。

世界の言語は「**比較言語学（“comparative linguistics”）**」という分野において、音声的に同じ**祖語**（共通の源と仮定される言語）から出ていると考えられるもの、つまり「系統的に親族関係にある言語」として考えられるものを、20余りのグループに分けています。このグループを「**語族＝“language family”**」と言います。

主な「**語族＝“language family”**」を、使用人口数の多いものから順に挙げると、下記のようになります。

(1) インド・ヨーロッパ（印欧）語族＝“Indo-European”
　　：英語など、約150言語
(2) シナ・チベット語族＝“Sino-Tibetan”
　　：中国語、タイ語、チベット語、ビルマ語など
(3) アフロ・アジア（セム・ハム）語族＝“Afro-Asiatic”
　　：エジプト・コプト語、アラビア語、ヘブライ語など
(4) マライ・ポリネシア（オーストロネシア）語族＝“Malayo-Polynesian”
　　：マレーシア語、インドネシア語、フィジー語、ハワイ語など
(5) ドラヴィタ語族＝“Dravidian”
　　：テルグ語、タミル語、カンナダ語など
(6) アルタイ語族＝“Altaic”
　　：チュルク語、モンゴル語、ツングース語など
(7) ウラル語族＝“Uralic”
　　：フィンランド語、ハンガリー語など

「中国語」はこのうちの（2）に入り、（1）と（2）を合わせると、その使用者数は世界の人口の約7割になります。ちなみに「日本語」は、その系統関係にまだ定説がないため、この分類の中には入っていません。

ここでは、話を（1）と（2）に絞ります。なぜなら、（1）には日本における中国語学習者がすでに学習している英語が含まれているからです。

(1) と (2) の音声的特徴

(1) と (2) の音声的特徴を比較すると、(1) と (2) とでは、**アクセント（“accent”）**において大きな相違があります。

アクセントには①ストレス・アクセント（“stress accent”）と、②ピッチ・アクセント（“pitch accent”）の 2 種類があり、それぞれ下記のようなものを指します。

① **ストレス・アクセント**：「音の強弱」を指し、印欧語族はこれが音韻的な（＝意味を区別する手段としての）働きをしています。

② **ピッチ・アクセント**　：「音の高低」を指し、シナ・チベット語族の言語はこれが音韻的な働きをしています。

アクセント	＝①ストレス・アクセント⇒音の強弱→印欧語族（英語）
	＝②ピッチ・アクセント　⇒音の高低→シナ・チベット語族（中国語）

英語は①です。たとえば “ecónomy（名詞）” と “económic（形容詞）” では、アクセントの位置が変わります。

中国語は②です。たとえば二音節（漢字 2 つ）の単語（AB）は、A という漢字と B という漢字のそれぞれに固有の音の高低があります。そしてその固有の音の高低を「声調」と言い、このような言語を「声調言語（“tone language”）」と言います。

ちなみに日本語も②に入りますが、日本語の場合には各音節の音の高低は相対的なものです。たとえば「あめ（雨）」と「あめ（飴）」は「あ」と「め」の相対的な音の高低によって意味が異なるのであって、それは「あ」と「め」の固有の音の高低ではありません。

中国語の学習の導入段階では、学習者に対して、中国語の音声上の特徴を以下のように説明し、認識させる必要があります。

中国語は「声調言語（“tone language”）」と言い、漢字一つ一つが基本的に１つ決まった声調（音の高低の抑揚）を持っており、それによって意味を区別する言語です。

6. 語彙的特徴

もう一つ、これとは別に、語彙を構成する方法に基づいて言語を分類する考え方があり、これを**「言語類型論」**と言います。この考え方によると、世界の言語は主に３つのタイプ「㋐ **屈折語**、㋑ **孤立語**、㋒ **膠着語（こうちゃくご)**」に分けられます。上記の５に示した語族の（1）の印欧語族は㋐「屈折語（ex. 英語）」、(2）のシナ・チベット語族は㋑「孤立語（ex. 中国語）」に分類されます。ちなみに日本語は㋒「膠着語」に分類されます。それぞれの特徴は以下の通りです。

6-1 「屈折語」

「屈折語」とは、文法的な関係が語の内的な構造を変えることによって表現されるものを言い、たとえば語の語形変化がそれです。英語の語形変化の例を見てみます（全部ではありません）。

(1）人称代名詞の格による語形変化：

	主格	所有格	目的格
①　第１人称＝	I	my	me
②　第２人称＝	you	your	you
③　第３人称＝	he	his	him
	she	her	her

(2）名詞の複数を表す語形変化：

①　一般に単数形に複数語尾 -s か -es を付ける

＝ table　（単数）→ tables　（複数）

②　不規則変化＝ man　（単数）→ men　（複数）
woman（単数）→ women（複数）

（3）形容詞の比較による語形変化：

①　規則的変化＝語尾に -er か -est を付ける

形容詞原級	比較級	最上級
young	younger	youngest

②　不規則変化

good	better	best

（4）動詞の過去・過去分詞の語形変化：

①　規則動詞は語尾に -d か -ed を付ける＝ miss → missed

②　不規則変化＝ eat → ate → eaten

（5）主語の人称による動詞の語形変化：

①　be 動詞の現在形　＝ 1 人称単数は“am”、2 人称は“are”、3 人称単数は“is”

②　一般動詞の現在形＝ 1 人称および 2 人称は原形、3 人称単数では動詞の語尾に -s か -es を付加する

（6）その他、“beauty”（名詞）→“beautiful”（形容詞）→“beautifully”（副詞）　など

つまり屈折語である英語は、このような**語形変化によって文法関係が表される**、ということです。

6-2 「孤立語」

これに対して中国語の語彙は一切語形変化しませんし、語の活用もありません。このような言語を「孤立語」と言います。つまり、中国語の語には文法関係が内包されていないということです。これに関して倉石 1981 では「すべて中国語では、時間でも数でも、それが必要なときに専らそれを担当することばを挟みさえすれば良いので、それを動詞がまたは動詞までもが担任しようとはしない。というほど中国語ではセンテンスの要素となるそれぞれの部分が独立した機能を持ちつづけている。」[11] と述べてい

ます。そしてこれが中国語の最も大きな特徴なのです。

6-3 「膠着語（こうちゃくご）」

次に日本語について述べておきます。日本語は､その語彙の特徴から｢膠着語」に分類されます。これは、自立語（実質的な意味を表す語）に付属語（文法関係を表す語）が膠（にかわ）でくっ付けたようにゆるく接合しているというものです。日本語の助詞のことを指し、さらに日本語の動詞や形容詞の活用もここに含まれます。

（例）　今日も　／　大谷選手が　／　ホームランを　／　打ちました。
（係助詞）　（格助詞）　（格助詞）　（動詞連用形）

このように**英語、中国語、日本語、の 3 つの言語を学ぶ**ことによって、**語彙の構成から見た世界の言語の主な 3 つのタイプを学ぶ**ことになります。学習者にはこのことを学習の導入段階で説明しておくとよいと思います。

以上、中国語を英語および日本語と比較した場合、音声面と語彙面において、上記のような大きな相違があることを、導入段階で学習者に説明しておくとよいでしょう。

以上､“普通话”について説明しました。1955 年に“全国文字改革会议”が“普通话”という名称を正式に採用、1956 年に“汉字简化方案”が国務院より公布、1958 年に“汉语拼音方案”が全国人民代表大会で批准されたという歴史から、中国の共通語である“普通话”教育の歴史は、65 年ほどであるということが分かります。

そして、入門段階の学習者には、次のような説明が必要です。

11　倉石 1981（p.86）

皆さんがこれから学ぶ中国語は、中国の民族共通語である“普通话”です。これには65年ほどの歴史があります。これを勉強すれば、中国全土どこへ行っても、基本的に意思疎通ができます。

7. 台湾における言語状況

テキスト『会話編』と『講読編』の「導入部」においては、台湾における言語状況については何も紹介していません。しかし、教師としてはこれも知っておくと良いでしょう。

中国で“普通话”と呼んでいるものを台湾では“國語”あるいは“華語”と呼んでいます。

台湾では、少数民族の言語の他に、さらに漢民族の言語としては“閩南方言”の1つが用いられており、それを“台語”と呼んでいます。

7-1　台湾の“國語”教育の歴史

1894年から95年の日清戦争に勝利した日本は、1895年に日清戦争の講和条約である下関条約において、日本史上初の植民地として台湾を獲得し、その後50年間の統治の中で、台湾における日本語教育を進めました。

1945年8月15日に日本が敗戦して以降、台湾の統治者は中国大陸からやってきた中国国民党の中華民国政府となりました。

1946年に日本の台湾からの撤退が完了すると、“台灣省國語推進委員會”が設置され、国語運動が始まりました。その後の歴史を、以下で3期に分けて見ていきます。

(1) 二・二八事件

1947年2月27日、台北市内で闇タバコを販売していた現地人女性を中華民国官憲が摘発し、暴行を加えました。これに同情して集まってきた台北の民衆に、取締官が発砲して射殺。これをきっかけとして台湾人の中華民国政府に対する不満が爆発し、翌日 2 月 28 日に、抗議のデモ隊が台北市庁に押しかけました。この抗議のデモ隊に対して中国国民党部隊による無差別発砲が行われ、その後、台北市以外の都市でも無差別発砲や処刑が行われました。その結果、3 週間余りの間に 28,000 人以上が殺害されました。1989 年に公開された映画『非情城市』は、この事件を描いたものです。

ちなみに台湾では、2 月 28 日は“和平紀念日”という祝日となっています。

(2) 国語運動の目的は「脱日本化」～「中国化」

二・二八事件を契機として、1949 年 5 月 20 日より台湾全土に戒厳令が発令されました（台湾で戒厳令が解除されたのは 38 年後の 1987 年 7 月 15 日のことです）。この状況からも分かるように、台湾における“國語”の普及は政治的強制的なもので、1950 年には日本語禁止令（“禁行日文”）が出され、また 1956 年には学校での台湾語（“台語”）の使用が禁止されました。1960 年代に入るまでは、台湾の国語運動の目的は「脱日本化」でした。

1960 年代後半になると、台湾政府は“臺灣省加強推行國語實施計劃”を制定し、官公庁、学校などの公共の場所での“國語”の使用を義務付け、方言の使用を禁止し、1973 年にはテレビで“國語”以外の言語の使用を制限しました。

(3) 蒋介石死去後～蒋経国から李登輝へ

1975 年に蒋介石が死去すると、1978 年には息子の蒋経国が総統に就任し、その後、1980 年代に入ると台湾は一気に民主化されていきます。

1987 年には、1949 年から続いた戒厳令が解除され、また 1988 年の蒋経国死去後は、副総統の李登輝が本省人として初めて総統に就任しました。それ以後は、学校教育や放送においても“國語”だけでなく、方言の使用も許されました。

7-2　中国の“普通话”と台湾の“國語”の相違点

両者には2つの相違点があります。それは漢字と発音のルビです。

(1) **漢字**：中国では基本的に“简体字”を使用していますが、台湾では一貫して“繁体字”を使用しています。もう一度ここで“简体字”、“繁体字”、日本の常用漢字の違いを示しておきます。

中国＝“简体字”　　（例）「丰」「学」「从」
台湾＝“繁体字”　　（例）「豐」「學」「從」
日本＝「常用漢字」　（例）「豊」「学」「従」

(2) **発音のルビ**：中国は“ピンイン”（“拼音字母”＋声調）を使用しています。台湾は“注音符號”を使用しており、これは「発音のルビ」ではなく、「発音記号」です。したがって、台湾の“注音符號”は漢字1つ1つにこの符号を付けます。

最近は台湾で中国語を勉強する外国人が増加し、台湾でも発音のルビである“ピンイン”を使って外国人に中国語教育を行うようになってきています。

また、先に述べたように、台湾では国民党政府によって1956年に学校での台湾語（“台語”）の使用が禁止され、それは1988年に本省人の李登輝が総統に就任するまで続きました。このように30年以上に渡って“台語”の使用が禁止された結果、現在台湾では、“台語”を話すことができる若者が非常に減っており、「“台語”の継承」ということが大きな問題となっています。

以下で、「発音部」の解説に入ります。

II

発音部

1．声調

音声面における日本語と中国語の大きな相違点の１つが「声調」です。

1-1　日本列島に漢字が伝来した

日本列島に住んでいた日本人の祖先は文字を持たない人々でした。

日本列島にホモ・サピエンスが住むようになったのは約３万年前だと言われています。そして固有の文字を持たなかった日本列島に、中国で生み出された「漢字」という文字が伝来したのは、４世紀から５世紀の初頭のことだと言われています。つまり日本列島で漢字が使用されるようになったのは今から1500年ほど前のことで、日本列島では２万８千５百年ほどの間、音だけのコミュニケーションがとられていたということになります。

日本列島に漢字が伝来したのち、日本は漢字という文字を借用文字として定着させました。そしてそれが可能であったのは、漢字が伝来した４～５世紀ごろ、すでに漢字の表す概念を理解し、それに対応できるだけの文化が日本列島にあったからです。

日本語は漢字を借用文字として使用するなかで、中国語の「音」を「音読み」という方法で日本語に定着させました。そしてその漢字と概念が一致する大和言葉を「訓読み」として漢字に当てました。

では、中国語漢字音の持つ「声調」は日本漢字音のなかでどうなったのでしょうか。日本漢字音のさまざまな資料には、声調が区別されてきた記録がありますが、現代日本語の音読みには「声調」はありません。したがって、日本語母語話者には、まず**中国語漢字音の持つ「声調」とは何であるのか、そしてその役割は何か**ということを正確に説明し、きちんと理解させる必要があります。

1-2　中国語の漢字は音節文字である

ひとまとまりに発音される音の単位を**「音節」**と言います。そして中国語の１つの漢字はひとまとまりで発音されます。つまり中国語の一漢字は一音節、二漢字は二音節、三漢字は三音節、ということです。

また中国語の音節は、意味をあらわす単位でもあります。日本語の世界では、「あ、い、う、え、お」や「きゃ、きゅ、きょ」の一音一音を一音節と言います。しかし**中国語の場合には一漢字が一音節で、またそれが意味を表す単位**でもあります。これに対して**日本語の一音節はこれが意味を表す単位ではありません**。ここが日本語と中国語の「音節」の大きな違いです。

1-3　声調とは何か

中国語の漢字は１つ１つが基本的に１つ決まった音の高低の抑揚をもっています。**この高低の抑揚のことを「声調」と言い**、このような言語を“tone language（声調言語）”と呼んでいます。

中国語の１つ１つの漢字が、それぞれ基本的に１つ決まった音の高低の抑揚を持っているということは、同じ音でも声調が異なれば漢字が違うということです。このことは何を意味しているかというと、**「声調」は意味を区別するという役割を果たしている**ということです。日本語母語話者の学習者には、声調のこの役割をしっかりと理解させる必要があります。

声調＝意味を区別するという役割を果たしている

1-4　“普通话”は「四声（しせい）」である

“普通话”の「声調」は４種類です。したがってこれを**「四声」**と呼んでいます。中国語には数多くの方言が存在しますが、方言によって声調の種類（＝調類）と声調の高低（＝調値）は異なります。地理的に北方であるほどその方言の声調の種類は少なく、南方であるほどその方言の声調の種類は多く、たとえば広東語の場合には６種類の声調があります。さらにタイ語やベトナム語なども声調言語です。講義の中でこのような話をすると、「声調」に対する学習者の興味が増すと思います。

では次に、具体的に“普通话”の「四声」について見ていきます。

1-5　声調のモデル

ここでは「声調のモデル」を考えていきます。

1-5-1　趙元任のグラフ

次の｛図 1｝と｛図 2｝は、1948 年に趙元任がその著書『Mandarin Primer』で提示[12] したもので、現在でも、特に｛図 1｝のグラフが示された中国語のテキストをよく見かけます。

｛図 1｝

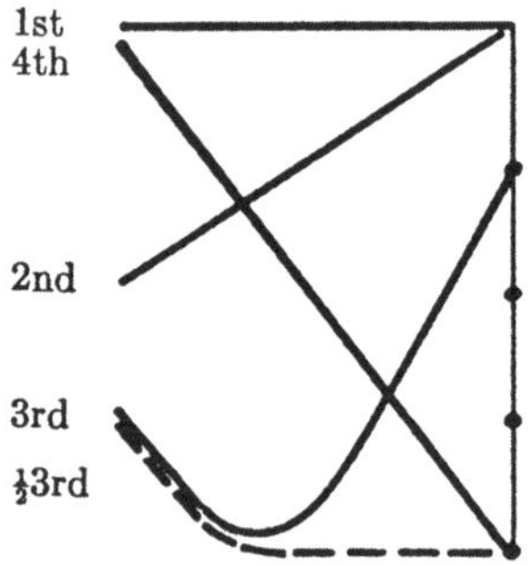

第一声：5 → 5
第二声：3 → 5
第三声：2 → 1 → 4
第四声：5 → 1

｛図 1｝では、声域（声を出す高低の幅）を 5 段階に分け、第一声は 5 → 5、第二声は 3 → 5、第三声は 2 → 1 → 4、第四声は 5 → 1 というように示されています。このように、声域を 5 段階に分ける方法で中国語の声調を図で示したのは、趙元任のこのグラフが最初です。

さらに趙元任は音の高さによっても声調を示しています[13]。

｛図 2｝

12　『Mandarin Primer』p.85 参照
13　『Mandarin Primer』p.85 参照

ちなみに、1958年に公布された“汉语拼音方案”の声調符号、つまり現在使用されている声調符号（第一声＝ā、第二声＝á、第三声＝ǎ、第四声＝à）は、趙元任のこの｛図1｝のグラフの調形に由来しています。

（参考）趙元任（1892—1982）について紹介しておきます。

趙元任は、1892年に天津で生まれた天才的な言語学者で、中国における近代的言語学の創始者といわれています。18歳（1910年）の時にアメリカのコーネル大学に留学した時の専攻は数学でした。22歳（1914年）の時にコーネル大学大学院に進学し、ここでは哲学を専攻、翌年にハーバード大学大学院に移籍しています。27歳（1919年）の時に、コーネル大学で物理学講師に就任しましたが、翌年28歳（1920年）の時、北京の清華大学からの招聘を受けて帰国しています。帰国後、中国でベルンハンド・カールグレンの著作を読み[14]、中国語の歴史的研究に関心を持ち始め、この頃から言語学の研究に専念していきました。

1928年に、国家機関である中央研究院歴史語言研究所が創設されると、「言語班」の長となり、中国各地の方言調査に赴きました。それは戦火の激しくなる1935年まで、4回続けられました。また1928年に公布された“國語羅馬字（国語ローマ字つづり）”の制定の主要メンバーとしても活躍しています。

47歳（1939年）でふたたびアメリカに渡ってエール大学で教鞭を執り、翌年にハーバード大学へ移籍、1945年にはアメリカ言語学会の会長に選出されています。

1947年にカリフォルニア大学に移籍し、翌年の1948年、56歳の時に『Mandarin Primer』が書かれました。1954年にはアメリカ国籍を取得、1960年に68歳でカリフォルニア大学を定年して名誉教授となり、その後、1982年（89歳）にアメリカマサチューセッツ州で逝去しました。

1-5-2　各声調の音声実体

声調を｛図1｝のようなグラフで示したのは趙元任が最初であり、このグラフは画期的なものです。しかしこのグラフは、声調の音声実態を正し

14　カールグレンはスウェーデンの言語学者（1889-1978年）で、中国語音韻学（特に上古音、中古音）が専門。趙元任はカールグレンの著書を翻訳し、《中國音韻學研究》という題名で1966年に台湾商務印書館から出版しています。

く表わしてはいません。趙元任の示した｛図 1｝のグラフは誰が見てもわかるように、第三声が不安定です[15]。

下記の｛図 3｝は、第一声から第四声まで、音声分析機器で分析した結果に基づいて、各声調の音声実態をグラフで示したものです[16]。

｛図 3｝

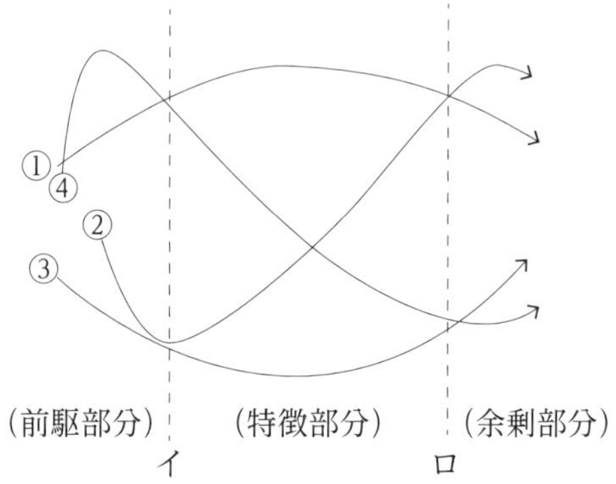

｛図 3｝に見られる高低抑揚の曲線は、発声生理学的に言ってきわめて自然な音声実態を示しています。つまり各声調ともに、特徴部分を作り出すためには、必ず準備段階（前駆部分）があり、それが｛図 3｝のイよりも左の部分です。また、特徴部分を発音した後には、必ず残りの部分（余剰部分）があり、それが｛図 3｝のロよりも右の部分です。

1-5-3　声調のモデル

中国語の四声の「声調のモデル」というのは「その特徴部分」だけを取り出せばよいわけで、それを取り出すと次の｛図 4｝のような図になります[17]。

15　平井 2012（p.59）には次のように述べられています。「筆者は、自然界や人間界に永い年月にわたって存在し続けているものごとやことがらは、例外なく安定した体系を有しているとの世界観に立っている。従って、…「このグラフはいかにも不安定だ」という思いをずっと持ち続けていた。」

16　｛図 3｝は平井 2012（p.60）の〈図 8〉による。

17　平井 2012（p.61）の〈図 9〉による。

{図 4}　〈声調のモデル〉

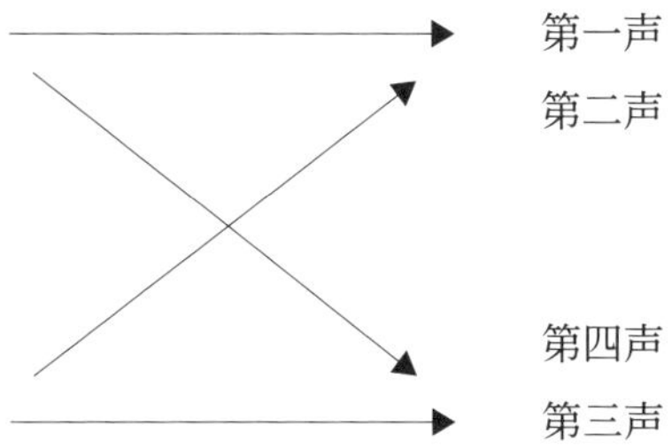

{図 4} こそが「声調のモデル」なのです。

この図は「安定」しており、中国語のテキストにはこのような図を示す必要があります。テキスト『会話編』と『講読編』に示したのは {図 4} の「声調のモデル」です。

このような図が「声調のモデル」として有用な理由は、**音声実態に合っている**だけではなく、**この図によって、学習者に第二声と第三声の混乱を生じさせない**というメリットがあります。

1-5-4　各声調の発音のポイント

次に、各声調の発音のコツを見ていきます。

(1) 第一声：高い音を伸ばして出す高平調

発声生理学という学問分野がありますが、人間が音声を産出していくメカニズムを考えた場合、人間が一番出しやすい音というのは、発声生理学的に言うと、それは声域の真ん中あたりの音です。

日本語母語話者の日常会話時の音声の高低の幅は、声域の真ん中あたりの音の幅で、だいたい 100Hz（ヘルツ）から 250Hz です。一方、中国語母語話者は日常会話において、だいたい 100Hz から 400Hz の幅で音を出しています。このことは、日本語母語話者よりも中国語母語話者の方が、日常会話においては声域が広いということを意味しています。

〔図 5〕　　　　　　　　　**〈声域の比較〉**

中国語母語話者の中国語の声域　　日本語母語話者の日本語の声域

したがって、日本語母語話者が中国語の第一声の音を出す場合には、日本語での日常のコミュニケーションの際にはほとんど出していない高い音を出さなければならないということになります。このことから、学習者には「**中国語の第一声は思い切り高い音を出す**」ように指導する必要があるということが分かります。

第一声を高く発音すれば中国語らしくなると同時に、その分だけ声域が広くなるため、声調の高低や、上昇と下降の変化が容易になります。逆の言い方をすれば、第一声が低い音だと声域が狭くなるわけで、その場合には、狭い声域の中で音の高低や、上昇と下降の変化をつけなければならなくなり、中国語の声調の区別が非常に難しくなるということです。

もう１つ第一声を練習する際に大切なことは、「**音を長く伸ばす**」ということです。

中国語初学者は第一声を短く発音しがちです。**中国語は音節の調音時間**（duration）**の等時性の強い言語**です。つまり、**第何声の音であろうと、一音節（一漢字）の発音時間はほぼ同じ**ということであり、第一声の練習の場合にも、音を長く伸ばす（たとえば「ア」ではなく、「アー」）という練習が大切です。

第一声の練習のポイント＝自分の声域の中でできるだけ高い音を出し、音をまっすぐ長く伸ばす。

(2) 第二声：自分の声域の中位の高さから始まり、最後を急激に上昇させる上昇調

第二声は上昇調の音です。しかし学習者に「一気に急激に上昇させろ」と言っても、それは無理な話です。まず学習者に、発声の起点をどこにし、どのように上昇させるのかということを理解させる必要があります。また学習者は、第二声の声調符号を見て直線的に上昇させるのだと理解しがちですが、直線的に上昇させて発声することは不可能です。

ではどのように指導すれば良いでしょうか。

上昇調を発音する場合には、上昇するための弾みをつけなければなりません。弾みをつけるとはどういうことかというと、それは一旦下降して、その反動で上昇させるということです。ではどこまで下降させるかというと、それは**自分の声域の中位くらいの高さです。そしてそこから音節を構成している音節の末尾音で急激に上昇**させます。

これを次の４種類の音[18]で説明していきます。

①　二重母音の“来（lái）”

{図 6}

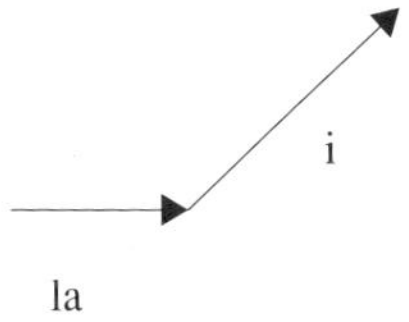

左の｛図 6｝のように、まず発声しやすい中位の高さを起点として /la/ を出し、次に音節の末尾音である /i/ で急激に上昇させます。

②　音節の末尾音が /-n/ の“兰（lán）”

{図 7}

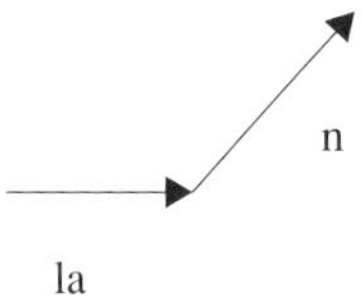

末尾音が /-n/ の場合も全く同様で、左の｛図 7｝のように、まず発声しやすい中位の高さを起点として /la/ の音を出し、次に音節の末尾音である /-n/ で急激に上昇させます。

18　｛図 6｝から｛図 9｝は平井 2012（p.72）の〈図 15〉を参照のうえ筆者が作図。

③　音節の末尾音が /-ng/ の“忙（máng）”

{図 8}

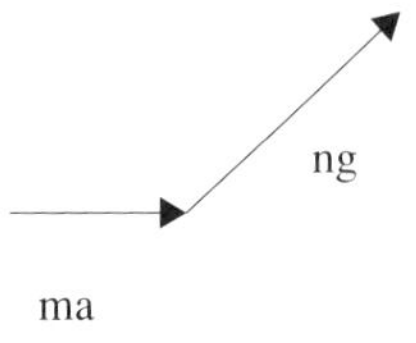

末尾音が /-ng/ の場合も同様で、左の {図 8} のように、発声しやすい中位の高さを起点として /ma/ の音を出し、次に音節の末尾音である /-ng/ で急激に上昇させます。

④　単母音の“麻（má）”

{図 9}

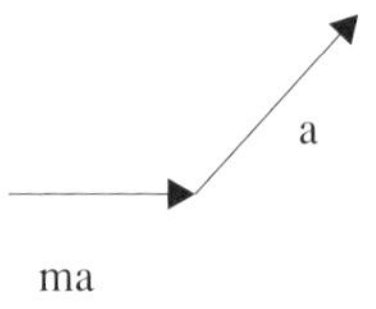

単母音の場合には、まず発声しやすい中位の高さを起点として /ma/ を発音し、次にもう一度母音 /a/ を発音して、それを意識的に急激に上昇させると説明すれば、学習者には理解しやすいでしょう。

第二声の練習のポイント＝中位の高さを発声の起点として、音節を構成している音節の末尾音で急激に上昇させる。

(3) 第三声：低く抑える調子

第三声は「低く抑えるだけ」と指導することが重要です。後半部分を上昇させてはいけないということを学習者に説明する必要があります。さらに、**第三声は第一声の高平調に対する低平調である**と認識させるとよいでしょう。

“普通话”の声調符号（第一声＝ā、第二声＝á、第三声＝ǎ、第四声＝à）が、趙元任のグラフ（1-5-1 の {図 1}）に拠っていることは、先に述べた通りです。そしてこの中の第三声の符号（ǎ）が、学習者に第三声の抑揚を混乱させる要因でもあります。第三声の声調符号を“ǎ”ではなく、“a̲”と表記すれば、学習者が第二声と第三声を混乱することはなかったでしょう。しかし教師の側も、学習者に第三声を教える時、第三声の音節の最後の音を上昇させて教えることが多いため、その結果、学習者は第二声と第三声の抑揚が混乱し、さらには第三声の発音が、たとえば“我的 wǒ de”が“wó de”になり、“好的 hǎo de”が“háo de”となってしまうのです。

また、文末の第三声は音節の末尾音が上昇すると言う人がいますが、これも間違いです。**文末、文中に関係なく、第三声は「低く抑えるだけ」と教えれば良い**のです。低く抑えた音を発声するには多大なエネルギーを消耗し、そのままの状態を持続するのは生理的に苦しいので、それで自然に音節の末尾音が上昇するのです。したがって、繰り返しになりますが、**第三声は「低く抑える」と教えるだけで良い**のです。そして第三声の音節に後続する音節は、それが第何声であっても、低く抑えられた状態から、自然に上昇しようとするまさにその時点から、後続音節を発音すればよいのです。

これを次の４種類の音で説明していきます。

①　第三声＋第一声

{図 10}　“北京（Běijīng）”

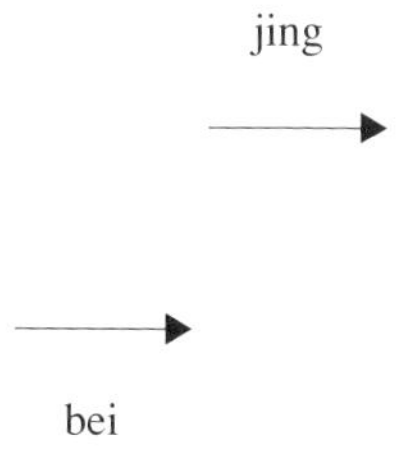

②　第三声＋第二声

{図 11}　“旅行（lǚxíng）”

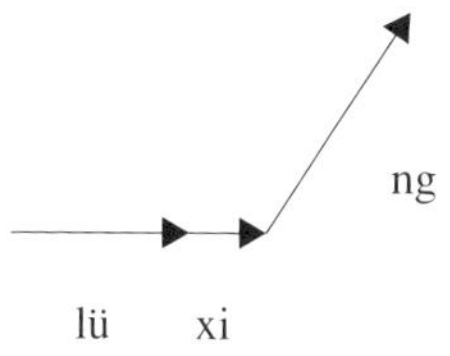

③　第三声＋第四声

{図 12}　“美丽（měilì）”

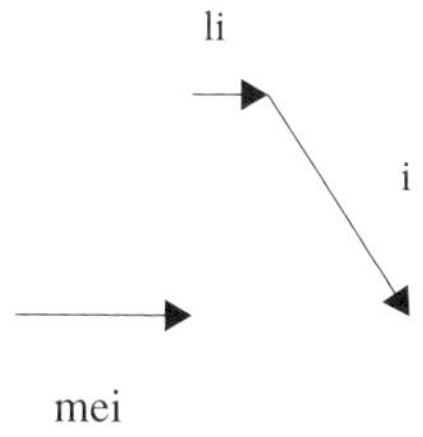

④　第三声＋軽声

{図 13}　“我的（wǒ de）”

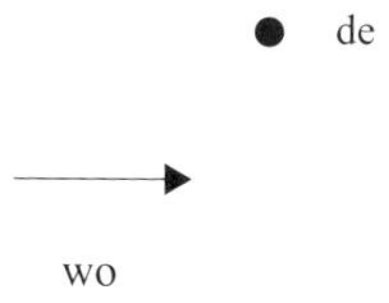

このような発音を繰り返せば、“我的 wǒ de”が“wó de”になったり、“好

的 hǎo de”が“háo de”となってしまうようなことはなく、“wǒ”を低く抑えて自然に上昇する時に“de”を発音し、また“hǎo”と低く抑えて自然に上昇する時に“de”を発音するようになります。

第三声の練習のポイント＝「低く抑えるだけ」を徹底し、第一声と対比させる。

(4) 第四声：末尾音を急激に下降させる下降調

第四声は下降調の音です。しかし学習者に「急激に下降させろ」と言っても、どこから下降させたらよいのかわかりません。

第四声は第二声と対比させて説明するのが効果的です。第二声は中位の高さを起点とし、音節を構成している音節の末尾音で急激に上昇させました。これに対して**第四声は高い位置を起点とし、音節を構成している末尾音で急激に下降**させます。

これを次の４種類の音で説明していきます[19]。

① 二重母音の“卖（mài）”

{図 14}

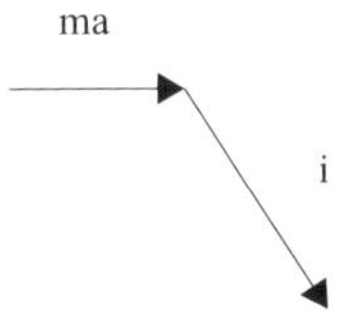

高い位置を起点として /ma/ の音を出し、次に音節の末尾音である /i/ で急激に下降させます。

② 音節の末尾音が /-n/ の“兰（làn）”

{図 15}

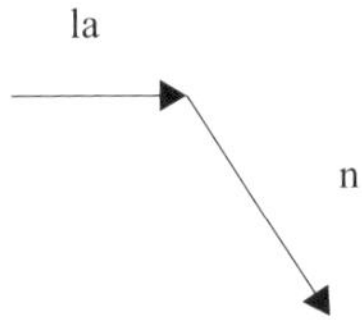

末尾音が /-n/ の場合も同様で、まず高い位置を起点として /la/ の音を出し、次に音節の末尾音である /-n/ で急激に下降させます。

19　{図 14} から {図 17} は平井 2012（p.75）の〈図 18〉から〈図 20〉を参照のうえ筆者が作図。

③　音節の末尾音が /-ng/ の“浪（làng）”

〔図 16〕

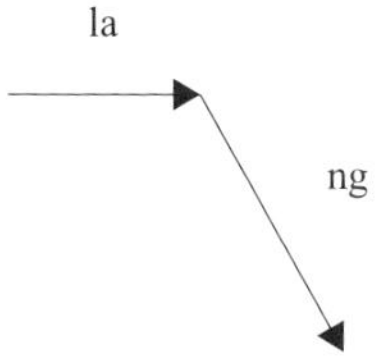

末尾音が /-ng/ の場合も同様で、まず高い位置を起点として /la/ の音を出し、次に音節の末尾音である /-ng/ で急激に下降させます。

④　単母音の“骂（mà）”

〔図 17〕

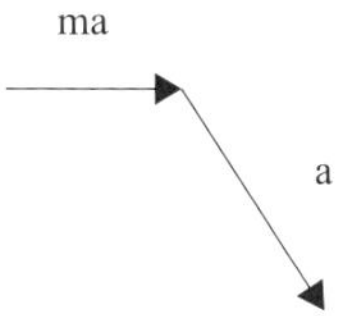

単母音の場合には、まず高い位置を起点として /ma/ の音を出し、次にもう一度母音 /a/ を発音して、それを急激に意識的に落とす、と説明すればよいでしょう。

日本語母語話者は第四声を発音する際、音を放ってしまえば落ちると思っており、意外と第四声が苦手です。音を放ったらそれは弱化して軽声のようになってしまいます。したがって、**第四声は音節を構成する最後の音を「意識的に落とす」**と学習者に説明することが大事です。

第四声の練習のポイント＝高い位置の起点から始まって、音節を構成している音節の末尾音で急激に下降させる。

★〈声調符号の付け方〉

母音の上に付けます。

具体的には以下のようになります。

1．母音が 1 つのときはその上に付ける。　例：mā (妈)

2．母音が 2 つ以上のときの母音の優先順位

①　a　例：lǎo (老)

②　e か o　例：fēi (飞)、dōu (都)

③　i と u が併存するときは後ろの母音　例：liù (六)、huí (回)

テキスト『会話編』、『講読編』ともに、「四声の発音のコツ」での「四

声の練習」の下段で、〈声調符号の付け方〉を説明しています。しかし、各声調の説明段階では、まだ詳しく説明する必要はありません。この段階では「声調符号は母音の上に付ける」くらいにして、詳細については「発音部」を説明し終わってからでよいと思います。

1-6　二音節による声調の練習

中国語の音のメロディーの基本的なユニットは二音節です。したがって、いくら各声調を単音節（漢字一音）で練習しても、中国語のリズムを修得するのにはあまり効果がありません。**中国語の声調のつながりと流れを習得するためには、二音節の連続の練習がベスト**です。

1-6-1　20通りの組み合わせ

二音節の声調の組み合わせは、軽声も含めて20通りあり、その連続が中国語のリズムなのだということです。これをテキスト『会話編』では/ma/の連続で、『講読編』では/mao/の連続で表にしています。

『会話編』

後 前	第一声	第二声	第三声	第四声	軽声
第一声	māmā	māmá	māmǎ	**māmà**	māma
第二声	mámā	mámá	mámǎ	**mámà**	máma
第三声	mǎmā	**mǎmá**	**mǎmǎ**	mǎmà	mǎma
第四声	màmā	**màmá**	**màmǎ**	màmà	màma

『講読編』

後 前	第一声	第二声	第三声	第四声	軽声
第一声	māomāo	māomáo	māomǎo	**māomào**	māomao
第二声	máomāo	máomáo	máomǎo	**máomào**	máomao
第三声	mǎomāo	**mǎomáo**	**mǎomǎo**	mǎomào	mǎomao
第四声	màomāo	**màomáo**	**màomǎo**	màomào	màomao

/ma/ も /mao/ も日本語母語話者にはローマ字読みで問題なく発音でき、個別の音そのものにあまり気を取られずに、声調の組み合わせだけに集中して練習できます。また、このような練習は、上記 1-5-4（1）で少し触れた、**中国語の音節の調音時間の等時性**に慣れることができるという利点もあります。

中国語は音節の調音時間の等時性が強い言語です。これはどういうことかというと、“汉语拼音字母”はローマ字が 1 個のものから最大で 6 個のものまでありますが、ローマ字の個数に関係なく、**一漢字は一音節で、ローマ字が 1 個のものも 6 個のものも調音時間は同じだ**ということです。これが「音節の等時性が強い」という意味で、これは中国語の音声面での大きな特徴です。

また、テキスト『会話編』も『講読編』も、「声調」の課の表では、軽声との組み合わせは示していません。ここでは四声の組み合わせだけ（合計 16 通りの組み合わせ）を示し、「5. 軽声と声調変化」の課で、軽声も含めた 20 通りの組み合わせを表で示しています。どちらで練習していただくかは、学習者の理解度や負担を配慮して選んでいただけばよいと思います。

なお、前頁の表の太字の声調の組み合わせは、筆者のこれまでの中国語教育の経験から、**日本語母語話者にとってリズムの取りにくいものです。**この 6 つの組み合わせについては、次の 1-6-2 において、リズムを可視化した図を示していきます。

1-6-2　日本語母語話者にとってリズムの取りにくいもの

筆者のこれまでの中国語教育の経験から、中国語の二音節の組み合わせのうち、**日本語母語話者にとってリズムの取りにくいものが 6 つ**あります（軽声との組み合わせについては、「発音部」の「5. 軽声と声調変化」で取り上げていますので、この 6 つの中には含みません）。その 6 つの組み合わせとは、1-6-1 に示した表の中の太字になっている 6 つです。この 6 つの組み合わせを /mao/ の連続で可視化すると次のようになります。

①　第一声＋第四声

{図 18}　māomào

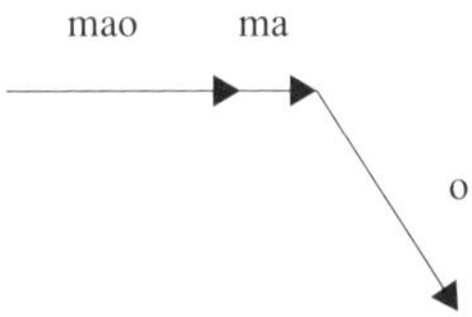

②　第二声＋第四声

{図 19}　máomào

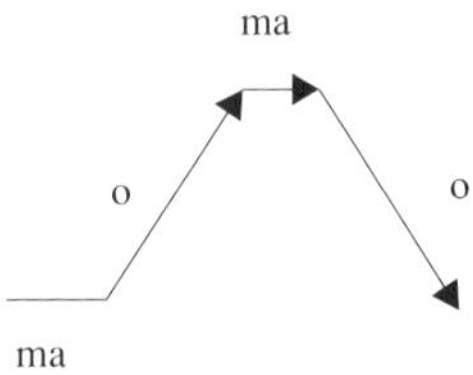

③　第三声＋第二声

{図 20}　mǎomáo

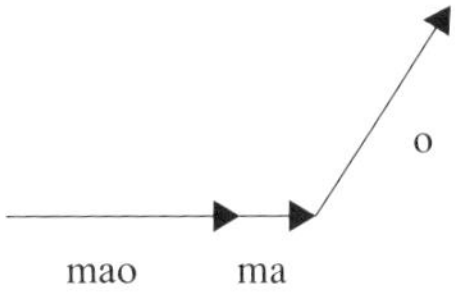

④　第三声＋第三声

{図 21}　mǎomǎo

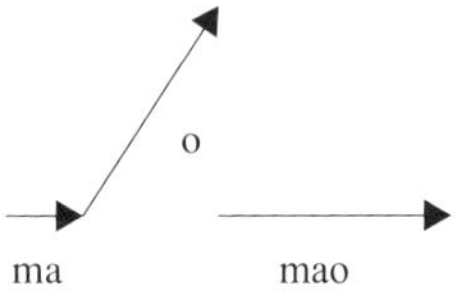

⑤　第四声＋第二声

{図 22}　màomáo

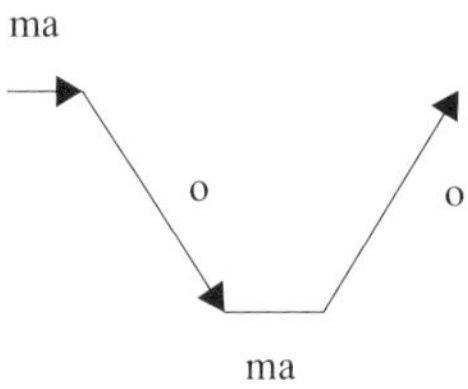

⑥　第四声＋第三声

{図 23}　màomǎo

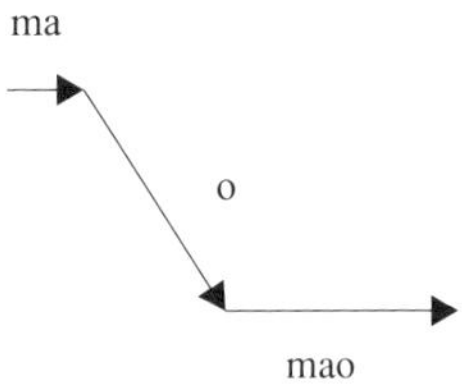

すでに日本語母語話者に対する中国語教授の経験のある方は、発音指導の際に､声調の連続のリズムの説明に苦慮なさった経験があると思います。声調の連続のリズムを習得しにくい学習者には、{図 18}～{図 23} のように可視化して示すと理解しやすいと思います。是非試してみて下さい。

2. 音節の構造

ここでは**中国語の音節の構造を**見ていきます。

2-1 一音節の構造

中国大陸では、1958年に発音のルビとして“汉语拼音方案”が全国人民代表大会で批准されて以来、ローマ字表記の“汉语拼音字母”が“普通话”の正式な発音のルビとなりました。そして**一漢字（一音節）の音はローマ字表記の“拼音（pīnyīn）”に声調がプラスされたものとして表記**されます。中国語の漢字音を書いたり覚えたりするときには、ローマ字表記だけでなく、声調までセットにして書いたり覚えたりして、初めて発音のルビとして完成したものになるということを、学習者にはきちんと説明する必要があります。

一漢字（＝一音節）の音の表記＝[声母＋韻母]×声調

テキスト『会話編』と『講読編』の「音節の構造」の説明部分には、下記のような説明を加えました。

1. 声母：音を産み出す部分。21種類ある。
2. 韻母：音色を産み出す部分。37種類ある。
3. 音節の種類：400余りの種類がある。

両テキストと本書に載せてある中国語音節全表には、声母は21種類、韻母は37種類が表記されています。したがって、上記の1と2については問題ないと思います。しかし3の音節の種類には諸説あり、両テキストには「音節の種類：400余りの種類がある」と記述しました。

2-2 音素と声母・韻母

私たち人間の言語の意味の相違をもたらす最小の音の単位を「音素」と言います。まずここでは「音素」について説明し､つぎに中国語の「声母」

と「韻母」について説明していきます。

2-2-1　音素とは

音素は２つの要素に分けられます。1つは「**子音・“consonant”（“辅音”）**」と呼ばれているものです。これは、肺から送られてくる呼気が口腔や鼻腔を通過するときに、調音器官（舌や唇など）によって閉鎖されたり狭められたりして口腔や鼻腔の外に放出されるときに生成されるものです。

もう１つは「**母音・“vowel”（“元音”）**」と呼ばれているものです。これは、口腔内における呼気の体積を舌の位置によって変化させ、声帯の振動を伴って生成されるものです。

2-2-2　声母と韻母

中国語には 21 種類の「声母」があり、この 21 種類の「声母」はすべて子音です。そして「韻母」は 37 種類ありますが、すべてが母音というわけではありません。/-n/ や /-ng/ は母音ではありません。したがって、中国語の音節を「子音＋母音」と説明するのは正確ではありません。

中国語の音節を「声母＋韻母」と説明するのは、「音を産み出す部分（＝声母）＋音色を産み出す部分（＝韻母）」という認識に由来しています。

2-2-3　一音節の全体像

声母は 21 種類あり、すべて子音です。声母については「3. 声母」で詳述します。韻母は 37 種類あり、「介母・主母音・韻尾」の３つの部分に分けられます。韻母については「4. 韻母」で詳述します。

以下で、音節の全体像を、テキスト『会話編』に挙げられている漢字で具体的に見てみましょう。

『会話編』の例

音節＼語例	声母	韻母			声調
		介母	主母音	韻尾	
爱（ài）			a	i	第四声
家（jiā）	j	i	a		第一声
劳（láo）	l		a	o	第二声
娘（niáng）	n	i	a	ng	第二声
所（suǒ）	s	u	o		第三声
换（huàn）	h	u	a	n	第四声

音節はつねに学習者に「中国語音節全表」で確認させることが必要です。授業中にはいつもうるさいくらいに「中国語音節全表」で確認させましょう。

2-3　音節の独立性と等時性

中国語の音声上の大きな特徴は、各音節の独立性が高く、また等時性が強いということです。これを以下で順に見ていきます。

2-3-1　音節の独立性

中国語は音節の独立性の高い言語です。「音節の独立性が高い」とは、音節レベルにおいて、その音節の前後の音声環境の影響を受ける音声変化が起きにくい、ということです。

具体的には、中国語には英語に見られるリンキング（“linking”）現象や、フランス語に見られるリエゾン（“liaison”）のような現象はほとんど見られません。

しかし、これらに近い現象が 1 つだけ例外的に存在します。それは文末語気助詞の“啊 a”です。“啊 a”は先行音節の韻尾音の影響を強く受けて、次のように変化することがあります[20]。

20　平井（2012）pp.91 ~ 92 参照

（1）　先行音節の韻尾が /i/、/ü/ の時：

/a/ は /ia/ と発音されることがあり、/ia/ は /ya/ と表記されることによって、漢字の“呀”が当てられます。

「/i/ or /ü/」＋ /a/ ⇒ /ia/ ⇒ /ya/（＝“呀”）

例 1　他是谁啊？　→ shuí a ⇒ shuí ya（他是谁呀？）

例 2　这么好歌曲啊！　→ gēqǔ a ⇒ gēqǔ ya（这么好歌曲呀！）

（2）　先行音節の韻尾が /u/、/o/ の時：

/a/ は /ua/ と発音されることがあり、/ua/ は /wa/ と表記されることによって、漢字の“哇”が当てられます。

「/u/ or /o/」＋ /a/ ⇒ /ua/ ⇒ /wa/（＝“哇”）

例 3　这么多书啊！　→ shū a　⇒ shū wa（这么多书哇！）

例 4　这是日中友好啊！　→ yǒuhǎo a ⇒ yǒuhǎo wa（这是日中友好哇！）

（3）　先行音節の韻尾が /n/ の時：

/a/ は /na/ と発音されることがあり、漢字の“哪”が当てられます。

/n/ ＋ /a/ ⇒ /na/（＝“哪”）

例 5　你走得这么慢啊！　→ màn a ⇒ màn na（你走得这么慢哪！）

しかしこれらの音声変化は、規則的な変化ではありません。こういう音声変化が「起きることもある」ということです。そしてさらに、音が変化した後にできた“ya（呀）”、“wa（哇）”、“na（哪）”は、現在では、上記のような音声的環境を離れて一人歩きをしています。このことも教師としては覚えておく必要があります。

2-3-2　音節の等時性

中国語の漢字の音節について説明する時、もう一つ大切なことがあります。音節を“拼音”でローマ字表記したとき、そのローマ字の数は 1 つのものから最大 6 個のものまであります。しかし、ローマ字の数に関係なく、一音節の調音時間は同じです[21]。

〈調音時間〉

ā	yí	（阿姨）
shā	fā	（沙发）
shuā	yá	（刷牙）
shuān	pí	（栓皮）
shuāng	xǐ	（双喜）

初学者は、“拼音”のローマ字の数が多いほど調音時間が長いと考えがちです。

左の図に示したように、ローマ字の数に関係なく、調音時間は同じであるということを強調する必要があります。

これを音節の「等時性」と言います。このことは上級学習者には強調しない方がよいですが、初学者にはきちんと説明する必要があります。

3. 声母

先の 2-2-2 において、**声母とは「音を産み出す部分」**であり、**中国語の 21 種の声母はすべて子音である**と述べました。

ここではその声母について詳しく見ていきます。

3-1　従来の声母表

下記の｛声母表 1｝から｛声母表 3｝は多くの中国語テキストに示されているものです。

21　平井（2012）pp.93 ~ 94 参照

調音方法／調音点	破裂音		破擦音		摩擦音	鼻音	側面音
	無気音	有気音	無気音	有気音			
唇音	b[ṗ]	p[ᶈ‘]			f[f]	m[m]	
舌尖音	d[ṭ]	t[ƫ‘]				n[n]	l[l]
舌根音	g[k̇]	k[ᶄ‘]			h[ɦ]		
舌面音			j[ṭɕ]	q[tɕ‘]	x[ɕ]		
そり舌音			zh[ṭʂ]	ch[tʂ‘]	sh[ʂ] r[ɽ]		
舌歯音			z[ṭs]	c[ts‘]	s[s]		

{声母表 1}

	無気音	有気音	鼻音	摩擦音	側面音
唇音	b[ṗ]	p[ᶈ‘]	m[m]	f[f]	
舌尖音	d[ṭ]	t[ƫ‘]	n[n]		l[l]
舌根音	g[k̇]	k[ᶄ‘]		h[ɦ]	
舌面音	j[ṭɕ]	q[tɕ‘]		x[ɕ]	
そり舌音	zh[ṭʂ]	ch[tʂ‘]		sh[ʂ]　r[ɽ]	
舌歯音	z[ṭs]	c[ts‘]		s[s]	

{声母表 2}

	無気音	有気音		
唇音	b(o)	p(o)	m(o)	f(o)
舌尖音	d(e)	t(e)	n(e)	l(e)
舌根音	g(e)	k(e)	h(e)	
舌面音	j(i)	q(i)	x(i)	
そり舌音	zh(i)	ch(i)	sh(i)	r(i)
舌歯音	z(i)	c(i)	s(i)	

{声母表 3}

上記の｛声母表 1｝や｛声母表 2｝は正確な記述がされておらず、さらに｛声母表 3｝はその表が何を意味してるのか、よく分かりません。しかし最近は、全く声母表を示していないテキストも多く見かけます。

前述のように、中国語の 21 種の声母はすべて子音です。そこで、なぜ上記のような声母表が意味のよくわからない表であるのかということを、子音の生成という観点から、以下で説明していきたいと思います。

3-2　子音の生成

以下では子音の生成を、下記の｛図 24｝[22] で示した「口腔の調音器官の部位」を見ながら、確認していきます。

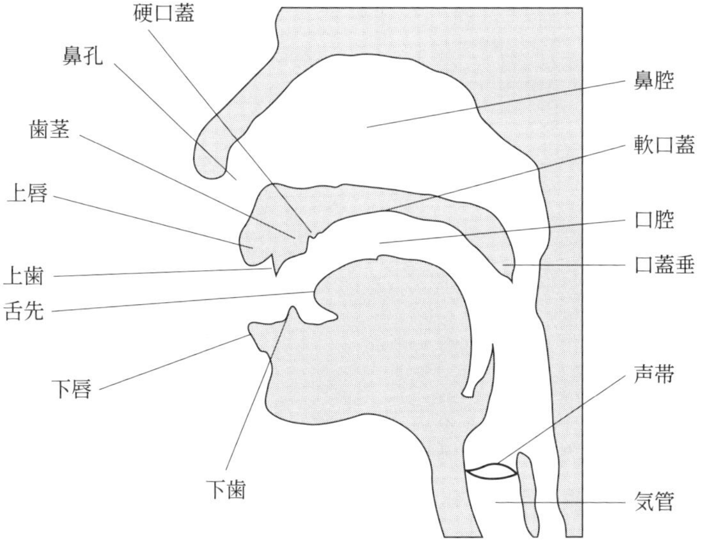

｛図 24｝〈口腔の調音器官の部位とその名称〉

子音は次のように生成されます。

まず、肺から送られてくる気流は、口蓋垂によって口腔を通過するか鼻腔を通過するかのどちらかに仕分けされます。そして口腔を通過する気流

22　平井（2012）p.12 に掲載されている〈図 1〉より

は、口腔の調音器官（唇、舌、歯や歯茎など）によっていったん妨げられます。次にその妨げられた呼気は閉鎖をゆるやかに解いたり、破裂させたり、摩擦させたりするなどの方法で、口腔の外に放出されます。この時に生成されるのが子音です。

3-2-1 ケネス・リー・パイクと「調音点」、「調音方法」

アメリカの言語学者ケネス・リー・パイク（Kenneth Lee Pike）は、口腔を通過した気流を妨げる調音器官のことを“point of articulation”、妨げられた気流を口腔の外へ放出する方法を“manner of articulation”と称しました。

日本の音声学用語では前者を「調音点」、後者を「調音方法」と呼び、また中国語ではそれぞれ“发音部位”、“发音方法”と呼んでいます。

“point of articulation” ＝「調音点」 ＝“发音部位”

“manner of articulation”＝「調音方法」＝“发音方法”

そしてケネス・リー・パイク以来、世界のそれぞれの個別の言語の子音表は、口腔で気流を妨げる調音器官の部位（＝調音点）と、その妨げられた気流を口腔外へ放出する方法（＝調音方法）を表で提示するのが一般的です。

3-2-2 上記の｛声母表 1｝、｛声母表 2｝、｛声母表 3｝の問題点

上記の｛声母表 1｝、｛声母表 2｝、｛声母表 3｝は一見、中国語の声母の調音点と調音方法によって示されている表のように見えます。しかし多くの問題点があります。

たとえば、これらの表の中には「そり舌音（または「巻舌音」）」とあります。これは中国語で“捲舌音”と呼ばれている音のことで、この呼び方は、これらの音を趙元任が英語で“retroflex（反転音）”と呼んだものの翻訳です。しかしこれは調音点でもなければ調音方法でもありません。

また、これらの表のどれもが、調音点のところに「唇音、舌尖音、舌根音、舌面音、舌歯音」と書かれています。しかし「舌尖、舌根、舌面」というのは舌の部分です。実際にはそれを口腔のどこかに近づけたり当てた

りすることによって子音の生成を弁別しています。したがって、これらの表記のように、舌の部分だけを示しただけでは不十分だということです。

さらに｛声母表 2｝では「調音方法」において、「無気音」、「有気音」と「鼻音」、「摩擦音」、「側面音」が並列に並べられています。一見、調音方法の違いを示しているように見えますが、「無気音」、「有気音」は「鼻音」、「摩擦音」、「側面音」と並列に並べることのできる音ではなく、調音方法の違いの示し方としては不十分です（下記の｛声母表 4｝を参照してください）。

｛声母表 3｝に至っては、調音方法について、「無気音」と「有気音」だけしか取り上げられておらず、他の音との区別が全く分かりません。それればかりか、「b － p」、「d － t」、「g － k」と、「j － q」、「zh － ch」、「z － c」がまるで同じ調音方法であるかのような表になっています。

つまり、これらの声母表は書き方に統一性がないと言うことです。なぜこのような声母表がまことしやかに多くのテキストに取り上げられているのでしょうか。いくら入門のテキストとはいえ、書き方に統一性のない表を載せるというのはいかがなものかと思います。

最近の中国語のテキストは、どのテキストもとにかく「平易に教える」ことを重視しています。しかし「平易に教える」ために、統一性のないいい加減な表を載せて良いわけはありません。初学者に教えるテキストであっても、いい加減なことを記述するのはよくないのではないでしょうか。

3-3　より正確な声母表

より正確な声母表を示すには、表の左縦の列には呼気を妨げる場所である「調音点」を、上部最上段には妨げられた呼気を放出する方法である「調音方法」を書く必要があります。

次の｛声母表 4｝は、「調音点」と「調音方法」を分かりやすくまとめたものです[23]。

23　平井（2012）p.13 に示されている声母表を参考に、筆者が作成したものです。

《より正確な声母表》

調音方法／調音点	閉鎖	破裂	閉擦	破擦	摩擦	鼻腔	側面	音節全表番号
	無気	有気	無気	有気				
上唇と下唇	b[ṗ]	p[p̢ʻ]				m[m]		①
上歯と下唇					f[f]			①
上歯茎と前舌	d[ṭ]	t[t̢ʻ]				n[n]	l[l]	②
軟口蓋と舌根	g[k̇]	k[k̢ʻ]			h[ɦ]			③
歯茎硬口蓋と前舌			j[ṭɕ]	q[tɕʻ]	x[ɕ]			④
上顎と舌側面			zh[ṭʂ]	ch[tʂʻ]	sh[ʂ]		r[ɽ]	⑤
上歯裏と舌先			z[ṭs]	c[tsʻ]	s[s]			⑥

{声母表 4}

（☆声母表 4 の中の①～⑥の番号は、巻末中国語音節全表の中の番号です。）

従来の中国語のテキストの声母表（前述の {声母表 1} から {声母表 3} を参照）の「調音点」（左縦の列）と「調音方法」（上部最上段）の箇所は、通常「××音」というように記載されてきました。しかし「音」は調音点や調音方法ではなく、調音の結果の産物のことです。したがって {声母表 4} に示したように「音」という記載は不要です。

以上のような考えにもとづき、テキスト『会話編』と『講読編』においては、{声母表 4} が示してあります。

さらに、{声母表 4} のように IPA 表記を書き入れたものを示す理由は 2 つあります。1 つには、日本語母語話者の中国語学習者はすでに英語を学習しており、英語の発音記号には IPA 表記が使用されています。そのため、中国語の発音の表記（発音のルビ）である“拼音字母”と IPA 表記の違いを、学習者に可視化するためです。そして 2 つ目には、IPA 表記を書き入れた {声母表 4} を見れば、学習者は中国語の声母表の IPA 表記の中に、英語の発音記号で見慣れた IPA 表記に無いものが多くあることに気づき、両言語の音の大きな違いが感じられるはずです。教師の側も、この程度の説明をする必要はあるでしょう。

以下で、{声母表 4} について、順に見ていきます。

3-4 {声母表 4} の「調音点」と「調音方法」

ここでは {声母表 4} に基づいて、「調音点」と「調音方法」について、詳細に解説していきます。

3-4-1 「調音点」

(1) = /b/、/p/、/m/

これらは上唇と下唇によって気流を妨げたりさえぎったりする音です。したがって（1）の調音点は「上唇と下唇」です。

(2) = /f/

これは上歯と下唇によって気流を妨げたりさえぎったりする音です。したがって（2）の調音点は「上歯と下唇」となります。

その他、下記の（3）から（7）の子音（声母）は、上顎の調音器官に舌のどこかの部分を近づけたり当てたりすることによって生成されます。

(3) = /d/、/t/、/n/、/l/

これらは前舌の部分を上歯茎に当てることによって気流を妨げる音です。したがって（3）の調音点は「上歯茎と前舌」です。

(4) = /g/、/k/、/h/

これらは舌根の部分を軟口蓋に近づけて気流を妨げる音です。したがって（4）の調音点は「軟口蓋と舌根」です。

(5) = /j/、/q/、/x/

これらは前舌の部分を歯茎硬口蓋に近づけることによって気流を妨げる音です。したがって（5）の調音点は「歯茎硬口蓋と前舌」です。

(6) = /zh/、/ch/、/sh/、/r/

これらは舌側面を上顎に当て（/zh/ と /ch/）たり、舌側面を上顎に近づけ（/sh/ と /r/）たりすることによって気流を妨げる音です。したがって（6）の調音点は「上顎と舌側面」です。

(7) = /z/、/c/、/s/

これらは舌先を上の歯裏に近づけることによって気流を妨げる音

です。したがって（7）の調音点は「上歯裏と舌先」です。

たとえ中国語音声学の専門家ではなくても、中国語の教師である以上、最低でもこれくらいの知識は持っている必要があるのではないでしょうか。

3-4-2　日本語母語話者に説明が必要な「調音方法」

ここでは、調音方法のうち、日本語母語話者に的確な説明が必要な音について見ていきます。

3-4-2-1　無気音と有気音

世界の言語の中には、その言語の音の体系の中で意味を区別する子音が対になっているものがあります。たとえば日本語の「無声音（からす）」と「有声音（ガラス）」や、英語の「無声音（pig）」や「有声音（big）」などがそれです。日本の国語教育の世界では無声音のことを清音（澄んだ音）、有声音のことを濁音（濁った音）と呼んでいます。

では中国語はどうかというと、中国語は「無声音」と「有声音」によって意味を区別する言語ではなく、**中国語の世界で意味を区別する対になっている子音は「無気音」と「有気音」**です。

ちなみに「無気音」、「有気音」という名称は、それぞれ中国語の“无出气音／不送气音”、“出气音／送气音”の日本語訳です。

しかしこれらはいい加減な命名です。なぜなら、人間の言語音というのは、呼気を出すと同時に調音しているからで、すべての音が“出气音”あるいは“送气音”なのです。つまり呼気を出さなければ調音できないということです。例外的に、アフリカのカラハリ砂漠に住んでいる狩猟採集民のサン族（俗称ブッシュマン）の言語の中には、クリック（click ＝日本語では「舌打ち音」と訳されています）という吸気音を言語音としているものがあります。しかし、これ以外はすべて呼気を出すと同時に調音しています。このような現実に鑑みれば、「“无出气音”あるいは“不送气音”＝無気音」などという音は無いことが理解できるのではないでしょうか。

★「無気音」と「有気音」の良くない説明の仕方

中国語の「無気音（“无出气音／不送气音”）」と呼ばれている音も当然、呼気を出すと同時に調音しています。それにも関わらず、「無気音」を説明する際に「息を出してはいけません」などと言う教師がいると聞きました。どうしてこのような説明をするかというと、それはこの「無気音（“无出气音／不送气音”）」という呼び方に引きずられているからなのです。

また、「有気音（“出气音／送气音”）」を「呼気を強く荒々しく出す」などと説明し、さらには「無気音は弱く、有気音は強く」などと説明している教師もいると聞いています。しかも呼気が荒々しく強く出ることを証明するために、1 枚の紙を自分の口に近づけて /po/ と /bo/ を続けて発音し、/po/ を発音した際にはその紙が揺れ動くことを見せ、/bo/ を発音した際にはその紙が揺れないことを見せている教師もいるそうです。しかし実際に紙が揺れるのは /p/ に限ったことであり、その他の有気音の場合には紙は微動だにしません。つまり、**「無気音」と「有気音」は「無気音＝弱」、「有気音＝強」、というような、「強弱」の対立音ではない**、ということです。

さらに、「中国語には濁音（有声音）は無い」と言い切っている教師も多くいます。しかしこれも間違いです。

では、「無気音」、「有気音」と「有声音（濁音）」、「無声音（清音）」はどのような関係にあるのでしょうか。次にこのことについて見ていきます。

★「無気音」、「有気音」と「有声音」、「無声音」

下記の｛図 25｝は、意味を区別する子音の世界の、「無気音」、「有気音」と「有声音」、「無声音」を比較した図です[24]。

24　平井（2012）p.20 参照

〈日本語・英語の「有声音」、「無声音」と中国語の「無気音」、「有気音」〉
（意味を区別する子音の世界の比較）

日本語	（濁音） 有声音	（清音） 無声音	
英語			
I.P.A	[b]　[b̥]	[ṗ]　[p]	[p̡‘]　[p̡ʰ]
中国語	無気音		有気音

{図 25}

（注）国際音声字母 IPA（International Phonetics Alphabet）での表記の補助記号

[b̥] の下の /◦/ は、限りなく無声音に近い有声音であることを表す補助記号

[ṗ] の上の /·/ は、限りなく有声音に近い無声音であることを表す補助記号

[p̡] の上の /‘/ は、呼気を比較的強く出す時に生じる気音を伴った帯気性の音であることを表す補助記号

[p̡] の上の /ʰ/ は、帯気性がさらに強いことを表す補助記号

{図 25} から分かるように、中国語の無気音の音の中には、日本語や英語の有声音と無声音の両方の音が含まれており、中国語の無気音には濁音（有声音）の場合もあるということです。たとえば、軽声と第三声の無気音は濁音化（有声化）します。極端なことを言えば、中国語の無気音をすべて濁音で発音したとしても何も問題もないということです。なぜなら、濁音はすべて無気音なのですから。

軽声と第三声の無気音の濁音化（有声化）の具体例を挙げると、たとえば、“好的（de）。”の“的（de）”、“走（zǒu）吧。”や“有几（jǐ）个？”などの“走（zǒu）”や“几（jǐ）”は明らかに濁音です。したがって、初学者に無気音を指導する際に**「中国語に濁音はない」などと言うべきではありません。**

このように、日本語が「無気音」と「有気音」によって意味を区別する

言語ではないため、日本語母語話者には中国語の「無気音」と「有気音」を耳で聞き分けたり、口で言い分けたりすることが難しいのです。

しかし逆に、中国語が「有声音（濁音)」と「無声音（清音)」によって意味を区別する言語ではないため、中国語母語話者にとっては、日本語の「有声音（濁音)」と「無声音（清音)」を耳で聞き分けたり、口で言い分けたりすることが難しいのです。

★「無気音」と「有気音」の違い

では無気音と有気音の違いは何でしょうか。

無気音と有気音の根本的な違いは、調音に摩擦があるかないか、あるいは摩擦が強いか弱いかという相違です。これを次の２つのグループに分けて見ていきます。

1. 無気音 /b/、/d/、/g/ と、有気音 /p/、/t/、/k/

無気音 /b/、/d/、/g/ は、韻母を発すると同時に呼気の閉鎖が開放されます。たとえば /bo/ は /b/ の調音に間髪を入れずに /o/ が発せられます。

一方、有気音 /p/、/t/、/k/ は、閉鎖された呼気が開放されるのに引き続いて摩擦を産出するために、一定時間、口腔の狭めが形成されます。たとえば /po/ は /p/ の調音に摩擦をさせるための一定時間を費やし、わたり音の /u/ が微かに入って /o/ が発せられます。

2. 無気音 /j/、/zh/、/z/ と、有気音 /q/、/ch/、/c/

無気音 /j/、/zh/、/z/ は、呼気の閉鎖が瞬間的に開放され、その開放とほとんど同時に摩擦が生成されます。

一方、有気音 /q/、/ch/、/c/ は、閉鎖された呼気が開放されるのに引き続いて摩擦を産出する際、より強い摩擦を生成するために、一定時間、口腔の狭めが持続されます。

つまり、有気音 /q/、/ch/、/c/ は無気音 /j/、/zh/、/z/ よりも摩擦の強い声母であるということです。

このように、**有気音はそれぞれの呼気の閉鎖の開放に引き続いて必ず摩**

擦が産出されます。したがって摩擦音（/h/、/x/、/sh/、/s/ など）との混同が起こりやすく、たとえば“潮水（cháoshuǐ)”と“烧水（shāoshuǐ)”などは、中国語母語話者が混同しやすい音です。

★無気音と有気音の声母の６組のペアを覚えさせる

学習者には、とにかくまず中国語の無気音と有気音の声母の６組のペアを覚えさせることが重要です。

音節全表の番号	①	②	③	④	⑤	⑥
無気音	b	d	g	j	zh	z
有気音	p	t	k	q	ch	c

本書およびテキスト『会話編』と『講読編』に載せられている中国語音節全表には、上記表の①～⑥の番号が記入してあります。そこに、上記６組の声母のペアを、学習者自身で印をつけるように指導するとよいと思います。

★無気音と有気音の具体的な練習方法

練習する際には、声母と韻母の間に「摩擦（かすれ)」を産出するということを教える必要があります。その具体的な練習としては、「呼気の摩擦（かすれ)」を産出するのに最適な母音と組み合わせるのが良く、その組み合わせは以下の通りです。

bo —— po
de —— te
ge —— ke
ji —— qi
zhi —— chi
zi —— ci

b o ＼／ 同時に音を作る

p o ／＼ 呼気の摩擦（かすれ）を作る

しかし、母音の /e/ の音はあいまい母音で難しく、まだ授業の中でこの母音について説明がなされていない場合には、日本語母語話者に発音が容易である /a/、/i/、/u/ などの母音で練習すればよいでしょう。テキスト『会話編』にも『講読編』にもそれぞれ下記の例語が示してありますので、学習者にはそれらで練習させてください。

『会話編』の例語

無気音：bā（八）　dù（度）　gū（姑）　jí（吉）　zhū（猪）　zài（在）

有気音：pā（趴）　tù（兔）　kū（哭）　qí（奇）　chū（出）　cài（菜）

『講読編』の語例

無気音：bà（爸）　dī（低）　gāi（该）　jī（机）　zhōng（中）　zū（租）

有気音：pà（怕）　tī（梯）　kāi（开）　qī（七）　chōng（充）　cū（粗）

1. **無気音と有気音の根本的な違い**
   ＝調音に呼気の摩擦がある（有気音）か、ない（無気音）か、あるいは呼気の摩擦が強い（有気音）か、弱い（無気音）か、という相違。
2. **無気音と有気音は音の「強弱」の対立音ではない。**
3. **無気音と有気音の声母の 6 組のペアを覚えさせることが重要。**

3-4-2-2　/zh/,　/ch/,　/sh/,　/r/

/zh/、/ch/、/sh/、/r/ の音は一般的に中国語で“捲舌音”と呼ばれ、これを日本語で「そり舌音」などと呼んでいます。この呼び方は、これらの音を趙元任が英語で“retroflex（反転音）”と呼んだものの翻訳です。しかしこれらを発音するとき、実際には舌を捲いたり反り上げたりしていません。これらの音の調音上の特徴は、**上顎と下顎で口腔を狭め、舌側面で呼気の流れを妨げる**という点にあります。

★ /zh/，/ch/，/sh/，/r/ の具体的な練習方法

これらの音の発音指導の際には､「舌を曲げる」とか「舌の位置はどこだ」などということに拘りがちです。しかし、舌を曲げて舌の位置がどうのこうのと言われても、学習者にはよくわかりませんから、それは決して得策ではありません。特に日本語母語話者は、口腔の調音器官の部位や舌の動きを取り上げた説明は、総じて苦手です。では、これらの音はどのように説明すればよいでしょうか。学習者がすでに学んでいる音の中から、その音に近いものを示して練習すると分かりやすいと思います。

・**/zh/** ＝日本人学習者はすでに英語を学んでいますから、たとえば中国語の /zh/ の場合には、英語の“church”などを例に挙げると良いでしょう。“church”の ch〔tʃ〕は、中国語の /zh/ とほぼ同じ音です。日本語ではタ行拗音の「チャ、チュ、チョ」に近い音だと説明すると、分かりやすいでしょう。

『会話編』の例語

無気音：　zhē（遮）　zhá（炸）　zhǔ（煮）　zhù（住）

『講読編』の例語

無気音：　zhā（渣）　zhú（竹）　zhǔ（主）　zhè（这）

・**/ch/** ＝ /zh/ を生成するときの要領で、上顎と舌側面の隙間に気流を流す際に摩擦を生じさせれば /ch/ が生成できます。したがって、/ch/ と母音の間に摩擦（かすれ）を作るように説明しましょう。

『会話編』の例語

有気音：　chē（车）　chá（茶）　chǔ（础）　chù（触）

『講読編』の例語

有気音：　chā（插）　chú（除）　chǔ（楚）　chè（彻）

・**/sh/** ＝中国語の /sh/ は英語の“shine”や“sharp”の sh〔ʃ〕に極めて近い音であり、また日本語のサ行拗音の「シャ、シュ、ショ」にも近い音です。したがってこれらを提示して示すとわかりやすいでしょう。

『会話編』の例語：shā（沙）　shé（舌）　shǔ（暑）　shè（社）

『講読編』の例語：shā（砂）　shú（熟）　shǔ（暑）　shè（社）

・/r/ ＝　中国語の /r/ の音は他の３つとは別です。/r/ は /sh/ の濁音と言われています。13 世紀にイタリア人のマルコポーロが『東方見聞録』を著し、その中で日本のことを「ジパング」と呼びました。この「ジパング」というのは “Riben guo” のことです。このことからも /r/ を /sh/ の濁音と言っても間違いでないことが分かります。

『会話編』の例語：rēng（扔）　róu（柔）　rěn（忍）　ròu（肉）

『講読編』の例語：rāng（嚷）　rú（如）　rǔ（乳）　rè（热）

3-4-2-3　/z/ と /c/

/z/ と /c/ は上顎と下顎で口腔を狭め、舌先を上歯の歯裏に近づけることによって気流を妨げ、調音する音です。

★ /z/ と /c/ の具体的な練習方法

これらの音については、下記のように説明すればよいでしょう。

・/z/ ＝　これは無気音で、日本語の「ツ」に近い音だと説明すれば問題ないでしょう。ただし、/zi/ は例外です。これについては、「4. 韻母」の 4-2-2 で説明します。

『会話編』の例語

無気音：　zāi（灾）　zán（咱）　zǎo（早）　zuì（最）

『講読編』の例語

無気音：　zū（租）　zán（咱）　zǎi（宰）　zòu（奏）

・/c/ ＝　これは有気音で、/c/ と母音の間に摩擦（かすれ）を作るように説明しましょう。ただし、/ci/ は例外です。これについては、「4. 韻母」の 4-2-2 で説明します。

『会話編』の例語

有気音： cāi（猜） cán（残） cǎo（草） cuì（脆）

『講読編』の例語

有気音： cū（粗） cán（残） cǎi（彩） còu（凑）

3-4-2-4 その他の声母の調音方法

1．摩擦音 /f/、/h/、/x/、/s/

・**/f/** ＝口腔の一番前で調音する音です。この音は英語の /f/ と同じ音ですが、一般に日本語母語話者は苦手です。しかし、英語の /f/ と同じ音という説明で十分わかりますし、日本語の「フ」の子音で代替しても聞き手に誤解を与えることはありません。

『会話編』の語例：fā（发） fó（佛） fǔ（府） fèi（费）

『講読編』の語例：fēi（飞） fá（罚） fǒu（否） fù（富）

・**/h/** ＝口腔の一番奥で、舌根を軟口蓋に近づけて呼気の流れを妨げて摩擦させる音です。中国語のこの音は喉音で、喉の奥から強く荒々しく出す音です。日本語のハ、へ、ホの音は、中国語の /h/ の音よりもっと口腔の前の方で調音します。現代日本語のハ行子音は、日本語音声学の分野では「喉音」とするのが常識ですが、それは間違いで、実際には中国語の /h/ こそ喉音です。

『会話編』の語例：hū（忽） huó（活） hǎo（好） hài（害）

『講読編』の語例：hā（哈） hú（湖） hǎn（喊） huò（或）

・**/x/** ＝/xi/ は日本語の「シ」と同じ音です。筆者のこれまでの経験では、これを英語の sh〔ʃ〕で発音する学生が多くいます。それは間違いで、日本語の「シ」と同じであると説明しましょう。

『会話編』の語例：xī（西） xié（鞋） xǐ（喜） xiè（谢）

『講読編』の語例：xī（吸） xí（习） xiě（写） xià（下）

・/s/ ＝日本語の「サ」、「ス」とほぼ同じ音です。ただし、/si/ は例外です。/si/ については、「4. 韻母」の 4-2-2 で説明します。

『会話編』の語例：sā（仨） sú（俗） sǎo（扫） sù（宿）
『講読編』の語例：sā（撒） sú（俗） sài（赛） sù（素）

2. 鼻腔音の /m/ と /n/

・/m/ ＝この音は両唇音で、上唇と下唇の合わせ強度の高い音です。この合わせ強度は、日本語のマ行子音よりも強いので、両唇をしっかりと合わせてから開放するという説明が必要です。

『会話編』の語例：mō（摸） má（麻） mǔ（母） mì（秘）
『講読編』の語例：mā（妈） mó（模） mǐ（米） mù（木）

・/n/ ＝ 日本語のナ行と同じ音です。日本語母語話者には難しくない音です。

『会話編』の語例：nī（妮） nú（奴） nǎ（哪） nèi（内）
『講読編』の語例：nī（妮） ná（拿） nǔ（努） nài（耐）

3. 側面音の /l/

・/l/ ＝ 英語の“l”と同じ音です。

『会話編』の語例：lā（垃） lái（来） lǔ（鲁） lì（力）
『講読編』の語例：lēi（勒） luó（逻） lǐ（礼） là（辣）

たとえ中国語音声学の専門家ではなくても、中国語の教師である以上、声母の調音方法について、最低でもこれくらいの知識は持っている必要があります。特に初学者に教授する教師の場合には、なおさらです。

3-5 声母の説明の優先順位

以上、声母の調音点と調音方法について見てきました。しかし、実際に中国語の声母について初学者に説明する場合、音節全表の上段から順に、ここで解説した事柄をすべて説明し、その次に、たとえば韻母の説明に移るというのは、学習効果から見て最適とは思えません。ではどうすればよいか。それは説明に優先順位を付けるということです。

ある中国語母語話者の中国語教師と話をしていたところ、彼女は自分が母国で小学校時代に学校で受けた中国語教育の教え方で、日本語母語話者に発音指導をしているということでした。具体的には、音節全表の21個の声母を、上段から下段へ順に一通り発音練習していくということでした。声母を一通り全部発音するということは悪いことではありませんが、教師としてするべきことは、日本語母語話者にとって、どの音の習得が容易で、どの音の習得が難しいのかということを区別し、習得が難しいものから順に説明し、練習していくということです。そのために、教師は日本語母語話者が中国語の発音を習得する上で難しいものから順に優先順位を付けて説明、指導することが大事です。では日本語母語話者が習得するのに難しい音というのはどういう音なのでしょうか。それは日本語のローマ字表記や英語のスペルからは推測できない、あるいは推測すると正確な中国語の音にならない声母です。

以下が、筆者の考える声母の説明の優先順位です。参考にしてください。

1番目：「無気音と有気音」

中国語の声母の21種類のうち、6組の12個がこの「無気音と有気音」の声母です。そのことをしっかり理解させる必要があります。6組のペアを、学習者自身で音節全表に印をつける→そしてその後に平易な母音で発音してみる、ということが重要です。練習方法は、前述の解説を参考にしてください。

2番目：{声母表4}の⑤の /zh/、/ch/、/sh/、/r/ の発音

これらの声母についても、音節全表に印をつけることが重要です。練習方法は、前述の解説を参考にしてください。

3番目：その他の声母

その他のものについては必要に応じて説明すればよいでしょう。

次章の「韻母」についても、重要なものについては音節全表の中に印を付けさせるとよいと思います。韻母の場合も声母の場合と同様、日本語母語話者が日本語のローマ字表記や英語のスペルからは推測できない、あるいは推測すると正確な中国語の音にならないものが重要な韻母ということです。それらに**印をつけることによって、最初は平板にしか見えなかった音節全表が、メリハリのついたものになります**。これはとても重要なことなのです。

次は、韻母について解説していきます。

4. 韻母

2-2-2 で少し触れましたが、**「韻母」は「音色を産み出す部分」**です。そして重要なのは、**中国語の 37 個の韻母はすべてが母音だというわけではない**ということです。/-n/ や /-ng/ は母音ではありません。“汉语拼音方案”の表記では、**中国語の基本母音は /a/、/o/、/e/、/i/、/u/、/ü/ の 6 種類**です。

韻母は介母、主母音、韻尾の 3 つに分けられます。

韻母（音色を産み出す部分）＝介母＋主母音＋韻尾

- **介　母：声母と主母音のわたりの音**
- **主母音：韻母の中核をなす音色の中心の音**
- **韻　尾：韻母の末尾の成分**

ここでは日本語母語話者の学習者にとって重要な主母音、介母、韻尾について見ていきますが、その前にまず、「母音」がどのようにして生成されるのか、見ていきます。

4-1　母音の生成

前章の 3-2 において「子音の生成」について見ました。それをもう一度まとめると、「子音」とは、肺から送られてくる気流が口腔の調音器官（唇、舌、歯や歯茎など）によって妨げられ、次にその妨げられた呼気が閉鎖をゆるやかに解いたり、破裂させたり、摩擦させたりするなどの方法で、口腔の外に放出された時に生成される音素でした。

では「母音」はどのように生成される音素でしょうか。

「母音」とは、呼気が妨げられることなく、口の開閉の程度や唇の円平、そして舌の位置や形を変化させることによって、口腔内の体積を大きくしたり小さくしたり変化させ、そのことによって呼気の共鳴する度合いを変化させて生成される音素です。その際、**母音は声帯の振動を伴って生成されます**。

口腔内の体積が大きいと呼気の共鳴度は低く、口腔内の体積が小さいと呼気の共鳴度は高くなります。「共鳴度が低い」とは、口腔内の呼気の振動回数が少ないということであり、「共鳴度が高い」とは、口腔内の呼気の振動回数が多いということです。

そして 1 秒間の共鳴度のことをフォルマント（formant）値と言い、共鳴度の高いものを「フォルマント値が高い」、共鳴度の低いものを「フォルマント値が低い」と言います。

4-2　基本母音（6 種類）

現代中国語には 6 つの基本母音（/a/、/o/、/e/、/i/、/u/、/ü/）があります。これらは口の開閉の程度、唇の円平、そして舌の位置や形を変化させることによって口腔内の体積を変化させ、それによって音の響きを作ります。その際の舌の位置（舌位）の一番高いところを示した図を「母音四角形」と呼んでいます。次の｛図 26｝は、中国語の母音と日本語の母音を対照させた「母音四角形」です（図中のローマ字は中国語の“拼音字母”、カタカナは日本語を表す。平井（2012）p.28 の〈図 5〉参照のうえ、筆者が作図）。これは顔を左向きに書いた断面図です。

〈現代中国語と日本語の母音四角形の比較〉

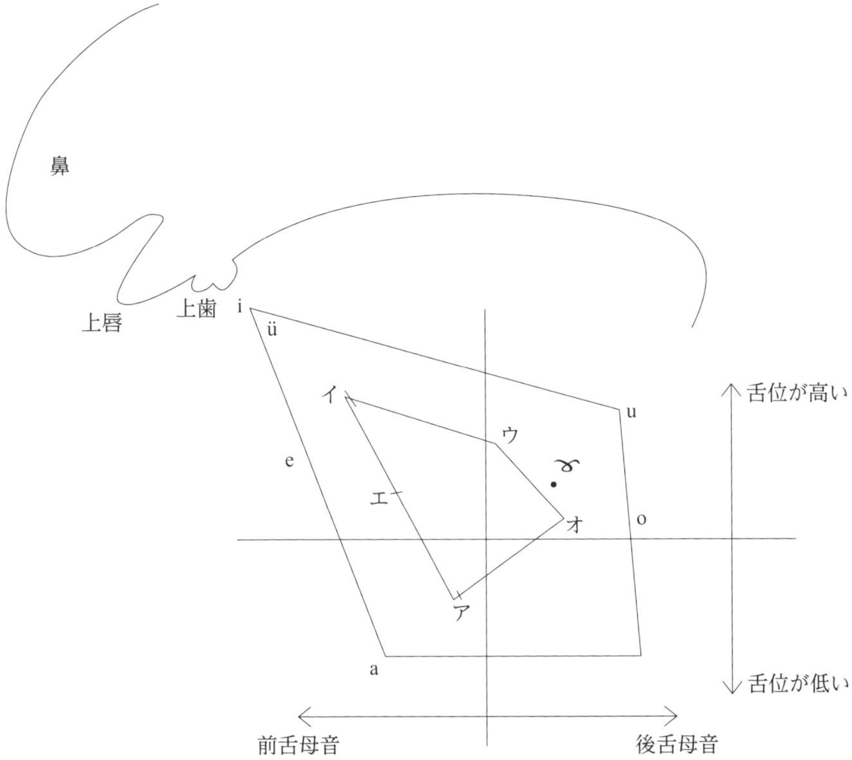

{図 26}

母音は、舌位の高い母音と低い母音に分けられるだけでなく、前よりの狭い母音（前舌母音）と後ろよりの広い母音（後舌母音）に分けられます。{図 26} には、このことも反映されています。

{図 26} から分かるように、中国語の /a/ は舌位の低い母音です。このように舌位の低い母音は、舌位が低い分だけ口腔の体積が大きくなり、体積が大きくなった分だけ 1 秒間に共鳴する度合いが低く（＝呼気の振動回数が少なく）なります。

逆に中国語の /i/、/ü/、/u/ のように舌位の高い母音は、舌位が高い分だけ口腔の体積が小さくなり、体積が小さくなった分だけ 1 秒間に共鳴する度合いが高く（＝呼気の振動回数が多く）なります。

また、{図 26} を見ると、中国語の母音四角形は日本語の母音四角形と比べて、母音四角形が全体に大きいことが分かります。このことから、中国語の母音（/a/、/o/、/e/、/i/、/u/、/ü/）は日本語の母音（「ア」、「オ」、「エ」、「イ」、「ウ」）に比べて、鋭く明瞭な音だということが分かります。

そうは言っても、このうち /a/ と /o/ についてはそれぞれ日本語の「ア」と「オ」とほぼ同じ音と説明しても、何ら問題ありません。日本語母語話者にとって重要な中国語の母音は **/e/、/i/、/u/、/ü/ の４つの母音**です。これらの４つの母音については、その発音をきちんと説明し、学習させることが重要です。以下で、これらを順に解説していきます。

4-2-1　/e/

/e/ は中舌母音（あいまい母音）で、先行あるいは後続の音声環境にともなって変化します。そして、３種類の音があります。

①　音節全表（1）枠の ei（2）枠の ie、（4）枠の üe

＝これらは日本語の「エ」の発音でよいでしょう。

②　音節全表（1）枠の en

＝日本語の「ア」と「エ」の間の音で、「エ」に近い音です。

★③　音節全表（1）枠の e、er、eng、（3）枠の ueng

＝日本語の「ウ」と「オ」の間の音で、「オ」に近い音です。

この中で**日本語母語話者に難しいのは**③です。学習者に音節全表のこれらの韻母に印を付けさせると良いでしょう。

『会話編』の語例：gē（歌）méng（盟）ĕr（耳）　pèng（碰）wēng（嗡）

『講読編』の語例：hē（喝）néng（能）lěng（冷）èr（二）　wēng（翁）

/e/ の原籍は国際音声字母（IPA）の［ɤ］で、上記③の /e/ は［ɤ］に近い音です（{図 26 参照}）。そしてさらに、[ɤ] の音は英語の中舌母音 [ə] の音に極めて近い音です（次の {図 27} 参照）。したがって③の音を練習する場合には、たとえば英語の “girl ［gəːl］”、“early ［əːli］”、“earth ［əːΘ］”

などを例に出して練習すると良いでしょう。

〈中国語の中舌母音 /e/［ɤ］と英語の中舌母音［ə］〉

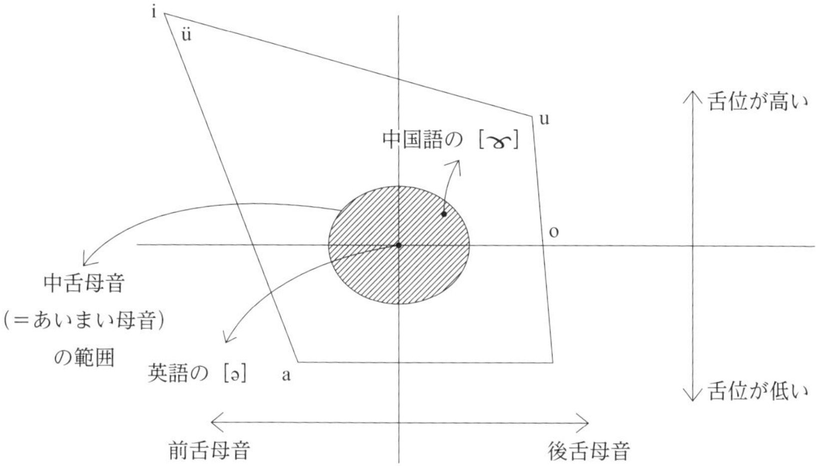

{図 27}

最後にもう 1 つ注意することがあります。音節全表（1）枠の /e/ が軽声の場合です。この場合、/e/ は限りなく日本語の「ア」に近い音になります。たとえば、下記がその例です。

wǒ de（我 的）　　hǎo le（好 了）　　nǐ ne?（你 呢 ?）

学習者は“wǒ de”を「ウオーデ」と発音しがちです。この場合、「デとは発音するな。むしろダと発音した方が良い」と言い切っても良いでしょう。

4-2-2　/i/

/i/ には異なる 3 種類の音があります。“汉语拼音方案”では、異なる 3 種類の音が同じ /i/ で表記されているということです。

①　音節全表（1）枠＝ zhi, chi, shi, ri → IPA［ʅ］

②　音節全表（2）枠＝ bi, pi, mi, di, ti, ni, li, ji, qi, xi → IPA［i］

★③　音節全表（1）枠＝ zi, ci, si → IPA［ɿ］

①は日本語の「イ」と同じではありませんが､「イ」に近い音です。

②は日本語の「イ」で OK です。

③は日本語母語話者に定着しない、一番難しい /i/ です。学習者には音節全表の **zi**、**ci**、**si** に印を付けさせましょう。

③の /i/ の音は、日本語の「イ」の口をしながら「ウ」の音を出す要領で出すと説明すると、分かりやすいでしょう。

『会話編』の語例：zī（姿）　cí（词）　cǐ（此）　sì（四）

『講読編』の語例：zī（资）　cí（辞）　sǐ（死）　sì（四）

そして音声教育上で重要なことは，中国語の /i/ には［i]、[ɿ]、[ʅ］の 3 つの場合があることを学習者に認識させ、それぞれの違いを実感させることです。先生方がその音の違いを明確に発音して学習者に聴かせ、その違いをぜひ体感させてください。

さらに、上記③の音＝音節全表（1）枠の **/zi/、/ci/、/si/ の音**を、音節全表（3）枠の **/zu/、/cu/、/su/ と対照**させながら音の違いを実感させ、両者をきちんと区別できるように練習していくことが重要です。

★ /zi/、/ci/、/si/　＝「イ」の口で「ウ」を発音する音。

☆ /zu/、/cu/、/su/ ＝「ウ」の口で「ウ」を発音する音。

4-2-3　/u/

中国語の /u/ は日本語の「ウ」と同じ音ではありません。先の｛図 26｝で示した母音四角形で確認してください。

｛図 26｝からわかるように、日本語の「ウ」は中国語の /u/ よりもずいぶん前よりの母音です。**中国語の /u/ は日本語の「ウ」に比べて口腔の後方で調音する**ため、**唇を丸めて突き出して発音**します。つまり、中国語の /u/ の音は日本語の「ウ」にならないように注意する必要があります。

『会話編』の語例：tū（突）　sú（俗）　gǔ（古）　dù（度）

『講読編』の語例：gū（姑）　hú（湖）　nǔ（努）　lù（路）

4-2-4　/ü/（ウムラウト）

/ü/ は口腔の前方で調音します（{図 26} 参照）。日本語母語話者には**「ユ」の口の形をしながら「イ」という音を出す**つもりで発音すると説明するのが良いでしょう。その際、「ユイ」とならないよう、注意させることが必要です。

ドイツ語にも /ü/ の音がありますが、ドイツ語の /ü/ は IPA［ʉ］、中国語の /ü/ は IPA［y］で、全く異なる音です。

この母音は日本語母語話者には最後までマスターするのが難しい音なので、具体的な漢字を示して、何度も練習させる必要があります。

『会話編』の語例：yū（迂）　yú（鱼）　yǔ（语）　yù（玉）
『講読編』の語例：yū（迂）　yú（于）　yǔ（雨）　yù（遇）

★ /ü/ の“拼音字母”の表記上の約束ごと

/ü/ については、“拼音字母”の表記上の約束として、以下のことを説明し、学習者に定着させる必要があります。音節全表の（4）枠を見ながら説明するとよいでしょう。

1. この母音の“拼音字母”の表記は“yu”であること。⇒発音のルビとし「ü」だけで示されるということはないということです。
2. この母音と結合する声母は“n”、“l”と“j”、“q”、“x”の 2 組 5 つだけであり、この 2 組の“拼音字母”の表記が異なること。
   ・声母が“n”と“l”の場合　⇒ nü、lü
   ・声母が“j”と“q”と“x”の場合 ⇒ ju、qu、xu

このように、/ü/ が声母“n”と“l”と結合する場合には「nü、lü」という表記になるのに対して、声母“j”と“q”と“x”と結合する場合には「ju、qu、xu」というように、“u”という表記を用いるのはなぜでしょうか。その理由は、音節全表の（3）枠を見れば分かります。

声母“j”と“q”と“x”は（3）枠の韻母 /u/ を持った音とは結合しません。したがって、“u”と表記しても（3）枠の音との混乱はないので、“ü”より簡単に表記できる“u”を採用しているということです。しかしそのことによって逆に学習者には、「ju、qu、xu」が「ウムラウト」という音であることをしっかりと認識、記憶させる必要があります。

★ "yun" ＝ /ün/ の音

"yun" ＝ /ün/ の音は「ユン」ではなく、実際には /e/ の音が入ります。それはなぜでしょう。母音四角形を使って説明します。

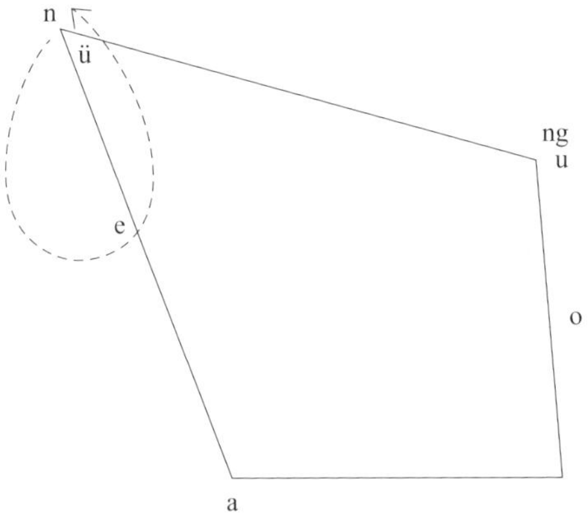

{図 28}

上記 {図 28} の母音四角形から分かるように、/ü/ と /n/ は舌位が近いので調音しにくいのです。その結果、発声生理学的理由から、少し遠回りして調音しようとします。このために、/e/ の音が入るのです。

ここまで中国語の初学者に説明する必要はありませんし、ここまでの音を初学者に求める必要はありません。しかし、このような原理についても教える側は理解しておく必要があります。

4-3　二重母音、三重母音

韻母が複数の母音で構成されているものについて、多くの中国語テキストで「二重母音」、「三重母音」として取り上げられています。これらの母音について、平井（2012）には次のように述べられています[25]。

「(二重母音、三重母音は）中国語の音韻体系や現実の発話行為に見られる音声現象の上で、これらが特別な意味をもつ母音群であるわけでもなく、この母音群に中国語の音声上の特徴が見られたり、或いはこの母音群が構成されることによって、何らかの音声現象が発生するわけでもない。」

さらにテキストによっては「二重母音」、「三重母音」について非常に詳しく述べられているものもあります。たとえば「二重母音には、「開母音＋閉母音」のタイプと「閉母音＋開母音」のタイプのものがあり、三重母音は「閉母音＋開母音＋閉母音」のタイプに限られる」というような説明が加えられているものも、多く見られます。しかしこれらの説明は、学習者が発音を習得する上で何も参考にならず、全く不要な説明ということができます。

「二重母音」、「三重母音」の発音を習得する上で大切なことは、母音１つ１つを丁寧に発音するということに尽きます。

たとえば、“duō（多）”と“dōu（都）”を比較してみると、“duō（多）”の場合には /u/（ウ）を、“dōu（都）”の場合には /o/（オ）を意識的に出し、それぞれ /uo/ と /ou/ を構成している /u/ と /o/、/o/ と /u/ を１つ１つ丁寧に発音するという指導が重要だということです。

これをいい加減に発音すると“duō”と“dōu”の区別がつかなくなり、どちらもいい加減に「トー」と発音するようになってしまいます。

中国語の「二重母音」、「三重母音」の発音習得のポイントは、**「母音は１つ１つを丁寧に発音する」**、このことに尽きます。発音指導としては、「二重母音」、「三重母音」のタイプの詳しい説明などよりも、学習者に対して、**母音を１つ１つ丁寧に発音することに注意を喚起することの方が、よほど重要**です。

『会話編』の語例：二重母音　gāo(高)　diē(爹)　dōu(都)　duō(多)
三重母音　liáo(聊)　guài(怪)
『講読編』の語例：二重母音　jiā(家)　guā(瓜)　dōu(都)　duō(多)
三重母音　huái(怀)　xiào(笑)

25　平井（2012）p.46 参照

母音はいくつあっても、１つ１つを丁寧に発音することが重要

4-4　介母の重要性

4-4-1　介母は３種類（/i/、/u/、/ü/）

中国語の音節は介母によって４類に分けられます。その４類とは介母が / ゼロ /、/i/、/u/、/ü/ の４類です。**「介母」とは「声母と韻母のわたりの音」という意味**です。

伝統的な音韻学の世界では、これらの介母による４種類の分け方を“四呼”と呼び、韻母が /i/、/u/、/ü/ 以外の母音で始まる字音を「開口呼」、韻母が /i/ で始まる字音を「斉歯呼」、韻母が /u/ で始まる字音を「合口呼」、韻母が /ü/ で始まる字音を「撮口呼」と呼んでいます。

開口呼	韻母が /i/、/u/、/ü/ 以外の母音で始まる
斉歯呼	韻母が /i/ で始まる
合口呼	韻母が /u/ で始まる
撮口呼	韻母が /ü/ で始まる

中国語のテキストなどの音節全表の韻母の欄の４つの仕切りは、この４類のことです。

4-4-2　日本語母語話者にとって介母の認識は重要である

現代日本語の漢字音は、例外なく、法則的に、この介母の脱落した音となっています。以下がその例です[26]。

漢字音 語例	日本漢字音	中国語音
天（天）	Ten	Tian　[tien]
観（观）	Kan	Guan
選（选）	Sen	Xuan　[ɕyen]

このように、現代日本語の漢字音が介母の脱落した音となっている理由は、「日本語の中に中国語の語彙を採り入れる際、日本語の音韻体系を崩さないためには、一漢字を２拍以内に納める必要があり、そのために、介母を脱落させた」（平井（2012）p.45）からです。ここで言っているのは、つまり、日本語の一漢字の音読みは中国から入ってきた音をもととしていますが、現代日本語では、実際に発音されている音も、表記上でも、中国語の介母が全く反映されていないということです。たとえば「観」という漢字は旧仮名遣いでは「クアン」と表記されましたが、現代仮名遣いでは一漢字を２拍以内に納めるため「カン」と表記されます。その他、「留」という漢字は旧仮名遣いでは「リウ」と表記されましたが、現代仮名遣いでは「リュウ」と表記されます。このように、現代日本語の漢字音から中国語の介母は全く消え去ったということができます。

日本語母語話者が中国語の発音を学ぶときには、どうしても日本漢字音に引きずられる傾向があります。それを「母語干渉」と言います。したがって、日本語母語話者に対する中国語の音声教育には、**この３種の介母（/i/、/u/、/ü/）を、主母音に負けないくらいにしっかりと、はっきりと出す**ように、徹底して発音指導することが重要なポイントとなります。

たとえば、“今天 jīntiān” は「チンテン」ではなく「チンティエン」、“谢谢 xièxie” は「シェーシェー」ではなく、「シィエシィエ」であるというような指導が必要です。

『会話編』の語例：jié（节）　luò（落）　quán（全）
『講読編』の語例：xiè（谢）　guàn（惯）　xuǎn（选）

３種の介母（/i/、/u/、/ü/）は、主母音に負けないくらいにしっかりと、はっきりと出すように、徹底して発音指導することが重要

26　平井（2012）p.45の〈表4〉参照

4-5　音節末尾音の /-n/ と /-ng/

中国語の 400 個余りの音節の中で、韻尾に /-n/ または /-ng/ のある音節は 173 個あります。これを理由に /-n/ と /-ng/ の区別が大切であるとして、現在でも多くの教師がこれらを単独で発音練習させています。

その練習の際、両者を区別するために、たとえば /-n/ は「舌先を上の歯茎にピタリとつけます」とか、あるいは「舌先を噛みなさい」などの説明をしています。また、/-ng/ は「舌先はどこにも触れず、鼻から息を抜きながら「ん」と発音します」などと説明されることがよくあります。

結論から言って、**中国語母語話者は /-n/、/-ng/ そのものを言い分けてはいないし、/-n/、/-ng/ そのものを聞き分けてもいません**[27]。

では、韻尾に /-n/ と /-ng/ のある音節は、どのように言い分けられ、聞き分けられているのでしょうか。それを知るために、以下ではまず、日本語の撥音「ん」との違いを見ていきます。

4-5-1　中国語の /-n/、/-ng/ と日本語の撥音「ん」

中国語は音節の独立性の高い言語です。このことが意味しているのは、中国語の音節は前後の音節の音声環境の影響を受けにくいということです。これについては、すでに先の 2-3-1 で述べました。そしてこの点は日本語の撥音「ん」と大きく異なるところです。

中国語の /-n/ と /-ng/ は基本的に前後の音節の音声環境の影響を受けません。しかし日本語の撥音「ん」は、先行する音節や後続する音節の音の影響を受けて、音価（＝実際の音）が変わります。

では、日本語の撥音「ん」が前後の音節の音声環境の影響をどのように受けるのか、見ていきます[28]。

27　平井（2012）p.39 参照
28　平井（2012）pp.37 ~ 39 参照

(1)　撥音「ん」が語尾や文末の場合

	語例	先行する音節の母音	「ん」の音価
①	公安　KO	｜A｜	N = [n]、[ŋ]
②	公印　KO	｜I｜	N = [n]
③	幸運　KO	｜U｜	N = [ŋ]
④	公園　KO	｜E｜	N = [n]
⑤	高温　KO	｜O｜	N = [ŋ]

(2)　撥音「ん」が語中の場合

①　後続音節がバ行、パ行、マ行子音（→子音の調音点は両唇）の場合

辛抱　SI　N　BOU
進歩　SI　N　PO
新米　SI　N　MAI
→ N = [m]

②　後続音節がサ行、タ行、ダ行、ナ行、ラ行子音（→子音の調音点は歯茎）の場合

震災　SI　N　SAI
身体　SI　N　TAI
寝台　SI　N　DAI
心内　SI　N　NAI
信頼　SI　N　RAI
→ N = [n]

③　後続音節がカ行、ガ行子音（→子音の調音点が軟口蓋）の場合

新規　SI　N　KI
進学　SI　N　GAKU
→ N = [ŋ]

このように、日本語の撥音「ん」には３種類の音価（[n]、[ŋ]、[m]）があります。そしてどの音価になるかは、「ん」の前後の音節の音声環境の影響を受けて決められるということです。

日本語の「ん」はそれだけで単独で発音されることはありません。同様

に、中国語の /-n/ と /-ng/ も、それだけで単独で発音されることはありません。

では次に、中国語母語話者は中国語の /-n/ と /-ng/ のある音節をどのように言い分けたり、聞き分けたりしているのか、見ていきます。

4-5-2　/-an/ と /-ang/

/-an/ の /a/ と /-ang/ の /a/ を比較してみると、実はこの 2 つの /a/ は音価が異なっています。

実は /a/ の音の世界は広いのです。下記の母音四角形（{図 29}）を見てみましょう。

〈/a/ の音の世界〉

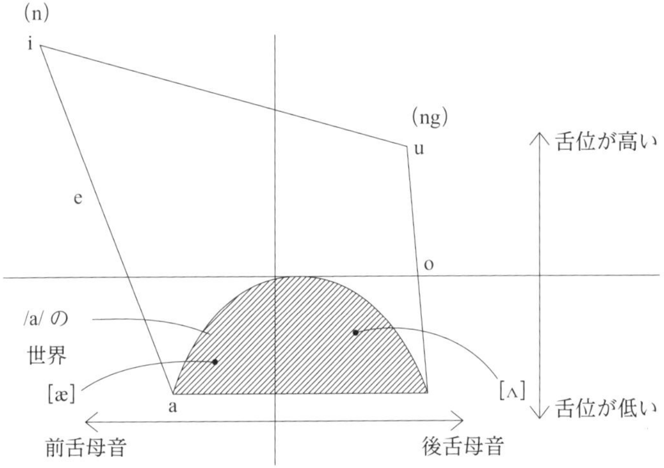

{図 29}

/-an/ の場合の /a/ は、/-n/ が舌先を上歯茎に当てて口腔の前よりで調音されるため、前よりの狭い /a/ となります。具体的には「ア」と「エ」の中間に近い［æ］という音で、たとえば“看（kàn）”の /a/ です。

一方 /ang/ の場合の /a/ は、/-ng/ が口腔の奥で調音されるため、後よりの広い /a/ となり、ます。具体的には「ア」の音の領域の中では「オ」に最も近い［ʌ］という音で、たとえば“炕（kàng)”の /a/ です。

このように、/-an/ と /-ang/ は、異なる音価の /a/ を言い分けたり聞き分けたりすることによって、中国語母語話者に区別されているのです。

『会話編』の語例：kàn（看）　—　kàng（炕）

『講読編』の語例：fàn（饭）　—　fàng（放）

4-5-3　/-in/ と /-ing/

中国語母語話者の /-ing/ は /-in/ と比べると、/i/ と /-ng/ の間にかすかに日本語の「ウ」のような音が入って聞こえます[29]。その理由を下記の｛図30｝を見ながら説明します。

〈/-ing/ の調音原理〉

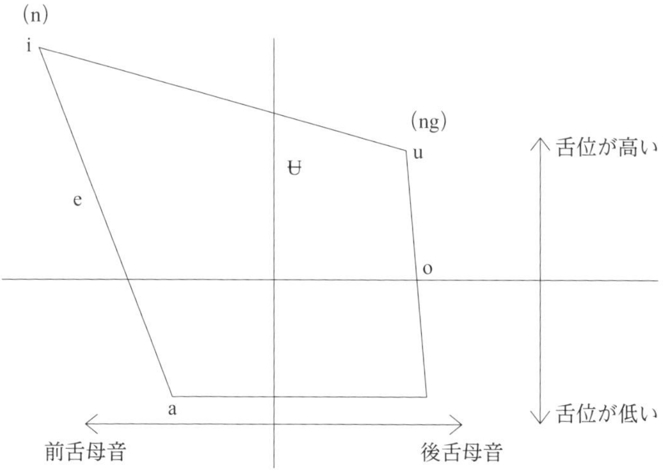

｛図 30｝

｛図 30｝から分かるように、/i/ は口腔の最も前よりで調音される母音であり、/-ng/ は口腔の最も奥よりで調音される音節末尾音です。

口腔内で調音の部位が大きく離れた２つの音を組み合わせて１つの言

29　平井（2012）p.40 参照

語音を構成しようとする場合には、生理的に無理が生じます。その結果、2つの音のどちらかの調音部位を移動させて、部位間の距離を縮めようとします。

/-ing/ の場合、/-ng/ を前方に移動させると /-n/ との区別が不鮮明となります。その結果、/i/ を奥よりに移動させることとなります。/i/ を奥よりに移動させると、結果的に /u/（=「ウ」）を帯びた /i/ となります。あるいはまた、/i/ を奥よりに移動させないで、/i/ と /-ng/ の間にわたりの音（[ʉ]）を挿入して生理的な無理を解消する場合もあります。その結果、中国語母語話者の /-ing/ は、/i/ と /-ng/ の間にかすかに日本語の「ウ」のような音が入って聞こえるのです。

しかし、我々が言語を発するときには必ず場面があります。その場面において、たとえば“金鱼（jīnyú）”と“鲸鱼（jīngyú）”を間違えることがあるでしょうか。絶対にありません。このことが意味しているのは、中国語の初学者に対して、/-in/ と /-ing/ の発音の区別を強く求める必要はないということです。しかし、中国語母語話者の /-in/ と /-ing/ の音は異なります。その違いを、教える側は理解しておく必要があります。

『会話編』の語例：yín（银）　—　yíng（迎）
『講読編』の語例：yīn（音）　—　yīng（英）

4-5-4　/-ian/ と /-iang/

この韻母の音はなかなか日本人には定着しません。ではなぜ /-ian/ は「イエン」と発音され、/-iang/ は「イアン」と発音されるのでしょう。下記の母音四角形（{図 31}）を見てみましょう。

〈/-ian/ の調音原理〉

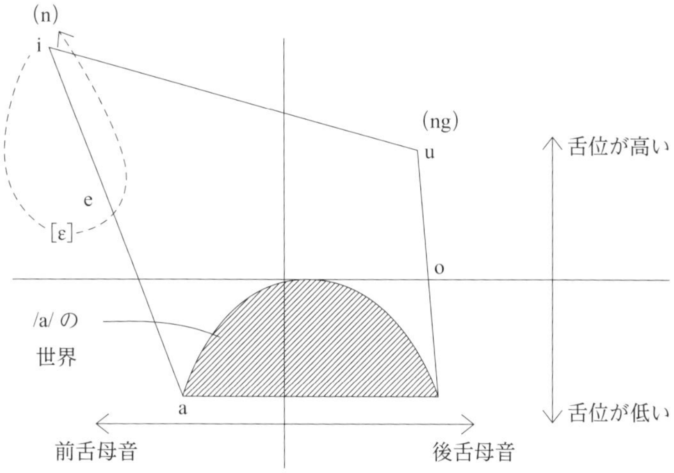

{図 31}

/-ian/ が調音されるとき、母音 /i/ の調音から出発して、舌位が /i/ に近い /-n/ に戻る際、矢印で示したように、労働の節約がなされます。つまり、本来の /a/ の音が生成されるところまで舌が下げられる前に、/a/ と /e/ の中間の［ε］のあたりから /-n/ に引き返してしまうという生理的省エネが起きる結果、「イエン」（[iεn]）と発音されるのです。これはいわば「横着の原理」です[30]。しかし第 3 声は一番調音時間が長いため「イアン」になりやすいのです。

『会話編』の語例：xiān（先） — xiāng（相）

『講読編』の語例：jiān（间） — jiāng（江）

4-5-5 /-ong/ の /o/

最後に、/-ong/ について見ていきます。

/-ong/ の /o/ の音は「ウ」に近い音（＝[u]）の場合と、「オ」に近い音（[o]）の場合があります。そしてそれは声母の調音点によって決まります[31]。

30 平井（2012）p.88 参照

韻母 /-ong/ と結合する声母は 4 種類あります。それぞれの調音点は以下の通りであり、その違いによって、[u] か [o] のどちらが選択される傾向が強いかが決まります。

(1) z、c、s → 調音点＝上歯裏 ：[o] が選択される傾向が強い。
(2) d、t、n、l → 調音点＝上歯茎 ：[o] が選択される傾向が強い。
(3) zh、ch、r → 調音点＝上顎 ：[u] が選択される傾向が強い。
(4) g、k、h → 調音点＝軟口蓋 ：[o] が選択される傾向が強い。

上記のように、それぞれ声母の違いによって [o] が選択される傾向が強い場合と、[u] が選択される傾向が強い場合と、一定の傾向はみられます。しかし、必ずどちらでなければならないということはありません。

テキスト『会話編』、『講読編』には、韻尾の /-n/ と /-ng/ の発音について、「学習者は -n と -ng そのものを区別することに神経質になる必要はありません。」と明記しました。しかし、『会話編』の場合には〈トレーニング〉に挙げてある語例、『講読編』の場合には〈トライ！〉に挙げてある語例で、先生方が模範の音を発音して学習者に示してください。そうすることで、/-n/ と /-ng/ の前に来る母音の音の相違を、ぜひ実感させてください。

1. 中国語の /-n/ と /-ng/ は、それだけで単独で発音されることはない。
2. 中国語母語話者は /-n/、/-ng/ そのものを言い分けてはいないし、聞き分けてもいない。
3. 中国語教師も学習者も -n と -ng そのものを区別することに神経質になる必要はない。

4-6 “儿化音”

“儿化”音は北京語特有の音声現象です。“普通话”は北京語音が音声面

---

31 平井（2012）pp.40 ~ 41 参照

での標準音となっており、また北方方言の語彙が“普通话”の基礎語彙となっているため、“普通话”の中に“儿化”韻尾の語彙が使用されているのです。

“儿化”音と“er”は、どちらも舌を上顎に向かってそり上げて調音する音です。発音の要領が酷似しているので、音声教育としてはこれをペアで発音練習するのが効果的です。

4-6-1　発音の要領

まず“er”は、それ自体で一音節です。この場合、一音節分の調音時間が確保されるので、舌を緩やかにそり上げます。下記が具体的な例です。

第一声	第二声	第三声	第四声
ēr	ér	ěr	èr
(なし)	儿（兒)／而	耳	二

一方、“儿化”音は、言うなれば余分に付加された音節末尾であるため、音節の等時性の制約によって、舌を素早くそり上げることが求められます。

つまり両者は「舌をそり上げて止める」という点においては共通していますが、舌をそり上げる速度が違うということです。**音節末尾である“儿化”音は「舌をすばやくそり上げ、そしてすばやく（パッと）止める」**、これが発音の要領です。

1. “er”　→　舌を穏やかにそり上げる
2. “儿化”音　→　舌を素早くそり上げる

さらに**“儿化”音**ではもう１つ大切なことがあります。それは、**韻尾が音声変化するものがある**ということです。以下でこれについて、具体的に見ていきます。

4-6-2 “儿化”に伴う韻尾の音声変化

“儿化”に伴って韻尾が音声変化するのは、すべて音節の等時性の制約に起因します。下記の（1）は基本的に韻尾の音声変化が見られないものです。韻尾の音声変化が見られるものとして、中国語の音声教育上は、以下の（2）～（5）の４種類を押えておく必要があります。

（1）韻尾に r を付加するもの

“花”huā　→　“花**儿**”huār

“猫”māo　→　“猫**儿**”māor

（2）韻尾の /-i/、/-n/ が落ちるもの

1.“小孩”　xiǎohái　→　“小孩儿”　xiǎoháir　→　実際の音⇒　xiǎo**hár**

“小孩”が“小孩儿”と発音されると、“孩（hái）”の /-i/ が脱落します。したがって実際には“xiǎo**hár**”という音になります。

その他、「“牌 pái”→“牌儿 pá**ir**”→ pá**r**」も同様の例です。

2.**“玩”**　wán　→　“玩儿”　wánr　→　実際の音⇒　**wár**

“玩”が“玩儿”と発音されると，“玩（wán）”の /-n/ が脱落します。したがって実際には“**wár**”という音になります。ちなみに動詞で韻尾が“儿化”するのはこの“玩→玩儿”だけです。

その他、「“饭馆 fǎnguǎn”→“饭馆儿 fànguǎ**nr**”→ fànguǎ**r**」も同様の例です。

（3）韻尾の /-i/、/-n/ が落ちて、その際に主母音が復活するもの

1.“一点”　yìdiǎn　→　“一点儿”　yìdiǎnr　→　実際の音⇒　yìdi**ǎ**r

↓

明確に「ア」の音になる

“一点”が“一点儿”と発音されると、“点（diǎn）”の /-n/ が脱落して主母音 /a/ の音が復活します。したがって実際には“yìdi**ǎ**r”という音になり、主母音の /a/ が明確に「ア」と発音されます。

2. “一会” yíhuì　→　“一会儿” yíhuìr　→　実際の音⇒　yíhuèr

↓

表記上脱落していた主母音の /e/ の音が復活する

“会”という音節はもともと“h ＋ uei”という音です。/uei/ の音は“拼音字母”では /e/ を落として書くという正書法の決まりにしたがって“ui”と表記されます。しかし“儿化”に伴って“huì”の /-i/ が脱落し、その結果もともとの主母音である /uei/ の /e/ の音が復活します。したがって実際には“yíhuèr”という音になります。

(4) 韻尾の /-ng/ が脱落して、鼻音化するもの

“空（kòng)”は“空儿（kòngr)”と発音されると /-ng/ が脱落します。したがって実際には“kòr”という音になり、韻尾が鼻音化します。

その他、「“花瓶”huāpí**ng**　→　“花瓶儿”huāpí**ngr**　→　huāpí**r**」も同様の例です。

(5) /-i/ で終わっている音節の“儿化”

先の 4-2-2 において、/-i/ の音には 3 種類あるということを説明しました。もう一度、下記に示します。

① [ʅ]　→　zhi, chi, shi, ri

② [i]　→　bi, pi, mi, di, ti, ni, li, ji, qi, xi

③ [ɿ]　→　zi, ci, si

この 3 種類の /-i/ はいずれも“儿化”します。そしてその場合、いずれも /-i/ と“儿化”音の間にわたりの [ə] が入るという現象が発生します。以下で、それぞれ例を見ていきます。

①の例：事（shì）　→　事儿（shìr）　→　実際の音⇒　shièr

“事”が“儿化”して“事儿”となった場合、実際の音は“shìr”ではありません。/shi/ の /-i/ と“儿化”音の間にそのわたりの音として [ə] の音がしっかり入ります。したがって実際の音は **“shièr”** なのです。

②の例：皮（pí）　→　皮儿（pír）　→　実際の音⇒　piér

“皮”が“儿化”して“皮儿”となった場合、実際のその音は“pír”ではありません。/pi/ の /-i/ と“儿化”音の間にそのわたりの音として［ə］の音がしっかり入ります。したがって実際の音は**“piér”**です。

③の例：瓜子（guāzi）　→　瓜子儿（guāzǐr）　→　実際の音⇒　guāzǐer

“瓜子”が“儿化”して“瓜子儿”となると、その音は“guāzǐr”ではありません。/zi/ の /-i/ と“儿化”音の間にそのわたりの音として［ə］の音がしっかり入ります。したがって実際の音は“guā**zǐer**”です。

これらのことを母音四角形で表すと､下記の｛図 32｝のようになります。

〈母音四角形と“儿化”したときの舌の図〉

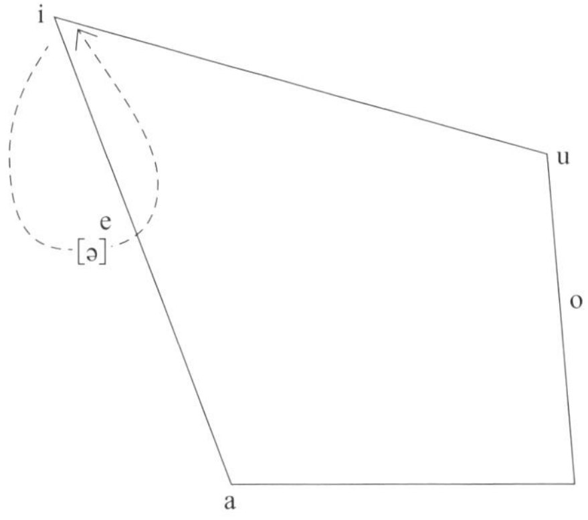

｛図 32｝

このように、/-i/ が“儿化”したときにわたりの［ə］が入るのは、/-i/ の調音に引き続いての“儿化”は、両者の舌位が近すぎるため、わたりの［ə］が入った方が調音しやすく､舌を素早くそり上げやすいからなのです。

この他、“明天见”が“明儿见”と発音される場合があります。この場合には“明（míng）”の /i/ が鼻音化して“明儿（mír）”と発音されます。中国語の音声教育上は、初学者にここまで説明する必要はありませんが、教える側は、このようなことも知っておく必要があります。

以上、“儿化”に伴う韻尾の音声変化を見てきました。しかし、南方では“儿化”はありません。したがって**初学者が“儿化”音を上手く発音できなくても、無理強いする必要はありません**。テキスト『会話編』、『講読編』においても、上記の（1）～(4）の“儿化”音を示しています。(5）については触れていません。初学者には説明を理解するのが難しいと判断したからです。しかし、教師の側は、(5）についても理解しておく必要があります。

また、“儿化音”については４月の段階で説明する必要はなく、実際に本文に出てきたときに「発音部」の“儿化音”の説明部分に戻って、少し詳しく説明すればよいと思います。

4-7　韻母の説明の優先順位

以上、韻母の音について見てきました。実際に中国語の韻母について初学者に説明する場合も、声母の場合と同様に、音節全表の左から右に、ここで解説した事柄をすべて説明するというのは、学習効果から見て最適とは思えません。

ではどうすればよいでしょうか。それは声母の場合と同様、説明に優先順位を付けるということです。以下が、筆者の考える韻母の説明の優先順位です。

1番目：/e/ の③（4-2-1 参照）⇒音節全表（1）枠の e、er、eng と、（3）枠の ueng
＝日本語の「ウ」と「オ」の間の音で、「オ」に近い音。
2番目：/i/ の③（4-2-2 参照）⇒音節全表（1）枠の zi, ci, si
＝「イ」の口で「ウ」を発音する音。
3番目：/ü/（ウムラウト）の音（4-2-4 参照）⇒音節全表（4）枠の音
＝「ユ」の口の形をしながら「イ」という音を出す。
4番目：母音はいくつあっても１つ１つ丁寧に発音する。
5番目：介母をしっかり出す。

上記、**1番目～3番目については、音節全表に印をつけさせ**ましょう。それによって**音節全表にメリハリをつけさせ**、日本語のローマ字読みのできない音に注意を喚起することが大切です。

5. 軽声と声調変化

5-1　軽声

“轻声”は、趙元任の《國語羅馬字研究》(1922) で初めて提示された概念[32]で、中国語教育の世界においては“汉语拼音方案”が制定されてから導入された概念です。

軽声は、通常、“又轻又短（軽くて短い)”と説明されています。「軽い」も「短い」も形容詞で、これは相対評価です。つまり、何かを基準として、その何かと比較した結果を述べたものだということです。したがって、「軽声は軽くて短い」と言う場合、何より軽く、何より短いのかが分からないと、学習者にはどのような音なのか、わかりません。

では、「軽声」とはどのような音であるのか、以下で説明していきます。

5-1-1　軽声の音の高低

軽声の音の高低については、以前は多くのテキストに下記の {図 33} とよく似た図が示されていました。

{図 33}

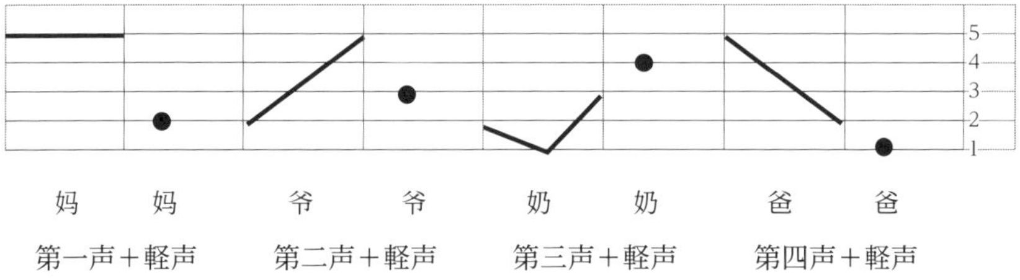

これは董少文が示した図（董少文著《漢語語音學》19-- 年、香港宏圖出版社）です。声域を 5 段階に分け、第一声に後続する軽声は 2、第二声に後続する軽声は 3、第三声に後続する軽声は 4、第四声に後続する軽声は 1 というように示しています。

しかし、私たちの声域の音の高低を 2 だ 3 だと言ってみたところで、一般の学習者にはその区別がつきません。このような説明は、研究の上では有意味ですが、中国語音声教育の上ではあまり意味のあることではありません。

では、中国語音声教育の上で大切なことは何でしょう。それは、「第一声、第二声、第四声に後続する軽声はそれより低く、第三声に後続する軽声はそれより高い」ということです。

第一声 第二声 第四声	**＋軽声＝軽声は低く**	**第三声＋軽声＝軽声は高く**

5-1-2　軽声音節は弱化音節である

「軽声」については、「音の高低」の他に、もう 1 つ重要なことがあります。それは「**軽声は弱化音節である**」ということです。これは「軽声」音節にとって重要な特徴なので、このことも学習者に説明する必要があります。

実は「軽声」の捉え方には「音高形式」と「音強形式」の 2 つがあります。「音高形式」とは 5-1-1 で見たように、「軽声」を音の高低の問題として捉えるもので、このような捉え方をする研究者は、「軽声」を「第 5 の声調」と呼んでいます。これに対して「音強形式」というのは「軽声」を音の強弱の問題として捉えるもので、このような捉え方をしている研究者は多くありません。しかし「軽声は音強形式である」という捉え方は理

32　历为民「试论轻声和重音」《中国語文》1981 年第 1 期

にかなっています。以下がその理由です。

意味を区別するための音声的手段としては、強弱のアクセント（“stress accent”）と高低のアクセント（“pitch accent”）があります。印欧諸語は強弱のアクセントで、中国語などの声調言語（“tone language”）は高低のアクセントです。

中国語の調類は一般に北へ行くほど少なく、南へ行くほど多いと言われています。中国語の中でも広東語には6種類の声調がありますが、“普通话”のベースとなっている北京語の調類は4種類です。広東語のように調類が多いと、音の高低と上昇調や下降調の組み合わせによって意味を区別することができます。しかし北京語のように調類が4種類しかない場合には、強弱のアクセントも意味の区別という機能を担っていると考えることができます。つまり“普通话”における「軽声」は、それが弱化することによって強弱のアクセントの機能を担っているのだ、ということです。

このことは、軽声音節の音声実態によっても証明できます。

軽声音節の音声実態については、平井（2012）で“东西”の2つの読み（イ．“dōngxī”とロ．“dōngxi”）を比較して、下記の｛図34｝を示しています[33]。

｛図34｝

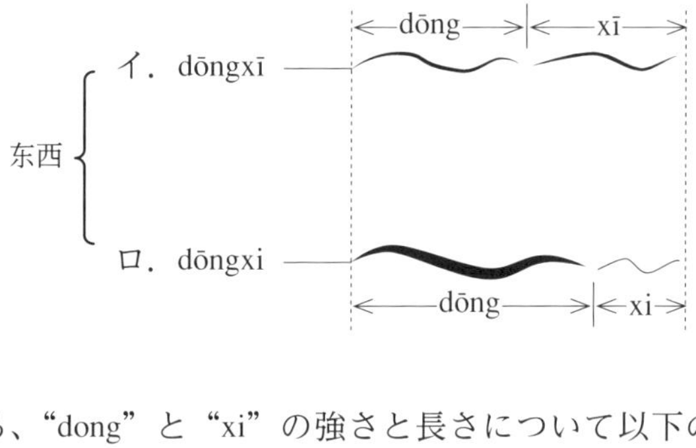

この図から、“dong”と“xi”の強さと長さについて以下のことが分かります。

1．イとロの全体の調音時間は同じである

33　平井（2012）p.77の〈図21〉

2. イの場合には“dong”と“xi”の強さと長さは同じである
3. ロの場合の“dong”は、通常の固有の音節（イの場合）より長くて強い。

以上のことから、ロの“xi”は、「強くて長い“dong”」の後ろにあるので、「弱くて短い」という表現になります。したがって「軽声」の音節を学習者にマスターさせるためには、「軽くて短い」という説明ではなく、**「軽声はその前の音節より弱くて短い」**という説明の方が、音声実態に合っているということです。

軽声はその前の音節より弱くて短い

5-1-3 テキスト『会話編』、『講読編』における軽声の図

そこでテキスト『会話編』（発音部の「発音5」）、『講読編』（発音部の「音の仕組み5」）では、軽声の2つの特徴である「音高形式」（5-1-1で述べたこと）と、「音強形式」（5-1-2で述べたこと）が視覚的にわかるように、軽声をモデル化して示した図を提示しました。

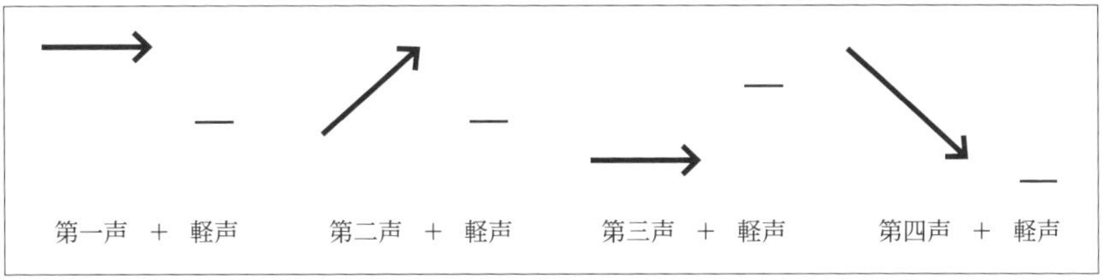

{図35}

1. 第一声／第二声／第四声 ＋ 軽声＝軽声は低く発音する
2. **第三声 ＋ 軽声 ＝軽声は第三声より高く発音する**

5-1-4 語彙的軽声と文法的軽声

軽声音節のレベルには語彙的軽声と文法的軽声があります。

下記の例は、テキスト『会話編』、『講読編』のそれぞれに挙げてある例

です。

		『会話編』	『講読編』
1．語彙的軽声	（1）外来語	“玻璃（bōli）”	“葡萄（pútao）”
	（2）同音語	“爸爸（bàba）”	“妈妈（māma）”
	（3）接尾辞	“石头（shítou）”	“椅子（yǐzi）”
	（4）その他	“喜欢（xǐhuan）”	“意思（yìsi）”
2．文法的軽声	（1）語気助詞	“走吧！（zǒu ba!）”	“他呢？（tā ne?）”
	（2）構造助詞	“他的书（tā de shū）”	“我的（wǒ de）”
	（3）時態助詞	“来了（láile）”	“学过（xuéguo）”
	（4）重複形式	“试试（shìshi）”	“看看（kànkan）”

さらにテキスト『会話編』と『講読編』においては、軽声音節が「基本声調を持った音節よりも**弱くて短い**」ということが練習できるように、同じ形態で２つの読み方がある語彙を載せておきました。下記の語彙がそれです。

『会話編』	东西 dōngxī（東西）	地道 dìdào（地下道）
	东西 dōngxi（もの）	地道 dìdao（ほんものの）
『講読編』	大意 dàyì（あらまし）	地方 dìfāng（地方）
	大意 dàyi（不注意である）	地方 dìfang（ところ、場所）

これらの音を先生が発音し、基本声調を持った音節と軽声音節の相違を学習者に示してください。

次に「軽声音節の弱化」という現象は、具体的にどのような音声変化の現象であるのか、以下で見ていきます。ここまで学習者に説明する必要はありませんが、中国語教師としては知っておく必要があるでしょう。

5-1-5　弱化による音声変化

弱化によって起こる音声変化は、それが声母の場合と韻母の場合とで異なります。以下で具体的に見ていきます。

5-1-5-1　声母の弱化

声母が弱化して軽声になる場合、無気音と有気音で状況が異なります。

(1) 無気音の有声音化

無気音が弱化して軽声になると、「有声音化（濁音化）」します[34]。たとえば“萝卜（luóbo）”の“bo”が濁音化し、“我的书（wǒ de shū）”の“de”が濁音化します。

例：萝卜　→　luóbo　→　“bo”の濁音化
　　我的书　→　wǒ de shū　→　“de”の濁音化

(2) 有気音の無気音化

有気音が弱化して軽声になると、「無気音化」します[35]。たとえば“葡萄（pútao）”は“púdao”となり、“蕃茄（fānqie）”は“fānjie”となります。

例：葡萄　→　pútao　→　púdao
　　蕃茄　→　fānqie　→　fānjie

5-1-5-2　韻母の弱化

韻母の場合には、母音の中舌化と無声化という 2 つの音声変化があります。

(1) 母音の中舌化

たとえば“李家（Lǐ jia）”の場合、“李（Lǐ）”が重要な語であり、“家（jiā）”は軽声で発音されます。この軽声となった“家（jia）”の“a”は中舌化され、中舌母音となります。

例：李家　→　Lǐ jia　（母音 a の中舌化）

では、中舌母音とは何でしょう。

34　平井（2012）pp.85 ～ 86 にそのメカニズムが詳述されています。
35　平井（2012）p.86 にそのメカニズムが詳述されています。

母音四角形に中舌母音を示すと、下記の {図 36} のようになります。

〈母音四角形の中舌母音〉

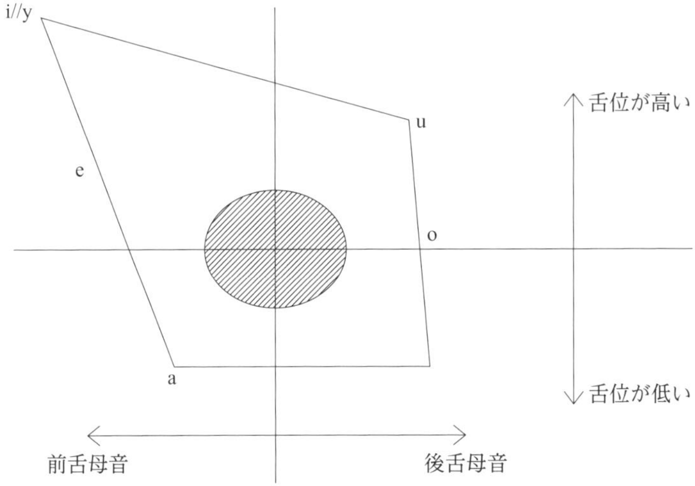

{図 36}

つまり、母音が中舌化すると、舌の位置が本来の位置からずれ、{図 36} の図の中に示したのあたりに移動して発音されるという現象です[36]。

(2) 母音の無声化

母音の無声化というのは、日本語の関東方言の文末の「～します」の「す」というのを考えれば分かりやすいと思います。「す」は摩擦音で、これは完全に無声化しています（逆に関西方言の文末の「～します」の「す」は完全に有声音です）。

中国語の場合も同様に、摩擦音の軽声は無声化しやすいということができます[37]。たとえば、“菩萨（púsà）”の“sà”は辞書的には軽声ではありませんが、現実には軽声で発音されることもあり、その場合には“sà”は

36　この現象については平井（2012）p.83 に詳述されています。
37　この現象については平井（2012）p.82 に詳述されています。

弱化して無声音の“sà”となります。

例：菩萨　→　púsà　→　púsa　（母音 a の無声化）

その音が無声化しているかどうかは、自分の声帯を触ってみて、振動しているかどうかで判断することができます（無声化していれば、声帯は振動しません）。日本語の関東方言の文末の「～す」や“菩萨（púsa）”を発音して、試してみてください。

5-2　声調の変化

初学者に説明する必要のある法則的な声調変化は、以下の３つです。

1．第三声の連続　＝　第三声が連続すると、前の第三声が第二声に変調する

これには語彙レベルでの第三声の連続の場合と、表現レベルでの連続の場合があります。以下で、テキスト『会話編』と『講読編』にあげた例を示しておきます。

語彙例：

古典			古典	『会話編』
gǔdiǎn	⇒	（実際の発音）	gúdiǎn	
第三声＋第三声	⇒		**第二声**＋第三声	
语法			语法	『講読編』
yǔfǎ	⇒	（実際の発音）	yúfǎ	
第三声＋第三声	⇒		**第二声**＋第三声	

表現例：

你　好			你　好	『会話編』
nǐ　hǎo	⇒	（実際の発音）	ní　hǎo	
第三声＋第三声	⇒		**第二声**＋第三声	
很　好			很　好	『講読編』
hěn　hǎo	⇒	（実際の発音）	hén　hǎo	
第三声＋第三声	⇒		**第二声**＋第三声	

2. 数字“一（yī）”の変調 ＝“一”はもともと第一声

① 序数をあらわすときはそのまま。

xīngqī yī（星期一）　dì yī kè（第一课）　『会話編』

yī yuè（一月）　yī hào（一号）　『講読編』

② “一”の後ろが一声、第二声、第三声の場合は、第四声に変調。

yìbiān（一边）　yìlái（一来）　yìqǐ（一起）　『会話編』

yìshēng（一生）　yìtóng（一同）　yìbǎi（一百）　『講読編』

③ “一”の後ろが第四声の場合には、第二声に変調。

yígòng（一共）　『会話編』

yíwàn（一万）　『講読編』

3. “不（bù）”の変化 ＝“不”はもともと第四声

＝ 後ろが第四声の場合には“不”は第二声に変調。

不　多	不　学	不　好	**不　看**	『会話編』
bù　duō	bù　xué	bù　hǎo	**bú　kàn**	
			第二声＋第四声	

不　多	不　学	不　好	**不　去**	『講読編』
bù　duō	bù　xué	bù　hǎo	**bú　qù**	
			第二声＋第四声	

上記の１～３についても、先生が発音して声調変化を示しましょう。

6. 中国語音節全表

“普通话”の発音のルビである“汉语拼音字母”がまとめて書かれているのが音節全表です。この音節全表が載せられていない入門・初級テキストも見かけますが、これは中国語の発音のルビの全貌を示すものなので、入門初級テキストこそ掲載すべきで、掲載しないというのは論外です。

ここでは音節全表について、まずその構成を説明し、次にその不備について説明していきます。

6-1 音節全表の構成

音節全表の構成については、以下の３点を押えておく必要があります。

6-1-1 介母によるグルーピング

音節全表の韻母の部分は、通常４つのグループに分けられています。そしてその４つのグループは「介母」によって分けられています。「介母」とは、「声母と韻母のわたりの音」という意味です。

テキスト『会話編』と『講読編』の巻末、あるいは本書の巻末に載せてある「中国語音節全表」を見て、確認してください。

(1) １枠 → 介母＝ゼロ
(2) ２枠 → 介母＝/i/
(3) ３枠 → 介母＝/u/
(4) ４枠 → 介母＝/ü/

6-1-2 声母がゼロの音について

声母がゼロの音、つまり韻母だけで音節が構成されているものについて、その表記上の約束ごとを学習者にきちんと説明しておく必要があります。これまでに出版されている中国語テキストに添付されている音節全表には、この部分が表の一番下に記載されているものが多くみられます。しかしこれは非常に大切な部分なので、音節の一番上に記載するべきです。テキスト『会話編』と『講読編』と本書の巻末の「中国語音節全表」では、上から３段目に記載してあります。

声母がゼロの音についての表記上の約束ごとは、以下の通りです。

（1）枠 ＝ 韻母だけで表記。

（2）枠 ＝ 1．韻母が /i/、/in/、/ing/ の場合にはその前に /y/ を加えて表記。

2．その他については介母の /i/ を /y/ に変えて表記。

（3）枠 ＝ 1．韻母が /u/ の場合にはその前に /w/ を加えて表記。

2．その他については介母の /u/ を /w/ に変えて表記。

（4）枠 ＝ /ü/ の音はすべて /yu/ に変えて表記。

これらの約束ごとをきちんと学習者に説明する必要があります。

6-1-3　韻母の表記と“拼音字母”の表記が異なるもの

音節全表の韻母の欄の表記と、韻母と声母とが結合して“拼音字母”として表記された場合の表記が異なっているものが、**3つ**あります。その3つとは、音節全表の韻母の欄の3つの韻母（音節全表（2）枠の /iou/、(3) 枠の /uei/ と /uen/）です。これらを抜き出したのが、次の表です。

以下でこれらの音について順に説明しますので、巻末の音節全表を開いて、確認しながら読み進めてください。

韻母の表記	（2）枠→介母 /i/	（3）枠→介母 /u/	
	/iou/	/uei/	/uen/
1. 韻母だけで単独一漢字の“拼音字母”の表記	you	wei	wen
2. 声母と結合した場合の“拼音字母”の表記(主母音の脱落)	miu diu niu ⋮ xiu ↓ /iou/ の /o/ の脱落	dui tui gui ⋮ sui ↓ /uei/ の /e/ の脱落	dun tun lun ⋮ sun ↓ /uen/ の /e/ の脱落

1. 韻母だけで単独一漢字のもの（上記表の「韻母の表記」の 1.）

（2）枠＝ /iou/ → “you”

（3）枠＝ /uei/ → “wei”

（3）枠＝ /uen/ → “wen”

これらは、声母と結合した場合よりも、それぞれの主母音（“you” の /o/、“wei” の /e/、“wen” の /e/）が、かなりはっきりと発音されます。その理由は、音節の等時性と関係があります。本来の声母の調音時間が韻母の調音時間として与えられるため、その分だけ主母音が明確に発音されるということです。

また、4 つの声調を比較すると、第三声は他の声調よりも調音時間が長いので、これらが第三声で発音される際には、他の声調の場合と比較して、特に主母音は明確に発音されます。

2. 声母と結合した場合（上記表の「韻母の表記」の 2.）

3 つの韻母（/iou/、/uei/、/uen/）が声母と結合した場合、“拼音字母” では表記上、主母音が脱落しています。巻末の音節全表で確認してください。

これらの 3 つの韻母（/iou/、/uei/、/uen/）が声母と結合して一音節を構成する場合、なぜ“拼音字母”表記ではそれぞれ主母音（/iou/ の /o/、/uei/ の /e/、/uen/ の /e/）が脱落した表記となるのでしょうか。

すでに何度も述べている通り、中国語は音節の等時性の強い言語です。したがってこの等時性の制約により、韻母の 3 つの構成要素の中間に位置する主母音が調音時間の上でしわ寄せを受け、その結果として、聞こえの上でほとんど消えてしまうような音声実態となるからです。

しかし、音声実態としてこれらの主母音は完全に消滅しているわけではなく、声調によってその実態は異なり、特に第 3 声のときには、表記上脱落した主母音がかなりはっきりと発音されます。

たとえば /iou/ の場合、第 3 声の“柳 liǔ”は、第 2 声の“留 liú”に比べて、表記上脱落した主母音の /o/ がはっきりと現れます。

また、/uei/ の場合、第 3 声の“水 shuǐ”は第 4 声の“睡 shuì”と比べて、表記上脱落した主母音 /e/ の音がはっきりと現れます。

さらに、/uen/ の場合にも、第 3 声の“捆 kǔn”は、第 4 声の“困 kùn”に比べて、表記上脱落した主母音の /e/ がはっきりと現れます。

その理由は、第三声は他の声調に比べて調音時間が長いためです。

学習者にここまで詳細に説明する必要はありませんが、教える側は、こういう原理も、中国語音声上の知識として知っておく必要があるでしょう。

6-2　音節全表の不備

6-1 で「音節全表の韻母の部分は、通常 4 つのグループに分けられています。そしてその 4 つのグループは「介母」によって分けられています。」と説明しました。

しかし実際には（2）、（3）、（4）枠の韻母については、それぞれの韻母の最初の /i/、/u/、/ü/ は主母音と介母が混在しています。それらをまとめると、以下のようになります。

(1)枠＝韻母はすべて介母がないもので、どれも最初の音が主母音です。

(2)枠＝一番最初の /i/ と /in/、/ing/ の /i/ は主母音。
その他の韻母の /i/ は介母。

(3)枠＝一番最初の /u/ は主母音。
その他の韻母の最初の /u/ はすべて介母。
(4)枠＝一番最初の /ü/ と最後の /ün/ の /ü/ は主母音。
残りの /üe/ と /üan/ の /ü/ は介母。

これらを音節全表で確認してください。鋭い学習者は、「/i/ と /u/ と /ü/ は主母音なのか、介母なのか、どっちなのか？」というような質問をしてくる可能性があります。そういう場合にも、きちんと説明できるよう、このような不備についても、教える側はきちんと把握しておく必要があります。

7. 日本語の特殊音節と中国語

ここでは日本語の特殊音節の撥音「ん」、促音「っ」、拗音「しゃ、しゅ、しょ」と中国語との関係に触れておきます。
日本語の撥音「ん」はもともと大和言葉にはなく、日本語の中に中国語音を取入れる際に日本人が創った音です。また日本語の促音「っ」は中国語の入声音を、拗音「しゃ、しゅ、しょ」は中国語の“小（xiǎo)”などの音を日本語の中に入れるために日本人が創った音です。しかし皮肉なことに、現代中国語の“普通话”には入声音はなく、また日本語の拗音も現代中国語にはありません。したがって現在では、これらは中国語母語話者が日本語を学ぶ際に、彼らが日本人のようには発音できない困難な音なのです。

以上、中国語の音声に関する解説をしました。どこまで学習者に中国語の音声について説明し、教育する必要があるのか、中国語教育の世界で議論されており、議論が分かれていると思います。しかし、たとえ教師の側の専門が何であれ、中国語の教師であるなら、ここで解説した中国語音声に関する内容に対する知識と理解は必要です。そしてそれらを把握した上で中国語の授業に臨むということが必要なのではないでしょうか。

[発音部のおわりに]

以上、中国語の音声について、テキスト『会話編』と『講読編』の内容に沿って解説していきました。もちろん先生方は、実際の授業の中で、ここで解説したことをすべて説明する必要はありません。しかし説明する際にはくれぐれも優先順位を考えて説明して欲しいと思います。そして、あまりにネイティブに近い音を求めすぎないということも重要だと思います。そしてさらに、最初の4、5回の授業を、発音の説明だけで終始しない工夫も必要だと思います。

私は、テキスト『会話編』と『講読編』においては、第1回目の講義で「導入部」を説明し、第2回目から発音の説明に入ります。そして「声調」の説明を終えたら、すぐに表現部の「表現部を理解するための準備」に入ります。学習者は早く中国語の文に触れたいはずです。そして第2回目の講義で「表現部を理解するための準備」を説明する際には、ここも学習者に発音させます。その際、学習者には「私が中国語で発音しますから、みなさんは聞こえた通りに、中国語の音をまねして発音してください。」と伝えます。その際は、たとえ学習者の発音が正確でなくてもよいと思います。講義の第3回目からは、発音部と表現部を行ったり来たりしながら、つまり発音のポイントと表現のポイントを並行しながら説明していきます。最初の4、5回はこんな風に授業を進めて行きます。

これは私の考え方、やり方なので、あくまで授業の進め方の参考例です。それぞれの先生方が、それぞれの進め方で授業を行っていけばよいわけですが、重要なことは、「学習者が中国語に関心を持つ」、「学習者の中国語に対する関心を引き出す」ことだと思います。そのために、ここで解説した内容を参考にしながら、是非いろいろと工夫してみてください。

Ⅲ

表現部

[1] 中国語の文法研究について

ここでは、下記の2つの項目について、順に解説していきます。

1. 中国語文法研究の歴史
2. 中国における中国語の学校文法

1. 中国語文法研究の歴史

中国人自身の手によって、中国語という言語の文法が初めて体系的に研究されたのは、**馬建忠**（1845-1900）によってです。彼は20年の歳月をかけて、ヨーロッパでいうgrammar（馬建忠は“葛郎瑪 gélángmǎ”と表記しています）の書である**《馬氏文通》（10巻）**を、1898年～99年に刊行しました。そしてこれは先秦・両漢の古文（《論語》、《国語》、《春秋左氏伝》、《史記》、《漢書》など）から集めた材料を、ヨーロッパの言語の法則を基準としながら分析、研究した、中国語の文語文法書でした。しかしこれは、馬建忠の言語的関心に基づいて著されたものではありませんでした。ここでも、19世紀中葉から後半にかけてのヨーロッパ列強の侵攻に対する清朝敗北（1840-42年のアヘン戦争、1856年のアロー戦争など）が関係しています。ヨーロッパ列強に敗北したことにより、清朝の役人や知識人たちは、それまでの中国の外交政策である「冊封（中国と君臣関係を結ぶもの）」や、「朝貢（中国に貢物を奉じる関係）」ではなく、先進諸国から先進技術を学ぶことによって中国を強くしていく必要があるとの認識に立ちました。馬建忠もその一人であり、彼はそれまでの古典の教育方法や学習方法を、ヨーロッパの合理的な方法で学ぶ必要があると考え、そこで《馬氏文通》を著したのでした。《馬氏文通》はあくまで古典から材料を集めた語彙分析の文法書です。しかし《馬氏文通》は、中国において文法学が成立したことを告げる、中国で最初の体系的な中国語文法書であることは間違いありません。

口語を対象とする文法研究がなされるようになったのは、1912 年の中華民国成立後のことです。口語資料を分析の対象とした「国語文法」[38] の代表作と言われるのが、**黎錦熙**の著書である**《新著国語文法》**で、これは 1924 年に刊行されました。

《馬氏文通》とそれにつづくものは品詞を中心に文法を論じたものでしたが、黎錦熙は、文の分析を基本とする文法を論じました。しかしこの著作もまた、西洋文法に拠って著されたものでした。

1930 年代後半になると、欧米の優れた言語学者たちの言語理論が中国にも導入されました。たとえばソシュール（スイスの言語学者、1857-1913）の構造言語学という理論は、言語の構造や体系を重要なものと考える立場をとるものです。またイェスペルセン（デンマークの言語学者、1860-1943）は、言語は進化するものであり、言語変化は効率の良い方向に進むと主張しました。さらに、アメリカ構造言語学の開祖であるブルームフィールド（1887-1949）は、記述言語学の体系を作りました。記述言語学とは、ある言語について、時期や地域を限定して、歴史的な考慮を加えずに、ありのままに記述しようとするものです。その中で特に、ありのままに文法現象を記述しようとするのが記述文法です。このような言語理論が中国に導入されると、中国語の文法体系を新しい理論によって検証するという機運が高まりました。このような状況の中で生まれた、中国語文法史の中で重要である文法研究者とその代表的著書が、**王力《中国現代語法》**（1943 年刊行）、**《中国語法理論》**（1945 年刊行）、**呂叔湘《中国文法要略》**（1942 年、1944 年刊行）、**高名凱《漢語語法論》**（1948 年刊行）などです。さらには、新しい理論と方法によって**趙元任**[39] の『Mandarin Primer』がアメリカにおいて 1948 年に刊行されました。

1949 年に中華人民共和国が成立すると、文法研究は中国で新しい展開の時代を迎えます。

38　中国の“国语”については、「Ⅰ．導入部　2-2　“普通话”にいたるまでの歴史」を参照。

39　趙元任については「Ⅱ．発音部　1．声調　1-5-1」で紹介しています。参照して下さい。

このように、中国語の文法研究は、《馬氏文通》から数えても、まだ百数十年の歴史しかなく、現在までに解明されていることは、中国語全体のごく一部にしか過ぎないと言うことができます。しかし、中国語の教師としては、現段階での最高レベルの説明ができるということが必要であると考えます。

2. 中国における中国語の学校文法

どの言語においても、文法研究者によってそれぞれ異なった言語体系を構築しています。また、用いる文法用語も、それぞれの言語によって、そして研究者によって異なっています。しかし「学校」という教育の場においては、それぞれの学校が、それぞれ異なった文法用語で異なった文法体系をばらばらに教育するというのは非効率的なことです。そこで、どこの国においても、学校で教育するための「学校文法 “school grammar”」というものを設定しています。

中国における中国語の学校文法は**《汉语教科书》**と**《汉语知识》**の 2 つの文法体系に基づいています。

《汉语教科书》は、1958 年に北京大学が編纂したもので、外国人留学生が中国語を学ぶために編まれたものです。《汉语知识》は 1955 年から 1957 年まで続けて出版された《初级中学《汉语》课本》を改編したもので、1959 年に人民教育出版社から出版されました。

両者はともに“助动词”という文法用語は用いず、“能願动词”としています。

また、両者の体系には大きな違いが 2 つあります。その 1 つは、“是”を《汉语教科书》では“系词”と呼んでいますが、《汉语知识》では“判断词”と呼んでいる点です。もう 1 つは《汉语教科书》で“趋向补语(方向補語)”と呼んでいるものが、《汉语知识》では“趋向动词”として扱われている点です。

中国語教師が中国語の文法体系を考える、あるいは教える場合、**《汉语**

教科书》、《汉语知识》がその根底にあるということぐらいは、知っておく必要があるでしょう。

ちなみに日本における日本語の学校文法は、橋本進吉の文法体系に基づいています。

以下では、入門、初級段階で押えておくべき文法項目について解説していきます。

[2] 各文法項目の説明に入る前に

ここでは、下記の３つの項目について、順に解説していきます。

1. 簡単な表現の発音練習―基本的なあいさつ表現
2. 中国語の基本文型―4つ
3. 情報伝達構造から見た「中国語の文の語順三原則」

1. 簡単な表現の発音練習―基本的なあいさつ表現

テキスト『会話編』でも、『講読編』でも、ここで基本的なあいさつ表現を示し、「発音部」で学んだ発音の基礎を、総合的に復習しながら発音練習できるようにしました。是非、授業で活用してください。

ここで挙げたあいさつ表現のうち、その意味を説明していく際に、注意を要するものがいくつかあります。以下で、それを順に解説していきます。

1-1 中国語は漢字の「原義」が生きている言語

両テキストともに「基本的なあいさつ表現」として、１～８まで提示してありますが、その中でまず注意するべきものは、３と４です。

	『会話編』	『講読編』
3	甲：谢谢。　乙：**不谢。** (ありがとう)　(どういたしまして)	甲：谢谢。　乙：**不客气。** (ありがとう)　(どういたしまして)
4	甲：对不起。　乙：**没关系。** (すみません。)　(かまいません。)	甲：对不起。　乙：**没什么。** (すみません。)(何でもありません。)

中国語は漢字で表記します。そして漢字は「表意文字」です。したがって、**中国語は漢字の「原義」が生きている言語**です。ですから一漢字の「原義」を押えることが大切です。このように心掛ければ、応用が利きます。

言葉の学習というのは、「習ったことしか使えない」というのでは不十分です。そしてそのような教え方も十分なものとは言えません。一漢字の原義を知っていれば、習ったことだけでなく、さらにそれを応用することができます。教師の側も学習者が応用のできるような教え方を心掛ける必要があります。

では３と４について、具体的に解説していきます。

３の“谢谢”に対する返答、そして４の“对不起”に対する返答に注目してください。まず、３について見ていきます。

日本語で「ありがとう」と言われたら、通常の状況では「どういたしまして」と返答します。したがって、中国語の“谢谢”の返答に対して、そのように日本語で表記しています。

中国語の場合は、“谢谢”の返答に対して、“不谢（不用谢）／不客气／哪里哪里（哪儿的话）／没什么／没关系”など、どれも OK です。しかしこれらの「原義」はどれも「どういたしまして」ではありません。それぞれの原義は次の通りです。

ア．不谢（不用谢）　：感謝しなくてもよい、
感謝するには及ばない。

イ．不客气　：他人行儀になるな。

ウ．哪里哪里（哪儿的话）　：どこの話だ。

エ．没什么　：何もない。

オ．没关系　：関係ない。

アは相手が感謝することを否定する表現です。これは分かりやすいと思います。

次にイの“不客气”の場合について見ていきます。“不客气”は“客气”の否定形なので、まず“客气”の意味を考えてみます。

“客气”の原義は「お客の気分」です。これにはプラスの意味とマイナスの意味があります。プラスの意味の場合には“客气”は「遠慮する、エチケットをわきまえている」という意味になり、マイナスの意味の場合には「水臭い、他人行儀だ」という意味になります。したがって、たとえばお客を招待したようなときに、主人がお客に“你不要客气。”と言えば、「他人行儀にならずに→遠慮しないで下さい」という意味になります。そしてお客が“我不要客气。”と言えば、「私は他人行儀になりません→私は遠慮しません→お構いなく」という意味になります。

“客气”の原義＝「お客の気分」

・プラスの意味　→　遠慮する、エチケットをわきまえている
・マイナスの意味　→　水臭い、他人行儀だ

このことから、“谢谢”に対する返答としての“不客气”は、マイナスの意味、つまり「お礼を言うなんて、水臭い、他人行儀だ」という意味になります。

ウの“哪里哪里（哪儿的话）”は「どこ？／どこの話だ？」という意味です。したがって、“谢谢”に対してこのように返答すれば、「あなたが感謝するなんて、どこの話だ（そんな必要はない）」という意味になります。

エの“没什么”は、「何もない」が原義ですから、“谢谢”に対してこのように返答すれば、「あなたが感謝することなど何もない」という意味になります。

オの“没关系”は「関係ない」が原義です。ですから、“谢谢”に対してこのように返答すれば、「あなたが感謝することと私は関わりがない（影響がない）。」という意味になり、「だからあなたは気にしなくてよい」という意味になります。

次に、４の“对不起”に対する返答について見ていきます。

エの“没什么”とオの“没关系”は、“谢谢”だけでなく、“对不起”と言われた場合にも、その返答として使うことができます。エの“没什么”は「何もない」という意味ですから、“对不起”に対しては「あなたがあやまることなど何もない」という意味になります。

オの“没关系”は「関係ない」という意味です。したがって、“对不起”に対しては「あなたがあやまることと私は関わりがない（影響がない）。」という意味になり、「だからあなたは気にしなくてよい」という意味になります。

このように、なぜその表現が使われるのかということ、そしてそれは中国語ではどういう意味で用いられているのかということを、教師の側はきちんと押えておく必要があります。そしてそれぞれの原義を学習者にきちんと説明する必要があります。

1-2 「“请”＋V」という表現について

テキスト『会話編』も『講読編』も、「基本的なあいさつ表現」の８で、「“请”＋V」という表現を挙げています。

『会話編』：请 多多 关照。

『講読編』：请　多　关照。

そしてどちらにも、「どうぞよろしくお願いします。」という日本語が示してあります。これは日本語では、初対面の際によく使うあいさつ表現です。したがって、そのような日本語が示してあります。しかし、“请”の意味は「どうぞ～」ではありません。

「“请”＋V」という表現はよく用いられます。テキスト『会話編』では、第 14 課の「表現のポイント5」でこの表現を取り上げ、そこでは“请”の意味を「請う」と説明しています。“请”の説明でよくなされるのは、「“请”は英語の“please”です」というような説明です。しかし“请”は“please”ではないし、「どうぞ～」でもありません。“请”は動詞で、「請う／お願いする」というのが原義です。ですから「“请”＋V」という表現は、必ず“我请你 V”のことであり、「“我”が“你”に V することを請う／お願いする」という意味関係です。したがって“请 多（多）关照”は、「私はあなたにたくさん面倒を見てくれることを請う」というのが原義です。したがって「“请”＋V」という表現については、下記のような認識と説明が必要です。

“请”＋V＝我 请 你 V

＝「“我”が“你”に V することを請う／お願いする」

さらに、“请 多（多）关照。”について詳細に説明すると、“多”はここでは副詞で､｢多めにＶする｣､“关照”は動詞で「面倒を見る､世話をする」という意味です。したがって、この文を直訳すれば､｢(私はあなたに）私の面倒を多めに見ることを請う。」という意味になります。この文はあいさつ表現なので､両テキストにおいては「基本的なあいさつ表現」の８で、「どうぞよろしくお願いします。」という日本語が書いてありますが、これについても、学習者にはこの文の本来の意味をきちんと説明する必要があります。

1-3　その他：“你好”について

“你好”は、もともと外国人に対してあいさつする表現として考えられたものです。したがって、基本的に中国人同士では使いません。しかし初対面の時などには、中国人同士でも使うときがあるようですが、知り合いの､しかも親しい間柄の中国人同士であれば､通常は“去哪儿？”とか“吃饭了吗？”と言うのが普通です。

“你好”は通常日本語では「こんにちは」と表現されますが、朝でも、昼でも、夜でもあいさつ表現として使うことができます。日本人学習者には､“你好”と「こんにちは」の違いを説明することも必要です。

以上､テキスト『会話編』と『講読編』で取り上げた中国語のあいさつ表現について解説しました。簡単なあいさつ表現であっても､教師の側はその原義をきちんと押え､学習者には日本語との相違を説明する必要があります。

2. 中国語の基本文型─4つ

ここでは、テキスト『会話編』と『講読編』における中国語の基本文型の捉え方を解説していきます。

2-1　「主語」と「述語」

中国語の文の構造を説明する際、ほとんどの中国語入門・初級テキストが「主語」と「述語」という用語を用いて説明しています。ここではまず、そもそも「主語」とは何かということを考えてみたいと思います。

2-1-1　そもそも「主語」とは何か

金谷 2002（p.57）には、日本語の主語に関して、次のような記述があります。そこには、これまでの「主語に対する捉え方の誤り」と、「主語の事実」が述べられています。少し長いですが、非常に重要な指摘なので、全文を引用します。

「（誤り）日本語にも、英仏語と同じように主語がある。すべての文は主語と述語に分解することができる。そもそも、主語とは人類のすべての言語に共通する普遍文法の一要素である。だから日本語の他動詞文の語順はS-O-V であると言える。S が主語である。ただし、日本語の主語は、省略されることが多い。

（事実）日本語には主語の概念は不要である。日本語の構文は朝鮮語や中国語などと同じく、述語だけで基本文として独立している。言語類型論（タイポロジー）における語順比較では、世界中の言語をS（主語）をあたかも普遍的事実でもあるように扱っているが、実は主語の概念は普遍的ではないから、抜本的な改正が必要である」。

そして金谷 2002（p.58）には、下記のような主語の定義が述べられています[40]。

「主語は、他のあらゆる言語学的事実と同じで、その（具体的）振る舞いにおいてのみ定義づけられるものだ。もし命令文、省略文以外で、ある要素が述語と不可分に現れるなら、それは主語である。この不可分性を持たないものは主語ではない。それは形（例えば語幹）や文中の位置がどう

40　これはフランスの言語学者アンドレ・マルチネの主語の定義で、彼の主要論文の1つである「言語学的機能としての主語とバスク語の文（1962）」の中で提唱している「主語」について、金谷が日本語に翻訳したものです（引用中の下線は筆者が加筆）。

あれ、他の補語と同じく一つの補語にすぎない。」

下線部の「(具体的）振る舞い」について、金谷 2002（p.59）には、「実際の言語行為におけるある名詞句の構文論上、形態論上の振る舞いである。」と書かれています。これは具体的に「英語の主語」を考えてみれば、よくわかると思います。英語は、テキスト『会話編』と『講読編』の学習者である日本語母語話者にとって既習外国語です。そこで次に、上記の主語の定義に基づいて「英語の主語」を見ていきます。

2-1-2　英語の主語の特徴

金谷 2002（p.62）では、「英仏語などに主語という概念が必要なのは何故か」ということが考察されています。そして、英仏語などに主語という概念が必要である根拠として、客観的に観察できる構文的概念として主語が持つ特徴を考察し、その特徴として以下の（あ）~（え）の４つを挙げています。

（あ）基本文（それだけで自立している文）に不可欠の要素である。
（い）語順的には、ほとんどの場合、文頭に現れる。
（う）動詞に人称変化（つまり活用）を起こさせる。
（え）一定の格（主格）をもって現れる。

また、金谷 2002（pp.64 ~ 66）では、日本語の主語においては上記の（あ）~（え）の「構文的証拠がない」という事実が述べられています。

つまり金谷が言っているのは、「主語」とは、客観的に観察できる構文的特徴から判断されるべきものであり、英語の主語には、上記の（あ）~（え）の構文的特徴があるが、日本語において通常主語と扱われているものには、このような構文的特徴はない、ということです。したがって「日本語に主語はいらない」ということになります。

2-1-3　これまでの中国語の主語の捉え方

では、中国語の場合についてはどうでしょうか。中国語の「主語」については、たとえば『中国語学辞典』(p.266) の「主語」の項目には、中国語の「主語」について、下記のように記述されています。重要な記述なので、少し長く引用します (文中の二重下線は筆者が加筆)。

「陳述・説明・描写の対象であり、述語に相対する文法成分。主語は述語とともに文における主要な成分であり、一般的にはどちらも欠くことができないが、会話や命令文では“快去开门！(早くドアを開けに行って)”のように省略されることもある。また、主語は通常述語の前に位置するが、特に話しことばでは表現上の理由から、“怎么了，你？(どうしたんだい？おまえ)”のように、先に述語を述べてから主語を補うという倒置文のケースも存在する。また、主語と述語の間にはポーズを置くことができ、ひいては“啊，呀，呢，吧”などの語気助詞を付加することもできる。意味的に見て、中国語の主語は“他买词典了 (彼は辞書を買った)”のような動作主でも、“作业做完了 (宿題はやり終わった)”のような受動者でもよければ、“这把刀我切肉 (この包丁で私は肉を切る)”のようにその他の意味成分 (ここでは道具) でも構わない。よって、中国語では主語は通常 1 つの主題であると解釈される。…」

また、『中国語学辞典』(p.269) には「主述構造」の項目に、下記のように記述されています (文中の二重下線は筆者が加筆)。

「(主述構造とは) 主語と述語 (述部) の 2 つの部分が被説明と説明の関係を有する統語構造。主語は、陳述の対象で、話し手の話題を指す。述語は主語に対する陳述であり、主語がどのようであるか、あるいは何であるかを説明する部分である。…」

ここで『中国語学辞典』(p.266) の引用の二重下線部分の「中国語では主語は通常 1 つの主題であると解釈される。」という記述に注目してみたいと思います。

『中国語学辞典』(p.272) の「主題 (トピック)」の項目には、「中国語の主題」について下記のように記述されています (文中の二重下線は筆者が加筆)。

「(主題とは) 解説 comment“述题”が加えられる対象のこと。ある文が、ある事物についての聞き手の知識を増やすような情報を表していると解釈できる場合、その事物やそれを指し示す表現はその文の主題と呼ばれる。中国語の主題は、他の多くの言語と同様に、通常、文頭に置かれ、定の名詞句であることが多い。…

中国語の主語と主題の関係については、主語を統語上の概念、主題を語用上の概念と見なす立場（胡裕樹・范曉 1985 など）や主語・主題ともに統語上の概念とする立場がある。…」

これらを読んで、「だから結局「中国語の主語」って何？」という疑問がわいてこないでしょうか。

これらの説明がすんなりと納得できないのは、これらの「中国語の主語」の説明の中に、「客観的に観察できる構文的根拠」が明確に示されていないからに他なりません。たとえば「(主語は) 陳述・説明・描写の対象であり、」(『中国語学辞典』(p.266)) や、「主語は、陳述の対象で、話し手の話題を指す。」(『中国語学辞典』(p.269)) などは、「中国語の主語」をすべて「意味」から判断して説明しています。そしてさらには、「中国語では主語は通常 1 つの主題であると解釈される。」(『中国語学辞典』(p.266)) や、「中国語の主語と主題の関係については、主語を統語上の概念、主題を語用上の概念と見なす立場や主語・主題ともに統語上の概念とする立場がある。」(『中国語学辞典』(p.272)) などとも記述され、「主語」と「主題」の相違までもがあいまいです。2-1-2 に示した客観的に観察できる構文的特徴の（あ）と（い）について、『中国語学辞典』(p.266) では少し例が挙がっていますが、しかしその例外の例が示されています。さらに、中国語は孤立語で語彙の語形変化や活用は一切ありませんから、2-1-2 に示した客観的に観察できる構文的特徴の（う）と（え）は存在するはずがありません。

ではなぜ「中国語の主語」に関して「客観的に観察できる構文的根拠」が説明できないのかというと、そもそもそのようなものがないからです。ないものは書けない、ということです。したがって、上記の記述のように、「中国語の主語」をすべて「意味」から判断して説明する以外に、説明のしようがありません。その結果、「主語」と「主題」を明確に区別することすらできなくなって、説明がよく分からないものになっているのです。

つまり、金谷 2002（pp.64 ~ 66）に「日本語の主語には構文的証拠がない」と書かれているのと同じことが中国語の主語にも当てはまるということで、「中国語の主語には構文的証拠がない」のです。したがって「日本語に主語はいらない」のと同様に「中国語にも主語はいらない」ということです。

2-2　テキスト『会話編』と『講読編』での中国語の文の捉え方

ここでは両テキストにおける中国語の文の捉え方について解説していきます。

2-2-1　英語の文の捉え方

両テキストでは、「表現部『表現を理解するための準備』Ⅱ 中国語の基本文型」において、まず、英語と中国語の文の捉え方の違いを説明しています。

英語について説明しているのは、テキスト『会話編』と『講読編』の学習者である日本語母語話者にとって英語は既習外国語であり、すでに学んだ英語文法と比較しながら中国語について考えていくということは、非常に有意味なことであると考えるからです。

以下ではまず、中国語の文型を英語の文型と比較して解説していきます。

英語を学習する際、通常、下記の「5 文型」というのを勉強します。

1. SV　（主語＋動詞）　He runs.／She goes to school.
2. SVC　（主語＋動詞＋補語）
   She is a Japanese language teacher.
   I am a student.
3. SVO　（主語＋動詞＋目的語）
   You have wonderful friends.
   She has a lot of apples.
4. SVOO　（主語＋動詞＋間接目的語＋直接目的語）

I give her a textbook.

He teaches us English.

5. SVOC (主語＋動詞＋目的語＋補語)

He calls me Mike.

She keeps the kitchen clean.

これを見て分かるように、英語は（命令文を除いて）どの文にも「**主語と動詞**」が必要で、主語には主格が用いられます（代名詞の“I”、“you”、“he”、“she” など)。そしてさらに、主語が動詞の形を決めています。このような動詞を「述語動詞」と呼んでいます。

下記の表は英語における主語と述語動詞の形の関係を示したものです。

主語（主格）		be 動詞（5 種類）	述語動詞（eat）
一人称単数（主格）	現在形	I am ～	I eat ～
	過去形	I was ～	I ate ～
〃　複数（主格）	現在形	We are ～	We eat ～
	過去形	We were ～	We ate ～
二人称単数・複数（主格）	現在形	You are ～	You eat ～
	過去形	You were ～	You ate ～
三人称単数（主格）	現在形	He(She) is ～	He(She) eats ～
	過去形	He(She) was ～	He(She) ate ～
〃　複数（主格）	現在形	They are ～	They eat ～
	過去形	They were ～	They ate ～

この表から分かることは、**英語は基本的にすべて「主語（主格）＋述語動詞」の文で、主語によって述語動詞の形が決まる文ということです。換言すれば、主語が決まらなければ述語動詞の形が決まらない言語だ**ということです。

英語の文　：　主語（主格)＋述語動詞　⇒　主語述語構造

2-2-2　中国語の文の捉え方

中国語の語彙には語形変化や活用などというものは一切ありません。したがって、**中国語には述語動詞の語形を決定する主語というものが存在しません**。しかし中国語のどのテキストにも当たり前のように「主語」ということばが用いられています。これは英語文法に引きずられた結果の中国語文法であるということができます。

そもそも「文型」とは何でしょうか。

「文型」というのは、通常、述語の主要成分の違いによって分けられています。英語の場合、すべての文に動詞があり、「主語」によって決定される「述語動詞」の文です。つまり**英語の文はすべて「動詞述語文」**なのです。2-2-1に示した英語の5文型を見れば、一目瞭然です。

では中国語の場合はどうでしょう。ここからはテキスト『会話編』と『講読編』での「中国語文型」の捉え方について解説していきます。

中国語における従来の「主語」の捉え方については、先の2-1-3で解説した通り、「意味」から判断した捉え方です。そこには「客観的に観察できる構文的根拠」は全くありません。つまり、中国語には英語のような「主語」がないということです。

実は日本語においても同様のことが言えます。しかし日本語の学校文法では「主語」という文法用語を用いて、「国語」の教育を行っています。そこでここで、「主語」ではなく、「題目」という考え方で日本語の構造を捉えている「三上章（ミカミ　アキラ）」[41]の考え方を見ていきたいと思います。

三上は、日本語について「主語廃止論」を唱えた先駆者で、日本語のsentenceを「題目＋述部」という考え方で捉えました。「題目」とは「何かについて」、「述部」とは「その何かについて述べる」という意味です。たとえば、「象は鼻が長い」という文は、下記のように捉えます。

41　三上章（1903-1971）は、もともと高校の数学教師でした。その結果、国語文法の世界における「アマチュア」と見なされ、生前、日本においては彼の主張が広く受け入れられることはありませんでした。これとは逆に、世界では彼の理論は早くから広く知られ、高い評価を得ていた日本語研究者です。

象は　　　鼻が長い。
題目　＋　　述部

その他、食堂へ行って注文する時などに使う表現である「ぼくはウナギだ」なども、これで説明できます。

ぼくは　　　ウナギだ。
題目　　＋　　述部

この捉え方は日本の「国語文法」の世界では認められず、今でも日本の学校文法では、たとえば「象は鼻が長い。」は「象は」も「鼻が」も「主語」と教えます。

三上のこの捉え方は中国語の文を見るときにも非常に有効的で、テキスト『会話編』も『講読編』も、この考え方を中国語に応用しています。

テキスト『会話編』と『講読編』では、中国語の文を以下のように捉えます。ただし、三上の「題目」という用語を「主題」と置き換えています。学習者には「題目」よりも「主題」の方が分かりやすいと考えるからです。

中国語の文　：　主題＋述部　　⇒　主題述部構造

- **「主題」**とは、「何について話しているのか」の「何」にあたるもの
- **「述部」**とは、「何」について「述べている部分」
- **「述語」**とは、「述部」の中心となる主要成分。これには名詞、形容詞、動詞の３つがあり、それぞれ述語名詞、述語形容詞、述語動詞と呼ぶ。

2-2-3　中国語の４つの基本文型

中国語の基本文型は４つと考えます。その４つを以下にまとめて示しておきます。

1. 主題（X）ハ／ガ ＋ 述部（Y）デアル

　述部の主要成分である**「述語」が名詞**のもの　＝**名詞述語文**[42]

2. 主題（X）ハ／ガ ＋ 述部（Y）ダ
　述部の主要成分である**「述語」**が**形容詞**のもの＝**形容詞述語文**
3. 主題（X）ハ／ガ ＋ 述部（Y）スル
　述部の主要成分である**「述語」**が**動詞**のもの　＝**動詞述語文**
4. 大主題（X）ハ ＋ 述部（Z＋Y）ダ
　述部が「主題（Z）ガ＋述部（Y）ダ」のもの　＝**大主題述部文**[43]

これらの４つの基本文型を単文レベルでまとめると、下記のようになります。

1. 名詞述語文＝（述部の中心となる述語が名詞）

		主題（X）ハ／ガ	述部（Y）デアル		
			是	**述語名詞**	
基本型		我	是	学生	。
否定型		我	不 是	学生	。
疑問型	“吗”疑問型	你	是	学生	吗？
	反復疑問型	你	是 不 是	学生	？
	疑問詞疑問型	你	是	谁	？

2. 形容詞述語文＝（述部の中心となる述語が形容詞）

		主題（X）ハ／ガ	述部（Y）ダ	
			述語形容詞	
基本型		我	（很）**高兴**	。
否定型		我	不　**高兴**	。
疑問型	“吗”疑問型	你	**高兴**	吗？
	反復疑問型	你	**高兴** 不 高兴	？
	疑問詞疑問型	你	怎么样	？

42 「名詞述語文」については、2-3 で詳述しています。
43 「大主題述部文」については、2-4 で詳述しています。

3. 動詞述語文＝(述部の中心となる述語が動詞)

		主題（X）ハ／ガ	述部（Y）スル		
			述語動詞	**目的語**	
基本型		我	**吃**	饺子	。
否定型		我	不 **吃**	饺子	。
疑問型	“吗”疑問型	你	**吃**	饺子	吗？
	反復疑問型	你	**吃** 不 吃	饺子	？
	疑問詞疑問型	你	**吃**	什么	？

4. 大主題述部文＝大主題（X）ハ ＋ 述部（主題（Z）ガ ＋ 述部（Y）ダ）

中国 ｛人口 很 多｝。
大主題 ↓ 述部 ↓
主題 述部
（中国ハ 人口ガ とても多い。）
X ハ Z ガ Y ダ

他 ｛工作 很 忙｝。
大主題 ↓ 述部 ↓
主題 述部
（彼ハ 仕事ガ とても忙しい。）
X ハ Z ガ Y ダ

上記の４は日本語と対照させて説明することが可能です。日本語は、テキスト『会話編』と『講読編』の学習者にとっては母語であり、外国語を学ぶということは、「母語を内省する」ための大きなチャンスでもあります。つまり、母語を内省することによって母語力を高めることができるということです。これは私の持論ですが、バイリンガルやトリリンガルでない限り、「母語力を越える第二言語力、第三言語力はない」と思っています。そして母語力を高めることが第二言語力、第三言語力を高めることにもつながると考えています。中国語について説明する際、是非、日本語の特徴についても説明してください。このことは、学習者の言語に対する知的好奇心を刺激する大きな要素の１つです。

2-2-4　基本文型の全体像を示す重要性

上記のような各文型の全体像をまとめて示しておくことは非常に重要です。テキスト『会話編』や『講読編』をご使用の先生方は、学習者が授業中に文型が分からなくなったら、必ず《表現部を理解するための準備》の「Ⅱ．中国語の基本文型」のところに戻って、確認してください。

このような基本文型さえもまとめて示されず、基本型、不定型、疑問型が文法項目で出てきたその都度、ばらばらに示してあるテキストが多く見られます。大学における外国語教育では、何語であっても、そして第一外国語であっても、第二外国語であっても、当該外国語を体系的に、構造的に教えることが重要です。カリキュラム上、たとえ1年次で終了する場合であっても、その場しのぎの説明ではなく、学習者が「さらに上のレベルにつなげていくことができる」ための説明を、教師の側は心掛ける必要があると思います。そのためには、教える側は常に、「中国語とはどういう言語なのか」ということを考え、さらにそれを学習者に説明する必要があります。テキストに出てきた項目を個別にばらばらに説明するだけの教え方は、大学の授業とは言えないばかりか、学習者を混乱させる結果を招くだけだと言っても過言ではありません。是非、体系的に教えることを心掛けてください。

2-3　“A 是 B。”について

現在、日本における中国語テキストは、“是”を動詞と捉え、上記2-2-3の1の文型（“他是学生。”）を「動詞述語文」と捉えるもの、もしくは「動詞“是”：A 是 B」などと書かれているものが主流となっています。また『中国語学辞典』（p.19）の「“是”構文」の項目は、次のように記述されています。

「“是”を述語動詞とする動詞述語文。“是”は「～である」という肯定の判断を表す動詞であり、“是”構文は基本的には「主語＋“是”＋目的語」の語順をとる。…否定は“不”を用い、「主語＋“不是”＋目的語」の語順をとる。」

次に、まず、“是”の捉え方の歴史を概観します。

2-3-1 “是”の捉え方の歴史

太田 1981（p.191）には、「《是》はがんらい代名詞で」あったと書かれており、「それが判断文に常用されるようになったのは、魏晋から唐代にかけて」[44]です。また先の「[1] 中国語の文法研究について」の「1. 中国語文法研究の歴史」で紹介した《馬氏文通（1898)》（1983 年版、p.129）は、“是”を“断辞”と呼んでおり、そこには“凡以表决断口气（決断の語気を表す）”と書かれていますが、“是”を動詞とは見ていません。また、黎錦煕の《新著国語文法（1924)》（1982 年版、p.19）には、“是”は“叫做同动词”と書かれています。さらに 1940 年代以降の文法体系における“是”の定義を見ていくと、呂叔湘の《中国文法要略（1942)》（1982 年版、p.59）と王力の《中国現代語法（1943)》（1985 年版、p.115）は“系词（繫詞）”と呼んでおり、動詞とは扱いを異にしています。また、高名凱の《漢語語法論（1948)》（1986 年版、pp.384-387）では、「“系词（繫詞）”である“是”は動詞ではなく、「虚詞」である」と言明しています。1960 年代以降になると、多くの研究者たちが“是”を動詞と定義していきます。たとえば丁声樹等の《现代汉语语法讲话（1961)》（1979 年版、p.78）では“是”を「動詞」とし、朱德熙の《语法讲义》（1982 年、p.167）は「動詞“是”」と明記しています。さらに劉月華等の《实用现代汉语语法》（1983 年、p.425）においても、「“是”是一个动词」と明記されています。

“是”はこのような歴史的な経緯を経て、1980 年代以降は「“是”は述語動詞である」という扱いが一般的になりました[45]。ただし、中国における中国語の学校文法の文法体系である《汉语教科书》と《汉语知识》においては“是”は動詞とは明言されておらず、《汉语教科书》では“系词（繫詞）”、《汉语知识》では“判断词（判断詞）”と呼んでいます。

---

44 『中国語学辞典』p.19 の「“是”構文」参照。

45 1980 年出版の呂叔湘主編《现代汉语八百词》（p.434）においても、“是”は動詞に分類されています。

2-3-2 “是”を「動詞」とする根拠

『中国語学辞典』や多くの中国語テキストが“是”を「動詞」とする根拠としては、2つのことが推測されます。1つ目は、「“是”は肯定の判断・断定を表す」とする、この「意味」によります。つまり「“是”は肯定の判断・断定を表しているのだから動詞だ」という理屈です。2つ目は、上述したように、1960年代以降、中国における文法研究において、「“是”＝動詞」とする分析が主流であったということです。この2つの他に“是”を動詞と見なすための根拠としているものは見当たりません。たとえば、“是”は他の動詞がもつ文法的特徴の多くをもちません。反復形式を作ることはできます（“是不是”）が、たとえば、時態助詞（V-了、V-着、V-过）とは共起しません。つまり“是了”も“是着”も“是过”も成立しません。一般的に形容詞と分類される“忙”や“健康”ですら、“忙着”や“健康着”が成立します。しかし、“是着”はありえません。つまり客観的に見て、“是”を動詞と見なすことのできる文法的根拠がないのです。

ではなぜ、特に1960年代以降、多くの研究者たちが“是”を動詞としてきたのでしょうか。これについては鳥井2008（p.338）に次のように書かれています。

「構造関係についてみると、「是」字の後置成分が何であるかについては、最初は判断が下されず、次には〈補足語〉と見なされてきた。しかし1950年代中期の教学文法では「是＋後置成分」で〈判断合成謂語〉を構成すると説明されていた。しかし当時大々的に行われた「主語目的語論争」を契機にして、1960年代には記述文法でそれは動詞「是」とその目的語であると提唱され、1980年以降では述語動詞「是」と「主語との同一・従属関係を表す目的語」、すなわち「主語関連目的語」で述語部分を構成する文であると説明されるようになったのである。」

ここで述べられていることは、つまり、2-2-1で述べたような、英仏語などのヨーロッパ語の文法に合わせて中国語の文を「主語述語関係」の文と捉えようとした結果であるということです。そしてその結果、むりやり“是”を英語の「“be”動詞」と同じと見ようとした態度の結果だということに他なりません。先の 2-1-3 で述べたように、「中国語の主語」には「客観的に観察できる構文的根拠」がありません。したがって中国語の文を「主語述語関係」で捉えることそのものに無理があるということです。しかし中国語の文を「主語述語関係」の文と捉えようとした結果、“是”を英語の「“be”動詞」と同じとすることにし、その結果、“他是学生。”を「動詞述語文」とした、ということです。

2-3-3 “是”を用いない表現の捉え方

“A 是 B”の表現を「動詞述語文」、または“是”を動詞としているテキストは、“是”を用いない表現（“我十八岁。”“今天星期天。”“他北京人。”など）をどのように説明しているかというと、これには２種類あります。“A 是 B”の表現を「動詞述語文」としているテキスト（前者）は、このような“是”を用いないもの（“今天星期天。”など）だけを「名詞述語文」としています。また“A 是 B”の表現を「動詞述語文」とは明記していないけれども、“是”を動詞としているテキスト（後者）は、“是”を用いない表現には何の説明も加えないで、さらっと例文だけを示しています。そして否定の場合の説明として、前者は「否定文では名詞述語文は成立しない。かならず動詞“是”を用いる」や、ただ単に「否定には“不是”を用いる」と説明しています。「否定の場合には“不是”を用いて、動詞述語文になる」とは明言していません。しかし、『中国語学辞典』（p.611）の「名詞述語文」の項目には、以下のように記述されています。

「(名詞述語文とは) 述語が名詞（句）によって構成される文。ある種の名詞（句）は、コピュラ動詞（判断動詞）“是”などの介在を必要とせずに単独で文の述語になることができる。名詞述語文の述語が表す意味範疇は、「出身地」「時系列」「年齢」「数量」など多岐にわたる。…名詞述語文の述語には、否定詞“不”を直接伴うことができないという制約がある（“＊他不北京人”）。それゆえ、否定表現には“不是”を用いる（“他不是北京人”）。“是”を用いると動詞述語文となるため、名詞述語文には肯定表現しかないということになる。」

これらの説明に照らして“是”を動詞と捉えると、たとえば“今天星期天。”は、下記の表のような捉え方になります。

	例文	『中国語学辞典』	前者テキスト	後者テキスト
基本型	今天星期天。	名詞述語文	名詞述語文	文型明記なし
否定型	今天**不是**星期天。	動詞述語文	文型明記なし	文型明記なし

『中国語学辞典』では基本型の“今天星期天。”の文型は「名詞述語文」で、否定型の“今天不是星期天。”の文型は「動詞述語文」です。前者のテキストでは、基本型の“今天星期天。”の文型は「名詞述語文」で、否定型の“今天不是星期天。”の文型は明記されていません。また、後者のテキストでは、“今天星期天。”などの文に対しては、基本型も否定型も文型の説明はありません。さらに後者のテキストには「名詞述語文」という項目はありません。中国語は、基本型が名詞述語文であるものが否定文になると動詞述語文になるとか、また、文型を示すことのできないというような、こんなに複雑な、あるいはこんなにいい加減な言語でしょうか。そしてさらに重要なことは、これらのような説明は学習者を混乱させるだけではないかということです。

2-3-4 “是”の品詞の位置づけ

では“是”をどのような品詞として位置づければよいのでしょうか。これはもっともっと“是”の機能が研究、分析されなければ、容易にできることではありません。しかしそれは決して、張静が行ったような、“是”を動詞の用法、副詞の用法、接続詞の用法という品詞分割するという方法[46]ではありません。これまで“是”も、他の文法項目と同様、単文のレベルで分析されてきました。しかし、“是”の機能の本質を解明するには、単文のレベルの分析ではなく、意味を持つあるまとまった文章である談話のレベルで、さらには情報構造の中で分析されなければならないと考えま

46 張静 1987、pp.242 ~ 256

す。そのような分析を行って初めて、“是”の機能の本質は解明できるでしょう。重要なことは、どのような説明が矛盾のない文法体系であり、さらに学習者を混乱させないか、ということです。

たとえば、相原 2016（p.81）には、「動詞“是”が be 動詞と大きく違う点は目的語に用言性の言葉をとることができ、そのとき“是”は話し手の「確かに…である」という認定・判断の気持ちを強調して表すところにあります。」と書かれています。そして下記の 4 つの例が挙げられています（例文の①～④の番号は筆者が加筆）。

① 他是很聪明。

② 是下雨了，不骗你。

③ 这种办法是快，不是慢。

④ 他是不想离开你。

さらに続けて、「いずれの文も文法的には“是”がなくても成立しますが、“是”を入れることによって話し手の「私はこう考える」という認定や主張が表されます。」と書かれています。上記の①～④は動詞“是”があればすべて動詞述語文で、動詞“是”がなければ、それぞれ①は形容詞述語文、②は動詞述語文、③は形容詞述語文、④は動詞述語文、ということになるのでしょうか。これは無理やり“是”を動詞とし、さらに単文のレベルで何とか説明しようとするから、このようなことになってしまうのです。上記の①～④は“是”のあるなしに関わらず、①は形容詞述語文、②は動詞述語文、③は形容詞述語文、④は動詞述語文です。

軽々に“是”を動詞としたり、“A 是 B”を「動詞述語文」とするのは、そろそろやめにしてはどうでしょう。

もっと言えば、藤堂、相原 1985（p.91、下線は筆者が加筆）には「“是 shì、不是 búshi”は、教室においては英語の be 動詞に「当たる」と説明するのが便利です。しかし、実は動詞ではありません。…そこで文法論では、やはり“是、不是”を中国式に「系詞」と呼ぶか、または「判断詞」という別の枠を立てて扱うのが正しいでしょう。ただし、くり返して言いますが、教室では英語の be 動詞になぞらえて説明しても結構だと思います。」と書かれています。

また、文法論に対する見解として藤堂、相原 1985（p.38）では「その無意識の中にあるルールをうまくまとめて整理し、分かりやすく体系にして見せよう、というのが文法論です。…私は、文法論というのは、すぐれて実用的なものだと考えています。」と書かれています。

文法論が実用的なものであるべきという考え方には共感します。しかし、だからと言って、「“是、不是”は動詞ではない」と断言しておきながら、なぜ「便利だから、教室では英語の be 動詞に「当たる」と説明しても結構」ということになるのでしょう。教室で安易に「“是、不是”は動詞だ」とか「“是”、不是”は英語の be 動詞のようなものだ」と説明することの方が、結果として学習者に混乱を招くのではないかと思いますが、いかがでしょうか。

繰り返しになりますが、重要なのは、**どのような説明が矛盾のない文法体系であり、さらに学習者を混乱させないか**、ということです。そして上で述べてきたことは、ヨーロッパ語の文法に引きずられない、**「中国語から中国語を見る」という姿勢で体系化された「中国語文法論」というものの必要性**を語っています。

テキスト『会話編』と『講読編』で名詞述語文としている場合の“是”のみならず、上記の①～④の“是”も含めた“是”の機能の本質解明は、すぐにでもなされなければならない重要な課題です。しかしそれは、繰り返しになりますが、単文のレベルの分析ではなく、意味を持つあるまとまった文章である談話のレベルで、さらには情報構造の中で分析されなければならないと考えます。そのような分析を行って初めて、“是”の機能の本質は解明できるでしょう。

このような理由から、テキスト『会話編』、『講読編』においては、“是”の品詞をあえて特定していません。“是”を必要とする表現については「“是”を伴う名詞述語文」、“是”を必要としない表現については「“是”を用いなくてもよい名詞述語文」としています。

中国語文法研究において重要なことは、「中国語から中国語を見た」矛盾のない文法体系の構築を目指すことであり、また中国語教育において重要なことは、学習者に対して矛盾のない説明を目指すことだと思います。「実用的な文法体系」を目指した結果、「教室でウソを教えて良い」ということには、絶対になりません。そしてさらに教師として必要なのは、著名な研究者がこう言っているから「こうなのだ」と鵜呑みにしたり、「こういうふうに教えればいいんだ」と簡単に考えず、疑ってみる姿勢です。そうでなければ、学問にも教育にも進歩や発展はありません。

2-4 「大主題述部文」について

ここでは 2-2-3 で 4. として挙げた、「大主題述部文」という文型について解説していきます。下記がその例文です。

a. 她经验丰富。

b. 自行车他骑出去了。

c. 广东菜我很喜欢。

これらは従来「主述述語文」と呼ばれてきたもので、たとえば、下記のような捉え方によって「主述述語文」と命名された文型です。

a.　她　　经验　　丰富。
　　主語　　↓　述語　↓
　　　　　主語　　　述語

まず、“她”が「主語」で“经验丰富”が「述語」となります。そしてさらに“经验丰富”を分解して、“经验”が「主語」、“丰富”が「述語」ということです。このような捉え方から「主述述語文」と命名されました。

またこのような文型（“她经验丰富。”）は、日本語では「彼女**は**経験**が**豊富だ。」というように表現されるため、これらを「ハガ文」と呼んでいるテキストもあります。

さらに、b の“自行车”や c の“广东菜”については、従来「主題提前」と呼んでいる文法研究もあります。これは、「もともと動詞の後ろにあるべき語が前に移動した」という考え方です。しかし言語というものは、「もともとはこうだ」と見るのではなく、その言語のあるがままの姿を見ていくことが大切です。

テキスト『会話編』と『講読編』では、a、b、c のような文を「主述述語文」や「ハガ文」とは呼んでいません。両テキストでは、先の 2-2-2 で述べたように、中国語の文を「主題＋述部」と捉えていますので、a、b、c のような文についても、中国語の文を「主題＋述部」と捉える方法で考えました。この捉え方に基づくと、たとえば a は下記のようになります。

a. 她 ｛经验 （丰富）｝。
大主題 ＋ ↓ 述部 ↓
主題 述部

“她”が a の文全体の「大主題」で、“经验丰富”が「述部」となります。そして文全体の「述部」である“经验丰富”が、さらに「主題」と「述部」の構成になっているということです。下記に示したように、b と c についても同様に考えます。

b. 自行车 ｛他 骑出去了｝。
大主題 ＋ ↓ 述部 ↓
主題 述部

c. 广东菜 ｛我 很喜欢｝。
大主題 ＋ ↓ 述部 ↓
主題 述部

このような捉え方に基づいた命名が「大主題述部文」です。

3. 情報伝達構造から見た「中国語の文の語順三原則」

情報伝達構造という観点から、中国語の文の語順には以下の 3 つの特徴があります。テキスト『会話編』と『講読編』では、これを「中国語の文の語順三原則」としています。

原則1：中国語の文の基本的語順　＝　主題＋述部
原則2：中国語の文の「主題」部分の条件　＝　既知の情報
原則3：修飾語（説明する語）と被修飾語（説明される語）の語順
＝　修飾語＋被修飾語

原則1については上記の2-2-2で説明しましたので、以下では、原則2と原則3について、順に見ていきます。

☆原則2：中国語の文の「主題」部分の条件　＝　既知の情報

これは中国語の文の「主題（＝文頭部分）」の特徴です。この部分は「既知の情報」でなければなりません。「既知の情報」とは、「話し手と聞き手の両方がすでに知っている、すでに分かっている情報（ヒト・モノ・コト）」です。換言すれば、未知の情報（話し手と聞き手で共通理解となっていないヒト・モノ・コト）は、文頭に置くことができない、ということです。

主題（＝文頭）⇒「既知の情報」
＝話し手と聞き手の両方がすでに知っている、すでに分かっている情報（ヒト・モノ・コト）

テキスト『会話編』、『講読編』ともに、第7課の「“有”の文型」と第13課の「存現文」が、この語順となります。つまり、話し手と聞き手の間で、その存在や出現、消失が共通理解となっていないヒト・モノ・コトは、文頭には表現できないということです。下記の例はそれぞれ両テキストに挙げてある例で、太字の部分が未知の情報です。

『会話編』の例

学校附近　有　**一个　邮局**。　（第 7 課ポイント）
主題　述部
［学校の近くに］［ある］［一つの郵便局が］

桌子上　放着　**一本　书**。　（第 13 課ポイント）
主題　述部
［机の上に］［置いてある］［一冊の本が］

『講読編』の例

我　有　**一个　妹妹**。　（第 7 課ポイント）
主題　述部
［私には］［いる］［一人の妹が］

前面　来了　**一辆　车**。　（第 13 課ポイント）
主題　述部
［前から］［来た］［一台の車が］

両テキストともに、第 7 課の「表現のポイント」の「“有”の文型」と第 13 課の「表現のポイント」の「存現文」おいて、このような中国語の文頭の特徴をしっかりと説明してください。

☆原則 3：修飾語（説明する語）と被修飾語（説明される語）の語順
＝　修飾語＋被修飾語

これは日本語と同じ語順なので、日本語母語話者の学習者には分かりやすい原則です。テキスト『会話編』と『講読編』での例を挙げておきます。

① 連体修飾の語順

連体修飾成分＋名詞

好　书　　我 **的**　课本　　妈妈 包 **的**　饺子

[良い] [本]　　[私の]　[教科書]　　[お母さんが作った] [ギョウザ]

② 連用修飾の語順

連用修飾成分＋形容詞／動詞

特别　忙　　和 她　去　　高兴 **地**　说

[特に] [忙しい]　　[彼女と]　[行く]　　[うれしそうに] [言う]

学習者には、テキストの各課で出てくるその都度、説明するのがよいでしょう。

以下で、テキスト『会話編』と『講読編』の「表現のポイント」で取り上げた文法項目（＝入門､初級段階で押えておくべき文法項目）について、解説していきますが、その前にもう１つ、中国語の「品詞」について、説明しておきます。

[3] 中国語の「品詞」について

ここで説明することは入門の最初の段階で学習者に説明する必要はありません。テキスト『会話編』では第５課「表現のポイント」において、『講読編』では第３課「表現のポイント」において、「品詞の兼務」という表現を用いています。そこで学習者に説明していただけばよいと思います。しかし、中国語教師としては、中国語の語彙に対する認識として押えておくべき事柄です。

1.「品詞」とは何か

「品詞」は英語で“part of speech”と言います。これはつまり、「一文中における機能の違いによって語をグループ分けしたもの」という意味です。

以下で、中国語の語彙の品詞の特徴を、日本語の語彙と比較しながら見ていきます。

2. 日本語の語彙の品詞と中国語の語彙の品詞の比較

日本語の場合、形態上、形容詞は「i」か「na」で終わり、動詞は「u」で終わります。このように**日本語は語彙の形態によって品詞を区別**することができます。

しかし**中国語は、その語彙が文中のどの位置に表現されたかということで、その語彙の品詞が決定**します。つまり中国語の語彙には語形変化や活用は一切ないため､形態的に品詞を決めることができないということです。したがって中国語という言語においては、「品詞」というものをことさら強調する必要はありません。しかし学習者は「品詞」という考え方に慣れており、「品詞」を言った方が分かりやすいので、テキスト『会話編』でも『講読編』でも、特に本文の注では、その文の中でのそれぞれの語彙の「品詞」を示しています。

では、日本語と中国語の語彙の品詞の違いを具体的に見てみます。

〈日本語の場合〉

	A（副詞）	B（形容詞）	C（名詞）
例①	とても	大きい	山
例②	非常に	すばらしい	本

日本語は例①Aの「とても」、例②Aの「非常に」は副詞、例①Bの「大きい」、例②Bの「すばらしい」は形容詞、例①Cの「山」、例②Cの「本」は名詞というように、すでに形態上それぞれの品詞が決まっています。つまり**日本語は「一単語一品詞」**です。

では中国語はどうかというと、中国語の場合には、ある語彙がAの位置に置かれているから副詞、Bの位置に置かれているから形容詞、Cの位置に置かれているから名詞、ということです。このことを“上”、“工作”、“要”の例で見てみましょう。

〈中国語の場合〉

例（1）“上”　ア．**上**山　＝動詞　（山に登る）
イ．**上**有～，下有…　＝名詞　（上に～がある）
ウ．椅子**上**　＝方位詞　（椅子の上）

例（2）“工作”　ア．你一天**工作**几个小时？＝動詞
（あなたは一日に何時間働きますか。）
イ．你做什么**工作**？　＝名詞
（あなたはどういう仕事をしていますか。）

例（3）“要”　ア．我**要**这个。　＝動詞（私はこれが欲しい。）
イ．我**要**去中国。　＝助動詞
（私は中国に行きたい。）

このように**中国語は文中のどの位置にその語彙が表現されたかということで、その語彙の品詞が決定します。**

つまり、たとえば例（1）“上”は、ア＝動詞、イ＝名詞、ウ＝方位詞、例（2）“工作”はア＝動詞、イ＝名詞、例（3）“要”のア＝動詞、イ＝助動詞、というように、**中国語は、「一単語多品詞」です**。

教える側は、中国語の語彙のこの「一単語多品詞」という特徴を押えておく必要があります。

中国語の語彙＝文中のどの位置にその語彙が表現されたかということで、その語彙の品詞が決定される。＝一単語多品詞。

テキスト『会話編』、『講読編』では、「表現のポイント」で取り上げた中に、「品詞の兼務」と表記してあるものが多くあり、兼務している例をまとめて示しています。それは、このような中国語の語彙の特徴を、学習者に分かりやすく理解させるためです。

3. 中国語における形容詞と動詞

先に述べたように、日本語の語彙の場合、形容詞は「i」か「na」で終わり、動詞は「u」で終わるというように、形容詞と動詞は形態上の明確な違いがあります。しかし孤立語である中国語は、形容詞と動詞には、当然ながら日本語のような形態上の区別がありません。そしてさらに、文法上の振る舞いも形容詞と動詞では共通点が多くあります。したがって、中国語において、この語彙は形容詞だ、この語彙は動詞だ、というのは、実は意味的な違いだけでどちらであるのかを判断していると言うことができます。しかしその判断基準である「意味」というのは、実際には一直線につながっており、その境界線を明確にすることはできません。このことを図で示すと次のようになります。

〈中国語の形容詞と動詞の関係〉

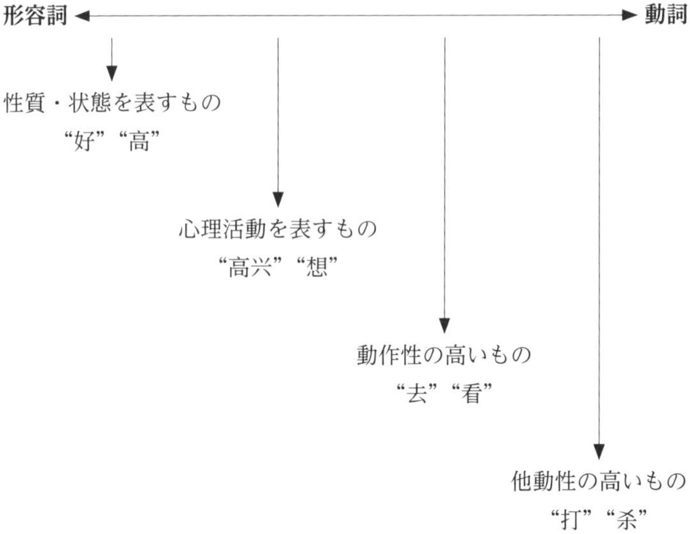

つまり中国語においては、**意味的に「性質・状態を表す」と判断できるものを「形容詞」、意味的に「動作性の高いことを表す」と判断できるものを「動詞」と呼んでいる**、ということです。たとえば“很”という副詞は、通常、心理活動の動詞と判断される“想”と共起して“很想”と表現できますし、形容詞と共起して、たとえば“很好”という表現になります。

皆さんも「この語彙は形容詞なの？動詞なの？」と判断に迷ったことがあると思います。それは当然のことなのです。教える側は、中国語のこのような語彙の特徴をしっかりと押えておく必要があります。さらに本書では、「品詞の兼務」について、特に「21. 品詞の兼務」で“在”と“给”についてまとめて解説しておきました。参考にしてください。

では以下で、テキスト『会話編』と『講読編』の「表現のポイント」で取り上げた、入門、初級段階で押えておくべき文法項目の解説に入ります。

[4] 入門、初級段階で押えておくべき文法項目

1. 人称代名詞 (『会話編』第 1 課、『講読編』第 1 課)

テキスト『会話編』にも『講読編』にも、中国語の人称代名詞をまとめた下記の表を載せています。

	一人称	二人称	三人称
単数	我	你/您①	他/她/它②
複数	我们/咱们③	你们	他们/她们/它们

① "您" :"你"よりも相手に敬意を込めた言い方。
② "它" :人間以外のものを指す。
③ "咱们":必ず聞き手を含み、"我们"より「私たち」の間柄に親しみが感じられる言い方。

以下では、中国語の人称代名詞について、日本語と比較しながら見ていきたいと思います。

1-1 自分をどう呼ぶか=一人称の日中語比較

日本語では、自分を表現するのに、相手との親疎の関係や上下の関係、あるいは公的か私的かなどによって、呼び方を変えます(男性の場合、僕、俺、わたし、わたくし、など。女性の場合、わたし、わたくし、など)。つまり、**日本語は相手がいなければ自分を表現できませんし、相手と自分の関係が決められないと自分を表現できません**。しかし現代中国語は相手が誰であれ、自分のことは男女を問わず、また親疎の関係や上下関係に関わらず、基本的に"我"としか表現しません。そして小学生くらいの年齢になると自分を"我"と表現します。

日本では、小学生くらいの女子で自分のことを「マミは」などと自分の名前で表現する人がいます。私は以前本務校の 1 年生の中国語クラスで下記のような話をしたことがあります。

「日本では、小学生や中学生で自分のことを自分の名前で表現する女子がいますが、中国では小学生くらいの年齢になると、みな自分を“我”と表現します。自分を「わたし」と表現できるということは、自分を客観的に視ることができているということで、逆に自分を「わたし」と表現できないということは、自分を客観的に視ることができないということです。まさか大学生になっても自分のことを「マミは」などと自分の名前で表現している人は、この中にはいないでしょうねえ。」

すると、学生がざわつき、「えっ？いけないの？」という女子学生の声が聞こえてきました。これは私にとって衝撃的なことでした。しかし中国では大学生になっても自分のことを“我”と表現できず、自分のことを自分の名前で表現する人はいないと思います。

小浜 2007（p.46）には、以下のような記述があります。

「「私」という言葉が使えるためには、どういう視点が前提として必要かと言いますと、世界を様々に分節し、そのなかの一要素として、他の事物とは違う存在としての自分を対象化するという視点が必要です。これは幼児が周りから呼ばれるがままに「○○ちゃん」と自分を呼ぶのにくらべると、自分をも客体化するという数段高度なワザなのです。」

つまり、大学生にもなって自分を自分の名前で表現する人は、それがどれほど精神的に幼稚なことであるのか、本人には何の自覚もないということです。

1-2　相手をどう呼ぶか＝二人称の日中語比較

日本語は自分と相手との親疎の関係や上下の関係によって、相手をどう呼ぶかが異なります。しかし中国語は基本的にどんな相手に対しても“你”を使うことができます。親は自分の子どもが何歳であっても、自分の子どもに対して“你”を使い、子どもも自分の親に対して“你”を使います。また、中国語では上下関係がある相手であっても、基本的に相手に対して

“你” を使います。

日本語には二人称として「あなた」という呼称があります。しかし「あなた」を使うことができる場面は非常に限定されています。たとえば自分の親に対して「あなた」を使って呼んだり、会社の上司や学校の先生に対して「あなた」を使ったら、どういう感じがするでしょうか。親子の場合には親子関係が疑われ、会社の上司や学校の先生の場合には、「何て生意気な奴だ」と思われるでしょう。

授業の中では簡単に「“你” は「あなた」です」と説明してしまいがちですが、“你” と「あなた」の現実の使用状況には驚くほどの相違があります。そのことを教師はきちんと認識して、学習者に説明する必要があります。

1-3 “你” と “您”＝敬語の日中語比較

世界の言語の中で、日本語と韓国・朝鮮語にだけ表現体系としての「敬語」というものがあります。**日本語は相対的敬語**の側面が強く、**韓国・朝鮮語は絶対的敬語**の側面が強いという傾向があります。しかしどちらにしても、表現体系として「敬語」というものがあるのは、この２言語だけであり、中国語にも英語にもそういうものはありません。

ただし、中国語の場合には、語彙的なものや個別の表現として、尊敬や謙譲を表すものがあります。たとえば、敬語的な語彙としては **“您”** や “光临” などがあり、謙譲語的な表現としては “不敢当” などがあります。

“您” は語彙的な中国語の敬語表現の１つで、“你” よりも相手に対する敬意を込めた表現であるということを、教師はきちんと説明する必要があります。

ちなみに日本語の「相対敬語」とは、次のような使用法です。たとえば自分の会社内では、自分の上司に対して敬語を用いますが、会社の取引先などの人と話をする場合、その取引先の人に敬語を用い、その取引先の人に自分の会社の上司のことを話す場合には、自分の上司のことを敬語では表現しません。

例：(会社内で) 鈴木部長がいらっしゃいました。

（取引先で）うちの鈴木が参ります。（鈴木部長のこと）

また韓国・朝鮮語の「絶対敬語」とは、いつでも誰に対しても、自分の目上、上司のことは敬語で表現するというものです。

例：（会社内で）金部長がいらっしゃいました。

（取引先で）金部長がいらっしゃいます。

文法体系としての敬語表現は、日本人として生まれたから、あるいは日本語母語話者だから、自然と表現できるというものではありません。韓国・朝鮮語も同じです。これは意図的にマスターしようと思って努力しなければ身につかない表現です。したがって、外国人にも難しい日本語の表現項目です。これに対して中国語は、語彙あるいは個別の表現として覚えればよいので、学習する際に難しくないと言うことができます。

1-4 第三者をどう呼ぶか＝三人称の日中語比較

日本語には第三者を呼ぶ呼称として「彼／彼女」というものがあります。しかし実際にこれらを使用するのは、非常に特殊な場合です。たとえば、学生がある先生の噂話をするときに、「○○（先生）は」と言わずに「彼は／彼女は」と言ったら、その学生は○○先生のことを非常に客観的に視ている感じがします。また会社の社員同士が上司の噂話をするときに「○○部長は」と言わず、「彼は／彼女は」と言った場合も同じです。

しかし中国語において第三者は誰であれ、“他／她”です。授業の中では、これも簡単に「“他”は「彼」です／“她”は「彼女」です」と説明してしまいがちですが、“他／她”と「彼／彼女」の現実の使用状況は大きく違います。その違いを、“你”と「あなた」の相違と同様に、教師はきちんと認識して、学習者に説明する必要があります。

1-5 “我们”と“咱们”（一人称複数）

中国語の“我”と“你”と“他／她”は、情報伝達上、対等に対立した関係にあります。これについては拙著 2019（第4章）において詳述し、下記の図を示しました（p.353）。

情報伝達上、対等に対立した関係とはどういうことかというと、“我”は「情報の発信者」、“你”は「情報の受信者」、そして“他／她”は「“我”と“你”が共通に認識している第三者」という関係ということです。

〈“我”と“你”と“他／她”の関係〉

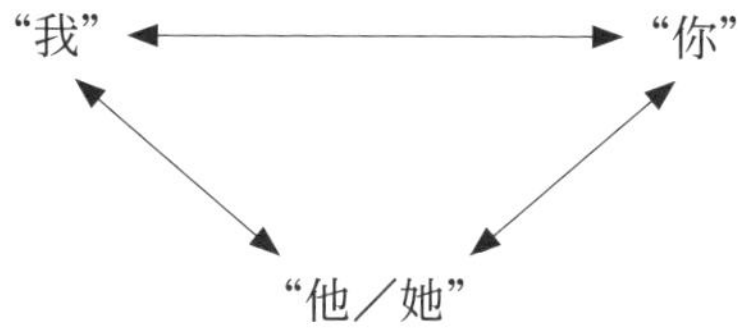

日本語の中にはこのような関係にある呼称はありません。

中国語を使用する環境においても当然、実際には「話し手」と「聞き手」と「第三者」の三者の間にはさまざまな社会的関係や心理的関係などが存在しており、この三者を対等に対立した関係で捉えた表現だけでは不十分です。そこで、実際の言語活動においてコミュニケーションをスムーズに取るために、この対等に対立した関係を崩す働きをする表現が必要です。拙著 2019（第 4 章）において、“我”と“你”と“他／她”の、このような情報伝達上の対等に対立した関係を崩す働きをする表現として、自分を親族呼称で呼ぶ場合や、各人称で“人家”を使用する例を示しました。

“我们”と“咱们”の違いも、この観点から捉えることができます。

通常、「“咱们”は必ず聞き手を含む」と説明され、さらに「“咱们”は親しみが感じられ、打ち解けた感じである」などと説明されます。以下では、“咱们”のこの 2 つの特徴について解説していきます。

まず、「“咱们”は必ず聞き手を含む」という特徴についてです。これを明確にするために、“我们”を使う場合の状況について見てみます。

“我们”を使う場合の状況は大きく 3 種類に分けることができます。1 つ目は、“我们”の中身が“我”と“你／你们”の場合です（下記の“我们”①）。2 つ目は、“我们”の中身が“我”と“你／你们”と“他／他们”“她／她们”の場合（下記の“我们”②）です。３つ目は、“我们”の中身が“我”と“他／他们”“她／她们”の場合（下記の“我们”③）です。

“我们”①　“我们”＝“我”＋“你／你们”

“我们”②　“我们”＝“我”＋“你／你们”＋“他／他们”“她／她们”

“我们”③　“我们”＝“我”＋“他／他们”“她／她们”

上記の“我们”①と“我们”②の場合は、聞き手である“你／你们”を含んでいますが、“我们”③は聞き手を含んでいません。“我们”の中に聞き手が入っていない場合とは、たとえば、下記のような例がそれに当たります。

Ａ：现在**我们**去食堂吃午饭，**你**也去吗？

Ｂ：对不起，我有事儿。

つまりこのような例が成立するということは、“我们”が“你／你们”と対等に対峙できるということです。

では“咱们”はどうかというと、“咱们”は「必ず聞き手を含む」ので、“我们”①か“我们”②のような場合しかなく、“我们”③のような状況がないということです。つまり“咱们”は、“你／你们”と対峙した表現ではないということで、したがって、“现在**咱们**去食堂吃午饭，**你**也去吗？”という表現は成立しないということです。

次に、「“咱们”は親しみが感じられ、打ち解けた感じである」という説明について見ていきます。

“我们”①の場合（“我们”＝“我”＋“你／你们”）、“我”と“你／你们”は、情報伝達上の対等な関係を示しているだけです。したがって、特に「親しみが感じられ、打ち解けた感じになる」という表現にはなりません。

また、“我们”②の場合（“我们”＝“我”＋“你／你们”＋“他／他们”“她／她们”）も、“我们”③の場合（“我们”＝“我”＋“他／他们”“她／她们”）も、“我”と“他／他们”“她／她们”は情報伝達上の対等な関係を示しているだけです。したがって、この場合も「親しみが感じられ、打ち解けた感じになる」という表現にはなりません。

では、“咱们”の場合はどうかというと、“咱们”の場合は、必ず聞き手が含まれます。しかし“咱们”の場合の中身は、“我”と“你／你们”という、対等に対立した関係の間柄ではありません（下記の“咱们”①）。さらにこれに“他／他们”“她／她们”がプラスされた場合（下記の“咱们”②）でも、それらは“我”と対等に対立した関係ではありません。つまり**“咱们”は、コミュニケーションをスムーズに取るために“我”と“你／你们”、さらには“我”と“他／他们”“她／她们”との間の情報伝達上の対等に対立した関係を崩す働きをするための表現**であるということができます。そしてそこには対立した意識がないため、“咱们”は「親しみが感じられ、打ち解けた感じ」になるということです。

“咱们”①＝「話し手（＝自己）」＋「聞き手（＝相手）」
＝対立しない関係
“咱们”②＝「話し手（＝自己）」＋「聞き手（＝相手）」＋「第三者」
＝対立しない関係

日本語には、“我们”と“咱们”のこのような相違を言い表す語彙はありませんから、どちらも日本語での表現は「私たち」となります。しかし、学習者には、きちんと“我们”と“咱们”の違いを説明する必要があります。

1-6 “它”

第３人称の３つの人称代名詞、“他”と“她”と“它”は音が同じです。ということは、この３つは中国語の中ではもともと未分化であったということを意味します。これが書き分けられて用いられるようになったのは民国以後のことで、欧化語法の影響を受けた結果です。そして“它”は無生物を指すのに用いられるようになりました。“它”の変遷については、太田 1981（pp.99 ～ 100）に記述があります。非常に興味深い内容なので、関心のある方は参照して下さい。

さらに現在では、**“它”は談話の中でトピックマーカー**として用いられています。これについては拙著 2019（第１章 1.2 代名詞“它”）において詳述しました。「“它”は談話の中でトピックマーカーとして用いられる」という知識は、2年次以上で講読などのテキストを読むときに、非常に有意味です。入門の段階で初学者にそこまで説明する必要はありませんが、教師としては知っておく必要があります。

2. 指示詞（『会話編』第1課、第2課、第4課、第18課　『講読編』第2課、第3課、第4課、第18課）

ここでは中国語の指示詞について、その特徴をまず、日本語の指示詞と比較しながら解説していきます。

2-1　中国語の指示詞と日本語の指示詞

中国語の指示詞は“这（系）”と“那（系）”の2系、日本語の指示詞は「コ（系）」、「ソ（系）」、「ア（系）」の3系です。これにそれぞれ中国語の疑問詞“哪”と日本語の疑問詞「ド」を加えて対照させたのが、下記の表です。テキスト『会話編』（第1課）、『講読編』（第2課）で、同じ表を示しています。

<table>
<tr><th>話し手から近い</th><th>話し手から遠い</th><th>疑問</th></tr>
<tr><td>这</td><td>那</td><td>哪</td></tr>
<tr><td colspan="2">コ　（ソ）　ア</td><td>ド</td></tr>
</table>

中国語と日本語との対比では、おおまかには上記の表のように捉えれば良いでしょう。

日本語の学校文法（橋本文法）では「コ（系）は近称、ソ（系）は中称、ア（系）は遠称」としていますが、実はこれはとても分かりにくいものです。

日本語の「コ・ソ・ア」の物理的、心理的距離の認識の違いは、下記のように捉えると分かりやすいと思います。

<table>
<tr><td>話し手（自分）の領域
＝コ</td><td>聞き手（相手）の領域
＝ソ</td></tr>
<tr><td colspan="2">話し手（自分）と聞き手（相手）のどちらからも遠い
＝ア</td></tr>
</table>

コ＝話し手に近いものを指す（話し手の領域）
ソ＝聞き手に近いものを指す（聞き手の領域）
ア＝話し手と聞き手から遠いものを指す（どちらの領域でもない）

上に示した通り、日本語には「ソ」という「聞き手（相手）の領域を配慮した」指示詞があります。

一方、中国語の“这（系）”と“那（系）”の区別の基準は、「話し手（自分）から近いか遠いか」です。したがって、空間的に、心理的に話し手（自分）から見た、あるいは感じた遠近の区別だけだ、ということです。

“这（系）”⇒空間的、心理的に話し手（自分）から近い
“那（系）”⇒空間的、心理的に話し手（自分）から遠い

このような日本語と中国語の相違を説明すると、学習者には理解しやすいと思います。そして上記のような日中語の指示詞の相違によって、中国語を日本語で表現する際には、どうしても「ソ」で表現しなければならない場合があるということを教える側は認識し、学習者にも説明する必要があります。

2-2 “这／那／哪”とは何か

“这／那／哪”は、それ自身は個別的、具体的な意味はもっていません。つまり、目をつむっている状況で“这／那”と言われても、それが何を指示しているのかわからないし、話の場面や文脈が分からない状況で“这／那”と言われても、それが何を指示しているのかわからないということで

す。

さらに**“这／那／哪” は、指示詞の形態的な核の部分**です。したがって、人や事物を指し示す場合には通常、「“这／那／哪”＋数詞＋量詞[47]＋名詞」のかたちと語順で名詞句を作ります。

			数詞	+	量詞	+	名詞
这一个人	：	这	一		个		人
那两本书	：	那	两		本		书
哪三条鱼	：	哪	三		条		鱼

つまり“这／那／哪”は、単に対象を指し示す働きをするだけで、対象の内容を具体的に表す働きはしていないということです。

1. “这／那／哪” とは、指示詞の形態的な核の部分。

⇒単に対象を指し示す働きをするだけ。対象の内容を具体的に表さない。

2. 通常、「“这／那／哪”＋数詞＋量詞＋名詞」のかたちと語順で名詞句を作る。

2-3 “这” と “那” は文の「主題」となることができる

中国語の指示詞の“这”と“那”を用いた表現について、どの入門テキストにも、どの文法解説書にも「“是”を用いた文の主語になることができる」と書かれています。そしてさらに、「“是”を用いた文以外の文の主語や目的語の場合には、量詞を伴う」と書かれています。しかし、どのテキストにも、どの解説書にも、その理由は書かれていません。

以下ではまず、“这”と“那”が文の「主題」[48]となることができる文

47 中国語の量詞については、「［5］その他」の 6-2 で詳述。参照して下さい。

48 本書「［2］2　中国語の基本文型」において、本書の「主題」の捉え方を解説しています。参照して下さい。

型について点検していきます。次に“这”と“那”が文の「主題」となることができる理由を解説し、最後に、“这”が文の「主題」の場合と、“那”が文の「主題」の場合の相違を解説していきます。本書とテキスト『会話編』と『講読編』では「主語」という文法用語は一切用いず、すべて「主題」という用語を用いて中国語を捉えています。したがって、以下でも「主題」という用語を用いて解説していきます。

2-3-1　“这”と“那”が文の「主題」となる文型について

ここではまず、“这”と“那”が文の「主題」となっている例を見ていきます。

指示詞は直接何かモノを指す（指さしする）ことができます。これを「現場指示」と言います。

下記の例の①は、“这”が文の「主題」となっている現場指示の例です。これは私が中国語母語話者にインタビューした資料の中にあった例です[49]。1970年代後半に、当時日本では珍しかった“小水萝卜”という食材を生産している人民公社に、日本人代表団の通訳として同行した際のエピソードを語ったものです。語っているのは、通訳として同行した中国語母語話者です。

①　（小水萝卜）日本没有，中国人一般习惯于生着吃。拿过来以后呢，日本人一看呢很新鲜，就说，**“这是什么？”** 当时公社的负责人说，**“这叫小水萝卜**，日本没有，**这是中国的特产**，请你们尝一尝。”

もう1つ、現場指示の“这”の例を見てみます。下記の②は、中国語母語話者のインフォーマントが、ある日本人の女性と一緒に中国でタクシーに乗った時の経験を語ったものです。その日本人の女性が、中国人の非常に親切なタクシー運転手に感激し、チップをあげようとした時のエピ

49　例の①～⑧は、1980年代後半から2000年にかけて、中国語母語話者にインタビューした資料から抽出したものです。したがって、話の内容は「古い」かも知れませんが、中国語の表現そのものが古いわけではありません。

ソードです。

② 那个司机真是不错。然后呢，……首都宾馆也不是什么大的那种特别大的宾馆。所以，还让在门口停一下那种的。然后那司机也挺好，给我们把箱子又给搬下来，哎哟，她特别激动，她那会儿中文还不太会。然后后来，就掏出三十块钱，其实就十块钱，掏出三十块钱给人家那种，还一个劲冲人家，“不要找钱。”给我给笑的。哈哈哈…然后笑嘻嘻的，好玩儿的,那种的。哈哈哈… “不要找钱。”给我给笑坏了。哈哈哈…然后，待那个司机挺好的，那司机说，“哟，**这不合适**。”什么的哈。至少人家还说一句这话，她还说，“不要找钱，不要找钱。”

①と②では、合計４か所で“这”が文の「主題」として表現されています。その部分を抜き出すと、以下のようになります。

①-1 这**是**什么？ ＝“是”を用いた名詞述語文の「主題」
①-2 这**叫**小水萝卜。 ＝動詞述語文の「主題」
①-3 这**是**中国的特产。＝“是”を用いた名詞述語文の「主題」
② 这不**合适**。 ＝形容詞述語文の「主題」

①-1～①-3の“这”は、すべて目の前にある“小水萝卜”を指しています。②の“这”は、日本人の女性がタクシー運転手に手渡そうとした眼前の“三十块钱”を指しています。これらの例から分かるように、“这”は、“是”を用いた名詞述語文、動詞述語文、形容詞述語文のすべてにおいて「主題」として表現されています。

また、具体的な話の文脈の中で使われる場合には、その話の文脈の中において何かを指すことができます。これを「文脈指示」と言います。下記の例の③～⑤は、“这”が文の「主題」として表現されている文脈指示の例です。これらの例も私が中国語母語話者にインタビューした資料の中にあった例です。

下記の③は、中国における子どもの教育について語っている内容です。自身も母親であるインフォーマントは、彼女の中国での住居の隣人を批判的に見ています。具体的には、隣人の娘は小学校低学年で、身体も小さく、脚も短く、とてもクラシックバレエに合う体型ではないのに、母親が無理やり娘にクラシックバレエを習わせていることを批判しています。

③ 现在吧，中国对那小孩教育抓得特紧。我觉得他们有一点盲目性，没针对性。…你像我们隔壁有一个小女孩啊，比我的儿子大两岁。那小孩吧，特别矮，就是身材特别难看，脚特短。她妈妈还让她去跳舞，参加那跳舞训练班。后来我说她是绝对盲，我跟我爱人说，我们偷偷说，我说：**这是绝对的盲目性**。这孩子长大了不可能跳舞，她那身材，不对称啊。

下記の④では、中国語母語話者のインフォーマントが、日本人の結婚式の形式について語っています。

④ 日本人原来结婚哪，据说有三种形式，佛前结婚、神前结婚，还有教会结婚。可是呢，这个佛，和这个神呢，都是属于比较旧的啊。年轻人看了可能比较旧啊，可能觉得不时髦儿。教会呢，因为是从外国来的，另外呢，怎么说，在教会结婚，穿的是西洋式的那种白色婚纱啊。所以那个给人一种比较时髦，比较洋的感觉。如果你要是在神前结婚，佛前结婚呐，你就只有穿日本和服。和服呐，那当然跟西洋来的白色婚纱相比呢，就显得土一些啊。**这和跟赶时髦也有关系**。

下記の⑤は、インフォーマントの中国語母語話者が、日本で引っ越した際のエピソードについて、特にその際に経験した、引っ越しの手続きについて語っています。

⑤ 前两天到那儿区役所。因为我们要搬家吗？ 到区役所吧，申请印章证明。印章证明，还有登录证明哈。我丈夫吧哈，开始去了一次。去了一次吧，他说的，“啊，你看你这个手续吧哈，就差印章哈，你没有带印章吧哈，不行。就是没法给你办哈。你回去取印章。”之后呢，我丈夫就到学校来了哈，他和别人有约，约好了到学校去，在学校见面哈。之后，我丈夫就给我打电话，他说，“你拿着我的印章哈，完了再到学校来一趟，拿着我的那个手续，你去给我办一下哈，你替我办一下。”我说，“可以哈，**这挺简单的**。”骑摩托，就拿着他的印章，拿着他的材料就去了。

上記の③～⑤の中で、“这”が文の「主題」となっている部分をまとめると、以下のようになります。

③　这**是**绝对的盲目性。　　　＝“是”を用いた名詞述語文の「主題」
④　这和跟赶时髦也**有**关系。＝動詞述語文の「主題」
⑤　这挺**简单**的。　　　　　　＝形容詞述語文の「主題」

上記の例の①～⑤から分かることは、現場指示の場合も文脈指示の場合も、“这”が文の「主題」となることができるのは、決して“是”を用いる名詞述語文の表現の場合だけでなく、述語が動詞の場合も形容詞の場合もあるということです。

次に、“那”が文の「主題」として表現されている例を見ていきます。下記の⑥～⑧は、「文脈指示」において“那”が文の「主題」として表現されている例です。

下記の⑥では、中国語母語話者のインフォーマントAがNHKホールで歌手のリハーサルを見学した際の感想を述べています。

⑥　A＝那我说的呢，我说的临场感，那当然是指的是音响效果特别好的时候啊。原来我八一年到日本来的时候，在日本的东京NHK的演播大厅里，就是看他们排练啊，就是一些歌手唱歌。然后，参观者可以在后面，只要你不拍照，只要你不说话，你就可以在那儿听啊。就是不用买票就可以进去呀。然后，它的音响效果特别好。就是我们参观，预定是20分钟啊，可是20分钟以后，大家都不愿意走。因为特别特别来劲儿。

B＝不过**那是录音室**吧。

A＝不是，不是录音室，就是演播大厅。

下記の⑦では、中国語母語話者のインフォーマントが、“分配工作”（中国において1990年代初めまで存在していた制度）によって、大学卒業後、ホテルに配属されたことについて語っています。

⑦　我呢，被学校分到饭店工作。但是饭店，我在首都大酒店工作了三年吧。我嫌它，日语几乎都用不上。因为什么呢，因为我只是开始吧，在那个

日本餐厅教了半年的日语，教服务员日语。**那对自己没有什么长进呀，**只是在付出这种。后来呢，我就要求调动工作。

下記の⑧は、中国語母語話者のＣが、中国に一時帰国する際、東京から北京に行く場合と、名古屋から北京に行く場合について、その料金と便利さについて比較している内容です。

⑧　Ｃ＝我好像去年走，我从东京走的就是了。从东京到北京的，就是直达的，到北京的。要是从东京到北京的话，我觉得比较便宜，比名古屋到北京便宜。

Ｄ＝多少？　从日航可能得十多万了吧！

Ｃ＝日航现在因为它是算旅游旺季，所以从３月 16 号开始，13 万。

Ｄ＝不低价。不过，你是到东京去。如果到东京，算新干线什么的哈？

Ｃ＝对，**那也麻烦吧！**

上記の⑥～⑧の中で、“那”が文の「主題」となっている部分をまとめると、以下のようになります。

⑥　那**是**录音室吧。　　　　＝“是”を用いた名詞述語文の「主題」

⑦　那对自己**没有**什么长进呀。＝動詞述語文の「主題」

⑧　那也**麻烦**吧！　　　　　＝形容詞述語文の「主題」

上記の例の⑥～⑧の例は文脈指示の例です。ここでは現場指示の例を挙げませんが、現場指示の場合も文脈指示の場合と同様のことが言えます。つまり、“那”が文の「主題」となることができるのも、決して“是”を用いた名詞述語文の表現の場合だけでなく、述語が動詞の場合も形容詞の場合もあるということです。

さらに、“这”と“那”は、本書で言う「大主題述部文」[50]の「大主題」として表現することも可能です。たとえば下記の⑨は現場指示の例です。⑨-1 は自分のすぐ近くにあるものを指して、⑨-2 は自分から離れた場所

50　本書「[2] 2　中国語の基本文型」において、解説しています。参照して下さい。

にあるものを指して表現しています。

⑨-1 这我很喜欢。

⑨-2 那我很喜欢。

また、下記の⑩は文脈指示の例です。文脈の中で、ある事柄について説明を聞き、その直後にその説明の内容を“这／那”で受け、その説明の内容に対して⑩のように表現することが可能です。

⑩-1 这我完全无法理解。

⑩-2 那我完全无法理解。

以上見てきたように、“这”と“那”は、“是”を用いた名詞述語文の場合だけでなく、動詞述語文と形容詞述語文、さらには大主題述部文のすべての場合において、文の「主題」となることができます。しかし、“这”と“那”が文の「主題」になる時には、何らかの制約があるかも知れません。今後はそれについて分析、研究することが必要で、これが残された課題です。

2-3-2 “这”と“那”が文の「主題」となることができる理由

以上、“这”と“那”が文の「主題」となっている例を見てきました。では、“这”と“那”はなぜ、文の「主題」となることができるのでしょうか。理由は、以下の通りです。

そもそも中国語の文頭には、「既知の情報」が表現されるという原則がありました[51]。上記の例①～⑩で見た通り、文頭で“这／那”と表現する場合には、話し手の眼前に“这／那”が受け取るものが現実にある（「現場指示」）か、あるいは文脈の中で“这／那”と表現される直前に“这／那”が受け取る内容が表現されて（「文脈指示」）います。したがって、“这”と“那”の指示の対象は、非常に明確な「既知の情報」として話し手と聞

---

51 「[2] 3 情報伝達構造から見た「中国語の文の語順三原則」」の中の「原則 2：中国語の文の「主題」部分の条件＝「既知の情報」」のことです。

き手に示されており、その結果、中国語においては、指示詞の形態的な核の部分である“这／那”だけで、受け皿としては十分だということです。

2-3-3 “这”と“那”が文の「主題」になる場合の相違

では、“这”が文の「主題」になる場合と、“那”が文の「主題」になる場合の違いは何でしょうか。次にこのことを解説していきます。

やはりその相違の根底には、「“这”＝話し手にとって近」、「“那”＝話し手にとって遠」という違いがあります。

「現場指示」の場合には、話し手のすぐ近くにあるものを指す場合には“这”で、話し手から遠くにあるものを指す場合には“那”で指示します。

では「文脈指示」の場合はどうでしょうか。“这”で指示した場合も“那”で指示した場合も、“这”と“那”が受け取る内容は、文脈の中で“这”と“那”と表現される直前に表現されます。しかし、「“这”＝話し手にとって近」というのが本来の指示の範囲ですから、“这”は話し手にとって心理的に近いものをさします。その結果、“这”が「主題」である「文脈指示」の文は、文全体が話し手寄りの個別の事案に対する陳述となります。これに対して、“那”は「“那”＝話し手にとって遠」というのが本来の指示の範囲ですから、“那”は話し手にとって心理的に遠いものを指します。そしてその結果、“那”が「主題」である「文脈指示」の文は、単に話し手にとって心理的に遠い事柄という陳述にとどまらず、話し手が客観的視点から見た陳述となる場合もあり、さらには、一般論的陳述となる場合もあります。例の⑥や⑧などがそれです。もう一度、それぞれ上記の例で確認してください。

1. “这／那／哪”は、指示詞の形態的な核の部分。
2. “这／那”は、中国語の４つの文型すべてにおいて文の「主題」の位置に表現できる。
3. “这／那”が「現場指示の主題」
　＝“这”は話し手の近くの人や物を指す。
　“那”は話し手から遠い人や物を指す。
4. “这／那”が「文脈指示の主題」
　＝“这／那”と表現される直前に“这／那”が受け取る内容が表現されている。
　“这”：話し手にとって心理的に近いものを指す。⇒その結果、文全体は話し手寄りの個別の事案に対する陳述となる。
　“那”：話し手にとって心理的に遠いものを指す。⇒その結果、文全体が客観的視点による陳述や、一般論的な陳述となる場合がある。

2-4 “这／那／哪”にはなぜ量詞が必要か

文頭の「主題」の位置においては、“这／那”だけ表現すれば大丈夫でした。しかし、その他の位置、たとえば動詞の目的語の位置などにおいては、量詞を伴わなければなりません。それはなぜでしょうか。それは、**“这／那”は、指示詞の形態的な核の部分でしかないから**です。つまり、文頭の「主題」の位置以外は、指示詞は指示詞の形態的な核の部分だけでは不十分で、より具体的に表現しなければならないということです。

本書の最後の「［5］その他」の「6-2　量詞」で述べているように、量詞は、漢字の同音異義による誤解を避けるための方策として生まれました。量詞は名詞をグループ分けした、そのグループに共通の数え方です。そして「数詞＋量詞＋名詞」という語順で表現されます。つまり、量詞が表現されることによって、さらにその後ろで表現されるものが名詞であることが確定しているということです。したがって、“这／那”という指示詞の形態的な核の部分の後ろに量詞を表現すれば、さらにその後ろには必ず名詞が来ると認知されているということです。つまり「“这／那”＋量詞」は非常に具体性をもった表現だと言うことができ、そこで**“这／那”に量詞を付加して表現することで、何を指しているのか具体的に表現できる**というわけです。

また“哪”は、指示詞の形態的な核の部分である“哪”だけでは文の主題となることはできません。なぜなら、“哪”は疑問詞で、文頭に置かれた場合、“这”や“那”のように具体的に何かの指示対象の受け皿として機能しているわけではないからです。したがって、“哪”の場合には、文頭においても、さらに文中のその他のすべての位置においても、量詞を伴った具体的な表現が求められます。

2-5　“这本书”と「この本」

中国語では「“这／那／哪”＋数詞＋量詞＋名詞」と表現しますが、数詞が“一”の場合には、数詞の“一”を省略することができます。しかし量詞は表現する必要があります。一方、日本語では、「コノ／ソノ／アノ／ドノ」の表現において数詞の“一”が省略された場合、たとえば「この1冊の本」のような場合には、「1冊の」の部分（数詞“一”＋類別詞（＝量詞)[52]は表現しません。たとえば、“这**本**书”は日本語では「この本」、“那**个**点心”は「あのお菓子」と表現するように、日本語では「数詞“一”＋類別詞」は省略します。もちろん本が2冊であったり、お菓子が3個の場合には、日本語も「この2冊の本」、「あの3個のお菓子」というように、数詞だけでなく類別詞の部分も当然表現します。あくまで数詞の“一”が省略されている場合についてですが、日本語母語話者の中国語初学者は、「この本」を“这书”、「あのお菓子」を“那点心”というように、中国語で表現する場合に量詞を表現しないことがよくあります。このように、数詞の“一”が省略される場合に日本語では類別詞は表現しませんが、中国語では指示

52　「量詞（“量词”)」というのは中国語です。これは日本語にはない語彙で、日本語では「類別詞」と言います。そこで、日本語について説明する際には、「類別詞」を用いています。

詞の後ろで量詞を表現する必要があることを説明する必要があります。

しかしその場合、「「この本」は中国語では“这书”とは言わず、必ず量詞が必要で、“这**本**书”と言います。「あのお菓子」は中国語では“那点心”とは言わず、必ず量詞が必要で、“那**个**点心”です。」という説明の仕方は、十分とは言えません。そしてこのような説明では学習者に定着しません。ではどのような説明が必要なのでしょうか。

これまで何度も述べてきたように、**中国語の“这／那／哪”は中国語の指示詞の形態的な核の部分**です。それと同様に**日本語の場合には、「コ／ソ／ア／ド」が指示詞の形態的な核の部分**なのです。したがって、授業中での説明としては、「日本語では「コ本」や「アお菓子」とは言わないのと同じように、中国語でも“这书”や“那点心”は言いません。」というのが正しい説明なのです。つまり「“这／那／哪”≠コノ／ソノ／アノ／ドノ」であって、「“这／那／哪”＝コ／ソ／ア／ド」なのです。教師としては、まずこの点を押えておくことが重要です。そしてさらに、このように説明すれば、日本語母語話者は“这书”や“那点心”という表現をしなくなるのではないかと思います。

では、なぜ日本では「この本／その本／あの本」と言うように、類別詞を表現しなくてもよいのでしょうか。

日本語の「コノ／ソノ／アノ／ドノ」の「ノ」は格助詞で、指示詞の核である「コ／ソ／ア／ド」に格助詞の「ノ」を付加してできたのが「コノ／ソノ／アノ／ドノ」です。そして「コノ／ソノ／アノ／ドノ」は「連体詞」と呼ばれ、この形態にすることによって、後続の名詞を修飾する機能、つまり連体修飾機能を果たすことができるのです。換言すれば、連体修飾機能を果たすために、指示詞の核である「コ／ソ／ア／ド」に格助詞の「ノ」を付加して、「コノ／ソノ／アノ／ドノ」という連体詞にする、ということです。したがって、日本語では、数詞の“一”を省略した場合に「この本」や「あのお菓子」と表現することができる、ということです。もっと分かりやすく言えば、日本語においては、「こ**の**本」の「の」と、「私**の**本」の「の」は同じものだということです。

一方中国語では、連体修飾のマーカーである構造助詞の“的”を用いて“我**的**书”とは表現しますが、“这的书”や“那的点心”などとは表現しません。それは、日本語の格助詞の「の」と中国語の構造助詞の“的”は同じではない[53]からです。

中国語では指示詞を用いた場合、先にも述べたように、「“这／那／哪”＋数詞＋量詞＋名詞」のかたちと語順で名詞句を作ります。そして数詞の“一”を省略した場合、“这**本**书”“那**个**点心”と言うように、指示詞の形態的な核の部分である“这／那／哪”に量詞を残して表現して、初めてその後ろの名詞を修飾できるということです。

日本語 ＝ 「コ／ソ／ア／ド」+「ノ」＋名詞
＝ 「この本」、「あのお菓子」
中国語 ＝ 「这／那／哪」 ＋量詞＋名詞
＝ “这本书”“那个点心”

このような日本語と中国語の指示詞の相違を説明すれば、日本語母語話者の学習者が、“这书”や“那点心”という誤用表現をしなくなると思います。

以上、中国語の指示詞についてまとめると、以下のようになります。

1. 基本的な表現の仕方と語順＝「“这／那／哪”＋数詞＋量詞＋名詞」。
・文頭の「主題」の場合には、“这／那”という表現が可能。
・ただし、文頭でも「“这／那／哪”（＋数詞）＋量詞（＋名詞）」の表現も可能。
2. 数詞の“一”を省略した場合でも量詞を表現する。
3. 名詞を省略しても、“这个”“那本”のように、必ず量詞を表現する。
4. “哪”については、文中のすべての位置において、“哪个”のように、量詞を伴って表現する。

53 これについては3-2で詳述しています。参照して下さい。

ちなみに、2-3-1で取り上げた表現例を詳細に確認してくださった方はお気づきだと思いますが、例の③の言語資料の中には、下記のような発話があります。

ア．那孩子吧，特别矮…

イ．她妈妈还让她去跳舞，参加那跳舞训练班。

ここでは文頭にも、さらに目的語としても「“那”＋名詞」という形式が表現されています。これはなぜでしょうか。この表現例は、こういう表現が可能な場合があるということを示唆しています。しかし、「“这／那”＋名詞」という表現と「“这个／那个”＋名詞」という表現は、その含意するところが異なっていると捉えるべきです。そしてさらに両方の表現が成立する場合と、一方だけが成立する場合があるはずです。それはどういう場合であるのか、これも中国語の指示詞の解明として残された今後の研究課題です。しかし、初学者には、上記で述べてきたような説明をするのが妥当だと考えます。

2-6　英語の指示詞“this ／ that”との比較

さらに英語の指示詞の“this ／ that”と比較してみるのも面白いと思います。

日本語では「この2冊の本」という表現が可能で､中国語も“这两本书”と表現します。しかし英語では“this ／ that two books”という表現は成立しません。必ず“these ／ those two books”と表現しなければなりません。このことは何を意味しているのでしょうか。それは英語の“this ／ that”は単数を含意しており、“these ／ those”は複数を含意しているということです。しかし、日本語の「コノ／ソノ／アノ／ドノ」や「コレ／ソレ／アレ／ドレ」は単数、複数という概念を含意しておらず、中国語の“这／那／哪”も単数、複数という概念を含意していません。このような説明も重要だと思います。

ちなみに、中国語には“这些”という表現があります。これは「“这”＋“一”＋“些”」の“一”が省略された表現で、日本語で「これら」と表現することが可能です。しかし日本語では「これらの２冊の本」という表現は可能ですが、中国語では“这些两本书”という表現は成立しません。なぜなら、“些”はそれ自身が「不定の数や量」を表す量詞だからです“些”という量詞を用いて「不定の数や量」を表しておきながら､その直後に“两本”というような「数詞＋量詞」の表現はできないということです。また“这两些本书”という表現も成立しません。“些”の前には数詞の“一”しか表現されず、“一些”という表現しかありません。したがって、中国語では“这（一）些书”というように、明確な数を表現しない表現となります。

“这些／那些／哪些”を“这个／那个／哪个”の複数形のように説明しているテキストや解説書がありますが、このような説明の仕方は正確ではありません。“些”は確かに複数を含意していますが､“这些／那些／哪些”は“这个／那个／哪个”の複数形ではありません。“些”はそれ自身が「不定の数や量」を表す量詞で、“些”の直前に置かれる数詞は“一”だけであるという説明が必要です。

上記で解説した英語と日本語と中国語の指示詞の相違をまとめると、下記のようになります。

英語　：	this book	these two books	these books
日本語：	この本	この２冊の本／これらの２冊の本	これらの本
中国語：	这本书	这两本书	这些书

英語の“this（these）／that（those）”は、さらにそれだけで代名詞として機能することも可能です。日本語では指示詞が代名詞として機能するには、「コレ／ソレ／アレ／ドレ」というように、「(コ／ソ／ア／ド)＋(レ)」という形態にしなければなりません。一方中国語はというと、文頭以外では“这个／那个／哪个”のように、“这／那／哪”という指示詞の形態的な核の部分に量詞を付加しなければ、代名詞化することはできません。

	英語	日本語	中国語
ア-1	**This** is mine.	コレは私のです。	**这**（个）是我的。
イ-1	**That** is mine.	アレは私のです。	**那**（个）是我的。
ウ-1	Which is yours?	ドレがあなたのですか。	**哪个**是你的？
ア-2	May I eat **this**?	私はコレを食べてもいいですか。	我可以吃**这个**吗？
イ-2	May I eat **that**?	私はアレを食べてもいいですか。	我可以吃**那个**吗？
ウ-2	Which one do you eat?	あなたはドレを食べますか？	你吃**哪个**？

学習者はすでに英語を学習していますから、このような相違を説明するのも、学習者の知的好奇心を刺激する素材となるでしょう。

2-7　中国語指示詞のバリエーション

中国語の指示詞はバリエーションが豊富です。それをまとめた次頁の表を、テキスト『会話編』も『講読編』も、テキストの最後の「補充」に載せておきました。

指示詞（这、那、哪）のまとめ

<table>
<tr><th></th><th colspan="2"></th><th>“这”系</th><th>“那”系</th><th colspan="2">“哪”系</th></tr>
<tr><td rowspan="3">事物</td><td colspan="2">連体修飾語</td><td>这个 zhège
この（その）</td><td>那个 nàge
（その）あの</td><td rowspan="3">哪个 nǎge</td><td>どの</td></tr>
<tr><td rowspan="2">代名詞</td><td>主題</td><td>这（个）zhè(ge)
これ（それ）</td><td>那（个）nà(ge)
（それ）あれ</td><td rowspan="2">どれ</td></tr>
<tr><td>その他</td><td>这个 zhège
これ（それ）</td><td>那个 nàge
（それ）あれ</td></tr>
<tr><td>場所</td><td colspan="2">代名詞</td><td>这儿 zhèr,
这里 zhèli
ここ（そこ）</td><td>那儿 nàr,
那里 nàli
（そこ）あそこ</td><td colspan="2">哪儿 nǎr,
哪里 nǎli
どこ</td></tr>
<tr><td>方角</td><td colspan="2">代名詞</td><td>这边 zhèbian
こちら（そちら）</td><td>那边 nàbian
（そちら）あちら</td><td colspan="2">哪边 nǎbian
どちら</td></tr>
<tr><td rowspan="2">状態</td><td colspan="2">代名詞</td><td>这样 zhèyàng
このようだ
（そのようだ）</td><td>那样 nàyàng
（そのようだ）
あのようだ</td><td colspan="2">哪样 nǎyàng
どのようか</td></tr>
<tr><td colspan="2">連用修飾語</td><td>このように
（そのように）</td><td>（そのように）
あのように</td><td colspan="2">どのように</td></tr>
<tr><td>程度</td><td colspan="2">連用修飾語</td><td>这么 zhème
こんなに
（そんなに）</td><td>那么 nàme
（そんなに）
あんなに</td><td colspan="2">——</td></tr>
</table>

この表の中の“这么”と“那么”を例に、下記の例文で、“这”系と“那”系における話し手の心理的な遠近の相違を比べてみます。

①　甲：明天几点出发？

　　乙：早晨五点。

　　甲：a. **这么**早啊！

　　　　b. **那么**早啊！

①の場合、a、b どちらの場合でも日本語では「そんなに早いの！」というように、「ソ（系)」の表現となります。しかし中国語では、a の“这

么早啊！”の場合には、心理的に自分に近い事柄と捉えている発話なので、話し手自身も明日の朝５時に出発するわけです。一方ｂの“那么早啊！”は、心理的に自分から遠いことがらと捉えている発話ですから、話し手自身が明日の朝５時に出発するわけではありません。

さらに次の②と③を比べてみましょう。

② “名古屋没有北京**这么**冷！”

③ “名古屋没有北京**那么**冷！”

②も③も日本語では「名古屋は北京ほど寒くない。」となります。しかし②は「北京がこんなに寒いほどではない」と言っているので、この発話は北京でなされていることがわかります。一方③は「北京があんなに寒いほどではない」と言っているので、この発話は北京以外のところでなされていることが分かります。これが、中国語の“这”系と“那”系の基本的な区別です。

この他、最近見た中国のテレビドラマ（《新上海滩》）の中で、ある男性が自分の目の前にいる若い女性に対して、**“你那么可爱**、他怎么会不爱你呢！”と言っていました。目の前にいる女性に対して、“你这么可爱”ではなく、“你那么可爱”と表現することで、その女性に対する心理的距離の遠さを表しています。そして“你”に対する心理的距離の遠さを表現することによって、そこには客観的な視点が生まれ、それによって、“你这么可爱”と表現するよりも“你”の可愛さが増した表現となっています。

また、場所を表す表現としては、“这儿”“那儿”“哪儿”と“这里”“那里”“哪里”があります。上記の表の中にも両方書いています。“这里”“那里”“哪里”は特に南方でも用いられる表現ですが、もう一つ大切なことは、両者は全く同じ意味であるというわけではないということです。なぜなら、“里”はもともと「～の中／～の奥」という意味ですから、“这里”“那里”“哪里”の方が“这儿”“那儿”“哪儿”より、表す意味範疇が狭いということになります。したがって、“这儿”“那儿”“哪儿”と表現された部分を“这里”“那里”“哪里”と置き換えることはできますが、その逆はできません。しかし置き換えた場合には、表現される意味は同じではありません。このようなことも押えておく必要があるでしょう。

どちらにしても、中国語の指示詞はまだまだ問題山積の項目です。

3. 構造助詞の“的”と“地”

（『会話編』“的”は第１課と第11課、“地”は第18課
『講読編』“的”は第１課と第10課、“地”は第16課）

3-1　構造助詞とは何か

中国語の文法の世界で通常「構造助詞」と呼んでいるものには、下記の3つがあります。

①　連体修飾のマーカーの“的”

②　連用修飾のマーカーの“地”

③　補語（様態補語と可能補語の肯定形）のマーカーの“得”

①と②は、修飾語と被修飾語という文法関係を表すマーカーで、①は連体修飾のマーカー、②は連用修飾のマーカーです。しかし③は、明らかに①や②と文法関係が異なります。

ここでは、①の連体修飾のマーカーである“的”と、②の連用修飾のマーカーである“地”について見ていき、③については、補語の項目「13. 補語」で解説していきます。

①と②は両者ともに、<u>「修飾成分＋被修飾成分」</u>という語順です。これらは「[2] 3. 情報伝達構造から見た「中国語の文の語順三原則」」の「原則3」で説明した項目です。そこにも書きましたが、これらは日本語と同じ語順なので、学習者にも分かりやすいはずです。しかし日本人学習者は外国語としてすでに英語を学んでいるので、英語の語順で考えてしまいがちです。教える側はこのことを覚えておく必要があります。

3-2 構造助詞の“的”

入門段階の最初に出てくる構造助詞の“的”のほとんどは「名詞＋“的”＋名詞」という形式です。この場合、日本語ではほとんどの場合、“的”の部分を「の」で置き換えた表現になります。これに対して、ご丁寧に、「“的”：の」という説明書きをしている入門テキストがほとんどです。その結果、学習者は「中国語の“的”＝日本語の「の」」とインプットしてしまいがちです。なぜこのような罪作りなことを書くのでしょうか。

日本語で「名詞＋「の」＋名詞」という形式を取る場合の「の」は、格助詞と呼ばれているものです。日本語の格助詞の「の」は「名詞＋「の」＋名詞」という形式しかありません。しかし中国語の構造助詞の“的”は「名詞＋“的”＋名詞」という形式のものだけではありません。“的”は連体修飾の印、つまり“的”の後ろには名詞が置かれるという印であって、“的”の前にはさまざまな要素が表現されます。しかも“的”の前が名詞でない場合、“的”は日本語で「の」と訳出されることはありません。

現在、日本における中国語教育は、大学であれ、高校であれ、とにかく「簡単に」という方向へ流れています。そのために、多くの入門テキストには、「“的”:の」と書かれています。しかしこれは正しくありません。「簡単に」説明することが重要なことであるということは否定しません。しかし、「簡単に」説明するために、正しくない説明をするというのは間違っていると思います。

入門段階でのこのような間違ったインプットは、何としても避けなければなりません。そうでないと、初級段階での少し複雑な文が理解できなくなります。入門段階から、学習者には「**中国語の構造助詞の“的”≠日本語の格助詞の「の」**」ということをしっかりとインプットする必要があります。そのためには、次のように示す必要があります。

連体修飾成分 ＋ “的” ＋ **名詞的成分**
（修飾成分）　　　　　　　（被修飾成分）

名詞の意味を限定・説明する成分

これについては，以下の２点を押えておくことが必要です。

(1) 中国語の構造助詞“的”は日本語の格助詞「の」と同じでない。

中国語の“的”を日本語の「の」と表現することが可能なのは、「名詞＋“的”＋名詞」という場合だけだということを、しつこく説明する必要があります。テキスト『会話編』では第 11 課で、『講読編』では第 10 課で、“的”の前が名詞でない例が出てきます。

下記の例は、中国語の構造助詞の“的”の前が名詞ではない例です。

ア. 很 好 **的** 学生 「良い学生」
副詞＋形容詞

イ. 昨天 买 **的** 那本书 「きのう買ったあの本」
名詞＋動詞

このように、中国語の構造助詞の“的”の前にはいろいろな成分が置かれ、単語の場合も句の場合も節の場合も文の場合もあります。日本語で表現する場合には、“**我的**书”のように、「名詞＋“**的**”＋名詞」の場合にのみ、「**私の**本」というように「の」が必要となるのであって、その他の場合には「の」は必要ないのです。このことを**入門の段階からきちんと押えておく**必要があります。

1. 中国語の構造助詞の“的”
＝“的”の前の成分が“的”の後ろの名詞的成分を修飾（限定・説明）する連体修飾成分であることを示す印。
＝日本語の格助詞の「の」と同じではない。
2. “的”の前の成分＝名詞だけではなく、さまざまな成分が置かれる。

(2)「名詞＋“的”＋名詞」と「名詞＋名詞」の場合がある

たとえば日本語で「日本人の留学生」と言う場合、中国語では“日本留学生”と表現します。これは“日本”と“留学生”と意味的な結びつきが強いためです。その他、「中国の映画」は“中国电影”、「中国語の新聞」も“中文报”といいます。

次に“我们（的）学校／公司”や“我（的）父亲／母亲”について、見てみます。

① “我们（的）学校／公司”＝所属関係

② “我（的）父亲／母亲” ＝親族関係

所属関係や親族関係を表す場合には“的”のある表現とない表現が可能です。しかし両者は異なります。“的”が表現されている場合、①については“我们”が取り立てられて「他の会社ではなく、我々の会社」というニュアンスが、②については“我”が取り立てられて「他の人の父親ではなく、私の父親」というニュアンスになります。

また、余談ですが、“我们（的）学校／公司”という表現は、日本語と対比すると、実はとても興味深い表現です。日本社会には「ウチとソト」という文化があります。日本語では、自分が所属する組織については「うちの会社」や「うちの学校」という言い方があります。自分が所属している組織に対する帰属意識が強いと、日本人は必ずこういう表現を用います。これに対して中国語を見てみると、「私の会社」や「私の学校」という表現ではなく、必ず複数形の“我们（的）公司”や“我们（的）学校”という表現になります。中国語には日本語の「うちの会社」の「うち」に相当する語彙がありません。そういう語彙がないということは、日本のような「ウチとソト」の文化がないということです。これもまた、言語は文化と表裏一体であることの傍証となります。

3-3 構造助詞の“地”

構造助詞の“地”は連用修飾を示しています。

連用修飾成分 ＋ “地” ＋ **動詞**

（修飾成分）　　　　　　　　（被修飾成分）

動詞の状況を説明する成分

下記の例は、それぞれテキスト『会話編』第 18 課本文と、『講読編』第 16 課本文で出ている例です。

『会話編』の例： 你们 总是 那么热情 **地** 帮助 我们。
(連用修飾成分)(動詞)

『講読編』の例： 服务员 抱歉 **地** 对 我 说：“对不起，…。”
(連用修飾成分) (動詞)

連体修飾のマーカーである“的”と、連用修飾のマーカーである“地”は音が同じです。しかし被修飾成分の違いにより、漢字が異なります。

修飾成分＋“**的**”＋被修飾成分（＝**名詞**）
修飾成分＋“**地**”＋被修飾成分（＝**動詞**）

中国語は、日本語と同様に、「修飾語は被修飾語の前に置く」ということ、そして**「被修飾成分の違いによってマーカーである漢字が異なる」**ということを、学習者にきちんと説明することが重要です。

4. 名詞述語文（『会話編』第 1 課と第 5 課、『講読編』第 1 課と第 5 課）

テキスト『会話編』と『講読編』における中国語の文の捉え方については、本書の「Ⅲ. 表現部」の「[2] 2. 中国語の基本文型」のところで詳述しました。そして 2-3 において“A 是 B。”について解説しました。もう一度お読みください。

名詞述語文については、両テキストともに第 1 課と第 5 課で扱っています。それぞれ第 1 課で、「“是”を伴う名詞述語文」を、第 5 課で「“是”を用いなくてもよい名詞述語文」を取り上げています。

5. 疑問文

ここでは語気助詞“吗”の疑問文、反復疑問文、疑問詞疑問文について見ていきます。

5-1 “吗”の疑問文（『会話編』第 1 課、『講読編』第 1 課）

“吗”は語気助詞です。テキスト『会話編』と『講読編』で取り上げている語気助詞の全体像については、後述の「8．語気助詞」でまとめて詳述しています。参照して下さい。ここでは“吗”疑問文の特徴を解説していきます。

上記の 3-2 においても述べたように、現在、日本の学校における中国語教育は、とにかく「簡単に」という方向へ流れています。そのために、多くの入門テキストには、「“吗”は日本語の「～か？」に相当する」とか、「疑問を表す“吗”ma「～か」」などと書かれています。しかしこれは正しくありません。繰り返しになりますが、「簡単に」、そして「分かりやすく」説明することが重要なことであるということは否定しません。しかし、そのために正しくない説明をしてはいけないと思います。

日本語の終助詞「か」は、疑問を表す際、真偽疑問文（Yes-No question）にも、疑問詞疑問文にも、選択疑問文にも使用されます。

真偽疑問文　：あなたは学生です**か**。
疑問詞疑問文：あなたは何が食べたいです**か**。
選択疑問文　：あなたはこれが好きです**か**、それともあれが好きです**か**。

しかし中国語の語気助詞“吗”は真偽疑問文にしか使用されません。

真偽疑問文　：你是学生**吗**？
疑問詞疑問文：你想吃什么？
選択疑問文　：你喜欢这个，还是喜欢那个？

入門の最初の段階から、日本語の疑問文と中国語の疑問文の相違を、正確に説明することが重要です。最初の段階で「“吗”＝か」と教えると、中国語の反復疑問文、疑問詞疑問文、そして選択疑問文が出てきたその都度、「文末に“吗”はいらない」などと説明したり、テキストに注を付けることになります。「“吗”＝か」と教えるより、最初の段階で次のように説明した方が、学習者は混乱しませんし、母語である日本語を内省させることにもなります。

> 1. **中国語の文末の“吗”は日本語の「か」と同じではない。**
> 2. 日本語の終助詞の「か」はすべての疑問文に用いることができるが、**中国語の語気助詞の“吗”は真偽疑問文**（Yes-No question）**に だけ用いる。**

5-2 反復疑問文（『会話編』第 1 課、『講読編』第 1 課）

この疑問文については、まず初めにその形式について、「述部の“是”、述語形容詞、述語動詞の肯定形と否定形を並べて表現する」という特徴を説明する必要があります。

次にもう 1 つ、否定を表す“不”や“没”の部分が軽声になることを説明する必要があります。その結果、音声的に、下記の例の太字の部分がひとまとまりで発音されます。この説明は重要です。

① 你　**是不是**（shìbushì）学生？
② 你身体　**好不好**（hǎobuhǎo）？
③ 你　**去不去**（qùbuqù）东京？

5-3 “吗”の疑問文と反復疑問文の相違

では、文末に“吗”を伴う疑問文と反復疑問文の疑問の意味の違いは何でしょうか。これが明確に説明されている中国語テキストや文法解説書は多くありません。「反復疑問文は文末に“吗”を伴う疑問文とだいたい同じ意味」と書かれている学習参考書すらあります。

話し手が聞き手に疑問を投げかけるものとして、両者がだいたい同じ意味なら、2つの全く異なる形式が必要でしょうか。必ず**「形が違えば、意味は異なる」**はずです。

両者の形式の相違だけでなく、疑問の意味の相違が明確に書かれているテキストに、木村、宮本2014aがあります。そこでは、“吗”を用いる疑問文を「当否疑問文」と呼び、「事柄の真偽を尋ねる疑問文」と書かれています（p.18）。また反復疑問文を「正反疑問文」と呼び、「事柄の成否を問う疑問文」と書かれています（p.135）。

このような説明は、学習者にも教える側の教師にとっても、とても難しいのではないでしょうか。しかし、このような入門段階のほぼ最初に出てくる文法項目についてすら、詳細な分析や研究がなされておらず、確実な教授法が示されていないというのが現実です。

ここで、両者の相違をもう少し分かりやすく説明できるように、考えてみたいと思います。

まず、“吗”を用いた疑問文から考えてみたいと思います。“吗”は語気助詞です。語気助詞は大きく分けて「対人的語気助詞」と「対事的語気助詞」の2つがあります（「8．語気助詞」に詳述していますので、参照してください）。“吗”はこのうちの「対人的語気助詞」です。したがって、“吗”が真偽を問うている内容に対する真偽の判断を、聞き手に100パーセント委ねているということができます。

これに対して反復疑問文は、その形式から、たとえば5-2の①～③の例で言えば、①は“你”は“是学生”か“不是学生”か、②は“你身体”は“好”か“不好”か、③は“你”は“去东京”か“不去东京”か、それぞれそのどちらであるのかを問うています。つまり話し手は聞き手に対して二者択一の問を投げかけている、ということです。

1. “吗”を伴う疑問文＝文全体の内容に対する真偽の判断を、聞き手に100パーセント委ねている疑問文
2. 反復疑問文＝述部に対する成否の二者択一の判断を、聞き手に委ねる疑問文

このような両者の違いにより、使用される場面や状況によって、両者のニュアンスは大きく異なります。相原 2016（p.106）では「尋ねている事柄に対して事実らしいとか実現しそうだと質問者が考えているときには、“吗”を伴う疑問文を使う」と説明されています。また、杉村 1994（p.48）には「反復疑問文はしばしばはっきりした答えを要求する」などと記述されています。これらは、具体的に使用する場面によって“吗”を伴う疑問文と反復疑問文のどちらが好まれるのかということを言っているのですが、なぜそうなのか、ということは書かれていません。その理由は、上述した両者の相違によると言うことができます。

また、上記の 5-2 で①～③の例を挙げた際に、「否定を表す“不”や“没”の部分が軽声になる」と説明しました。しかし実際には、“不”や“没”の後ろの部分まで軽声になる場合もあります。たとえば、下記の④、⑤がその典型的な例で、太字の部分が軽声となります。

④　是**不是**？（“不是”が軽声→ shìbushi？）

⑤　对**不对**？（“不对”が軽声→ duìbudui？）

話し手がこのように表現する場合は、話し手は必ず、④においては“是”という返答を、⑤においては“对”という返答を、聞き手が返すはずだと思っています。あるいは話し手は聞き手のそういう返答を期待しています。

このように、上述した両者の相違により、具体的に使用する場面によって、“吗”を伴う疑問文と反復疑問文は明確に使い分けられています。したがって、両者の質問の意図の相違を、学習者には明確に説明する必要があります。しかし、日本語で表現する際には、両者の相違を明確に表現することはできません。このことも説明する必要があります。

5-4　疑問詞疑問文（『会話編』第 2 課、第 3 課、第 7 課
『講読編』第 2 課、第 7 課、第 8 課）

「疑問詞疑問文」とは、疑問詞の部分の答えを求める疑問文のことを言います。

中国語の疑問詞疑問文としては、たとえば以下のようなものがあります。

① A：你想吃**什么**？　　　B：我想吃饺子。
② A：他是**谁**？　　　　　B：他是我父亲。
③ A：你住在**哪儿**？　　　B：我住在名古屋。
④ A：你要**几个**？　　　　B：我要三个。
⑤ A：你**什么时候**出发？　B：我下午三点出发。
⑥ A：他**为什么**不来？　　B：他感冒了。

①～⑥のAの特徴は、平叙文Bの答えてほしいところを疑問詞に置き換えているということです。

①～⑥の疑問文を英語で表現すると、以下のようになります。

(1) A：**What** do you want to eat?　B：I want to eat Gyoza.
(2) A：**Who** is he?　B：He is my father
(3) A：**Where** do you live?　B：I live in Nagoya.
(4) A：**How many** do you want?　B：I want three.
(5) A：**When** will he leave?　B：He leaves 3 o'clock in the afternoon.
(6) A：**Why** isn't he coming?　B：Because he caught a cold.

英語の疑問詞疑問文の特徴は、疑問詞を文頭に置くということです。

中国語の疑問詞疑問文の表現の特徴は、以下の通りです。

中国語の疑問詞疑問文＝平叙文の中で、相手に答えてほしい部分を疑問詞に置き換えるだけ。

中国語の疑問詞疑問文の表現は英語のような語順変化は一切ありません。さらに文末に語気助詞の“吗”を伴うこともありません。非常にシンプルです。

しかし、日本人学習者はすでに英語を学んでいますから、「外国語＝英語」という意識を知らず知らずのうちに持っています。さらに、私の中国語教育の経験からですが、英語を得意としている学生ほどこの傾向が強く、中国語を学ぶ際にも、知らず知らずのうちに英語の文法に引きずられているように感じます。

ちょっと余談ですが、私は 15 年ほど前に、いわゆる偏差値の高い某有名大学で非常勤をしていた時に、こんな経験をしたことがあります。1 年次の前期の 30 名ほどのクラスでの話です。その大学では、当時、授業の出席状況を成績に反映するということをしていませんでした。授業の出席状況が成績に反映されないことを知ると、30 名ほどのクラスの中の 10 名ほどの学生が、4 回目の授業から最後の授業まで欠席しました。そして彼らは全員、前期の試験に参加しました。私は前期試験に 20 題の日本語中国語訳という試験問題を出したのですが、10 回以上続けて欠席した学生たちの答案に驚きました。その答案は、たとえば「私は毎日図書館で中国語を勉強します。」は“我学习汉语在图书馆每天。”だったのです。つまり、英語で表現した文（I study Chinese at the library everyday.）の単語をそれぞれ中国語の単語に置き換えたような答案だったのです。20 題の問に対する答えが、すべてこのようなものでした。それはまさに、「英語の語順」で、とにかく漢字で書けば中国語になる、という認識に他なりません。私は当然、彼ら全員を不合格にしました。しかしさらに驚いたのは、不合格になったこれらの学生が、全員、私の本務校の研究室に、抗議の電話をしてきたことでした。「不合格に納得がいきません。なぜですか？」という抗議の電話です。そこで私は 20 題の模範解答と、なぜ不合格であるのかという理由を細かく書いた手紙を、その一人一人に用意し、渡しました。この後、抗議の電話はありませんでした。

これは 15 年ほど前の話です。しかし最近、本務校の授業中にこんな経験をしてびっくりしました。私が中国語の授業の中で、「世間では、「中国語は英語と文法が一緒だ」などとんでもないことを言う人がいますが、そういう人がいたら、「ああ、この人は中国語を勉強したことがないんだなあ」と思ってください。」という話をしました。すると、ある学生が、「私は高校で中国語を勉強しましたが、授業中に担当の先生が、中国語は英語と文法が一緒です、と言いました。」と話してくれました。世間には、「中国語は英語と文法が一緒だ」と言う人がたくさんいますが、中国語教師の中にも、まだこんな人がいたということにびっくり仰天しました。

つまり、15年経っても、世間の「中国語は英語と文法が一緒だ」という認識は変わっておらず、中国語教師にも、相変わらずこんなレベルの認識の人がいるということです。しかしこれは、「中国語は英語と同じ「SVO言語」である」とか、「「A是B。」の“是”は英語のbe動詞みたいなものだ」などという、教える側の安易な認識や説明の仕方にも大いに責任があると思っています。上で示した、中国語の疑問詞疑問文の文型と英語の疑問詞疑問文の語順の違いを見るだけでも、どうして「中国語は英語と文法が同じ」などと安易に言えるのでしょうか。Aという言語とBという言語の共通点を取り上げて説明してはいけないなどと言っているのではありません。Aという言語とBという言語の数個の共通点だけを見て、AとBの2つの言語の文法は同じであるなどといういい加減なことを言ってはいけないと言っているのです。しかも、教師が言うなど、もってのほかです。本書を読んでくださっている方々の中には、「中国語は英語と文法が一緒だ」などと認識したり、学生に説明したりされている方はいないと思いますが。教師として重要なことは、中国語と英語、日本語はどこがどう同じで、どこがどう違うのかということを、きちんと学習者に説明できるということです。

話を本題に戻します。

テキスト『会話編』、『講読編』では、巻末の「補充」で、疑問詞をまとめて載せておきました。授業ではこのまとめを活用してください。

〈疑問詞のまとめ〉

1. 谁 ………………………………………… だれ
2. 什么 ……………………………………… なに
　　什么时候 ……………………………… いつ
　　什么地方 ……………………………… どこ
　　为什么 ………………………………… なぜ
3. 哪 ………………………………………… どの、どれ
　　哪儿、哪里 …………………………… どこ

4. 怎么 …………………………………… どう
　　怎么样 ……………………………… どのよう
5. 几 ………………………………………（10 前後の数を予想して）いくつ
6. 多少 …………………………………… いくつ、どれだけ

6. 副詞

ここではいくつかの副詞（“也”、“都”、“还”、“就”、“才”、“不”、“没”）について見ていきます。

6-1　副詞とは何か

「副詞」は、形容詞や動詞の前に置いて、程度、範囲、時間、否定などを表現し、その形容詞や動詞の意味を限定したり詳述したりします。多くの副詞はそれだけで用いることはできません。つまり、「非自立語」です。

6-2　“也”（『会話編』第 2 課、『講読編』第 2 課）

“也”は、同じような事柄がほかにもあるということを表します。以下で、“也”の説明の注意点を解説していきます。

6-2-1　文脈が重要

“也”の表現を理解する上で重要なことは、「何を「同じような事柄」として意味しているかは文脈が決める」、ということです。

丸尾 2010（p.91）には、“今天我**也**去书店。”（下線、太字は筆者が加筆）という例が挙げられ、この中国語に対する日本語が、3 つ書かれています。

① 今日**も**私は本屋に行く。
② 今日私**も**本屋に行く。
③ 今日私は本屋に**も**行く。

“今天我也去书店。”という文は、「同じような事柄」として意味するこ

とのできる項目が３つあります。それは“今天”と“我”と“书店”の３つです。上記①から③の日本語訳を見て分かるように、日本語の格助詞の「も」は「同じような事柄」である名詞の後ろに置きます。したがって、日本語の「も」は、「何を同じような事柄」と言っているのか、明確です。しかし中国語の“也”は“是”あるいは動詞、形容詞の前にしか置くことができません。このことによって、“今天我也去书店。”という文は、文脈がない場合、上記①から③の日本語訳のように、３つのことを意味します。では、この３つの違いは、どういう違いによって生じるのでしょうか。

この３つの違いは“也”の「焦点」の違いによって生じます。「焦点」とは、「聞き手（読み手）にとって新しい情報で、文の中で一番重要な部分」と理解すれば分かりやすいでしょう。つまり上記の①から③の“也”の「焦点」は、それぞれ下記の下線部分です。

① “今天我也去书店。”

② “今天我也去书店。”

③ “今天我也去书店。”

そして重要なことは、**“也”がどれを「焦点」としているのかということは、その文が用いられる文脈が決める**ということです。

これを、テキスト『講読編』（第２課）の「表現のポイント」および練習問題の例で解説します（『会話編』も同様の例です）。下線部分が“也”の「焦点」です。

・我是大学生，她也是大学生。

・他是我的朋友，也是我的老师。

・我学习汉语，也学习英语。

中国語の多くの入門テキストには「“也”=「も」」という書き方がしてあります。しかし、上記の例から分かるように、中国語の“也”と日本語の「も」には大きな違いがあり、「“也”は日本語の「も」です」という説明の仕方は、不十分であるということが分かると思います。教える側はこのことを認識しておくことが必要です。そして、“也”の説明の際には、「“也”=「も」」と説明するのではなく、下記のような説明が必要です。

1. 中国語の“也”＝日本語では「も」で置き換えることが可能な場合が多い。
2. **日本語の格助詞の「も」＝「同じような事柄」である名詞の後ろに置くので、何に対して「同じような事柄」として意味しているかが分かりやすい。**
3. **中国語の“也”＝“是”あるいは動詞、形容詞の前に置くので、文中で何に対して「同じような事柄」として意味しているか分かりにくく、それは文脈が決める。**

中国語の“也”については、日本語の「も」との違いを、学習者に明確に説明することが重要です。

6-2-2　疑問文について

丸尾 2010（p.237）と相原 2016（p.62）には、それぞれ下記の例文が挙げられ、“也”を用いると、反復疑問文にできないと書かれています。しかし両者ともに、その理由は書かれていません。

（1）丸尾 2010

“你也去吗？”（○）　　“你也去不去？”（×）

（2）相原 2016

“这个苹果也甜吗？”（○）　“这个苹果也甜不甜？”（×）

“也”を用いると反復疑問文にできない理由は、“也”の「疑問の焦点」を考えてみれば明々白々です。これを上記 6-2-1 の①②③で見てみます。

① “**<u>今天</u>**我也去书店。”

② “今天**<u>我</u>**也去书店。”

③ “今天我也去**<u>书店</u>**。”

6-2-1 で解説したように、太字下線部分が“也”の「焦点」でした。これらを疑問文にした場合、この焦点の部分が“也”の「疑問の焦点」となります。つまり、①は“今天”が、②は“我”が、③は“书店”が、それぞれ疑問の焦点ということです。このことから、“也”を用いる疑問文は、述語部分については何も問うていないということが分かります。先の5-3において述べた通り、反復疑問文は「述語部分について聞き手に二者択一の成否の判断を委ねる疑問文」です。したがって、“也”を用いる疑問文は論理的に反復疑問文とは合わないということです。教える側は、ただ単に、「“也”を用いる疑問文は反復疑問文にできない」と覚えるのではなく、なぜそうなのかということを理解しておく必要があります。

上記の（1）丸尾2010と（2）相原2016の例の場合も同じです。

（1）の“你也去吗？”の場合は、もともと“你”以外の誰かが“去”であるという事柄があり、その事柄が“你”にもあるということを“也”が意味しています。したがって、“也”の「焦点」は“你”であり、また「疑問の焦点」も“你”です。（2）の“这个苹果也甜吗？”の場合は、もともと“这个苹果”以外の“苹果”が“甜”であるという事柄があり、その事柄が“这个苹果”にもあるということを“也”が意味しています。したがって、“也”の「焦点」は“这个苹果”であり、また「疑問の焦点」も“这个苹果”です。つまり（1）の場合には、述語の“去”については何も問うていないし、（2）の場合には、述語の“甜”については何も問うていないということです。このように、“也”を伴った疑問文は、述語動詞や述語形容詞については何も問うていません。したがって、聞き手に述語部分について二者択一の成否の判断を委ねる疑問文である反復疑問文を用いることができないということです。

6-3 “都”（『会話編』第3課、『講読編』第3課）

“X都～”は、“都”の前に置かれている語句（X）や、“都”の前で説明されている状況（X）について、「Xは例外なくすべて～」という意味です。

以下で、“都”の説明の注意点を挙げていきます。

6-3-1　全部否定と部分否定

“都” を用いた表現の否定は、否定詞が “都” の前に置かれる場合（“不都”）と、“都” の後ろに置かれる場合（“都不”）があります。この２つの違いは “都” の「作用域」を考えると分かりやすいと思います。「作用域」とは「意味の及ぶ範囲」と理解すれば分かりやすいでしょう。

日本において数学で用いる括弧の大きさの順序は（小)→{中}→[大］です。これを用いて「作用域」を示すと、下記の①～③の例は、以下のようになります。

①　他们都学习汉语。　⇒　他们 {**都**（学习汉语)}。
②　他们不都学习汉语。⇒　他们［不 {**都**（学习汉语)}］。：部分否定
③　他们都不学习汉语。⇒　他们［**都** {不（学习汉语)}］。：全部否定

②のように “不都” と表現されると、“不” と “都” の作用域は、「不（都～)」となり、「すべてではない」という意味になります。また③のように “都不” と表現されると、“都” と “不” の作用域は「都（不～)」となり、「すべてちがう」という意味になります。

テキスト『会話編』第３課と『講読編』第３課の「表現のポイント」あるいは練習問題で②や③を取り上げています。練習問題を行う際には、学習者が混乱しないよう、先生方は②と③の違いをきちんと説明してください。

6-3-2　疑問文について

“都” についても、丸尾 2010（p.237）と相原 2016（p.62）ではそれぞれ下記の例文を挙げて、“都” を用いると、反復疑問文にできないと述べられています。しかし両者ともに、その理由は書かれていません。

（1）丸尾 2010
“他们都是蒙古人吗？”(○)　　“他们都是不是蒙古人？”(×)

（2）相原 2016
“这些苹果都甜吗？”(○)　　“这些苹果都甜不甜？”(×)

これも“都”の作用域を考えれば説明できます。

（1）の場合、“他们都是蒙古人。”の“都”の作用域は、“是蒙古人”です。（2）の場合、“这些苹果都甜。”の“都”の作用域は、“甜”です。これを分かりやすく書くと、下記のようになります。（　）の中が“都”の作用域です。

（1）“他们都是蒙古人。”　⇒　他们　**都**　（是蒙古人）。

（2）“这些苹果都甜。”　⇒　这些苹果　**都**　（甜）。

これらを疑問文にする場合には、（　）の中全体の内容について、その真偽を問うこととなります。したがって、述語部分である（　）の中について、聞き手に二者択一の成否の判断を委ねる疑問文である反復疑問文とは、論理的に合致しません。そこで下記のように、“吗”を伴う疑問文を使用することとなります。

（1）“他们都是蒙古人吗？”　⇒　{他们　**都**　（是蒙古人）}　吗？

（2）“这些苹果都甜吗？”　⇒　{这些苹果　**都**　（甜）}　吗？

6-4 “还”（『会話編』第 14 課、『講読編』第 9 課）

“还”については、丸尾 2010（p.97）では「動作・状態の継続、変化のないことを表す。」と説明されています。また相原 2016（p.146）では「“还”はもともと、「あるきまった枠をはみ出して」の意味ですから、「まだ、なお、ひき続いて、さらに、もっと」ということになります。」と書かれています。さらに木村、宮本 2014a では、下記のように、説明が 3 か所に分かれて書かれています。

p.61　:「（ある状態・状況がそのままで変化していないことを表し）まだ；依然として；相変わらず」

p.187 :「（ある事柄に別の何かが加わることを表し）また；その上；さらに」

p.177 :「（反語文に用いられて）それでもまだ」

以下で、“还”の表す本質的な意味を考えてみたいと思います。

6-4-1　“还”の本質的な意味

下記の例は、上記の３つの著書の中で挙げられているものです（①～⑦の番号と太字は筆者の加筆）。

丸尾 2010　① 你**还**记得我吗？
　② 我**还**想再睡一会儿。
　③ 你**还**不快去？
相原 2016　④ 唱过一遍，**还**要再唱。
木村、宮本 2014a　⑤ “戏园”就是听戏的地方。
　现在每个星期天的下午两点**还**有相声表演呢。
　⑥ 再见，北京！ 我**还**会去看你的。
　⑦ 都十二点了，**还**说早！

これらの例について、“还”の作用域を見てみたいと思います。数学で用いる括弧の大きさの順序は（小）→｛中｝→［大］です。これを用いて「作用域」を示すと、以下のようになります。

① ［你 ｛**还**（记得我）｝］吗？
② 我［**还**｛想（再睡一会儿）｝］。
③ 你［**还**｛不（快去）｝］？
④ 唱过一遍，**还**｛要（再唱）｝。
⑤ “戏园”就是听戏的地方。
　现在每个星期天的下午两点［**还**｛有（相声表演）｝］呢。
⑥ 再见，北京！ 我［**还**｛会（去看你）的｝］。
⑦ 都十二点了，**还**｛说（早）｝！

①の“还”の作用域は“记得我”で、「私を記憶している」という意味です。②の“还”の作用域は“想（再睡一会儿）”で、「もう少し寝たい」という意味です。③の“还”の作用域は“不（快去）”で、「速く行かない」という意味です。④の“还”の作用域は“要（再唱）”で、「もう一度歌いたい」という意味です。⑤の“还”の作用域は“有（相声表演）”で、「漫才の出演がある」という意味です。⑥の“还”の作用域は“会（去看你）的”

で「きっとあなたに会いに行く」という意味です。⑦の“还”の作用域は“说（早)”で、「早いと言う」という意味です。

このように見ていくと、“还”が意味しているのは、“还”が表現される前の状態や状況に、“还”の後ろで表現されている状態や状況を「さらにプラスしている」ということが分かります。「さらにプラスして」言っている内容は、①のように「引き続き」という場合もあれば、②のように「さらにもう少し」と同じ状態をプラスする場合もあり、④のように「同じ状況を繰り返す」場合もあります。さらに、⑤のように「同じ範疇の別のものをプラスする」場合もあれば、⑥のように「全く別のものをプラスする」場合もあります。そして、「さらにプラスする内容」が、話し手の認識と大きく異なる場合には、③や⑦のような反語の語気となります。

これらをまとめて言うと、**“还”はその後ろに「さらに何かをプラスして」言うということを意味して**います。そして「プラスする何か」には、「引き続き同じ状況」から、「全く別のもの」まであるということです。しかし、「全く別のもの」と言っても、⑥の例で分かるように、“还”の前で述べられている状況と無関係の事柄ではありません。「関連はあるが、別のこと」というのが正しいでしょう。「さらにプラスする内容」が話し手の認識と大きく異なる場合には、それは反語的な意味を表す、ということです。

したがって、“还”は次のように説明するのがよいのではないでしょうか。

“还”＝それより前で述べた内容と何らかの関連のある事柄を、“还”の後ろで「さらにプラスして」述べる表現である。

6-4-2　疑問文について

丸尾 2010（p.238）では、「“还”のように反復疑問文で用いることのできる副詞もみられます。」と記述され、下記の例が挙げられています。

“你明天还来不来？”（○）

“还”を反復疑問文でも用いることができるのは、6-4-1 の①～⑦で示したように、“还”の後ろで「さらにプラスして」述べる部分に、必ず述語動詞が表現されているからです。反復疑問文で表現するということは、「述語動詞を含んだ部分について、さらにプラスするかしないか」と質問するわけですから、“还”を用いた表現は反復疑問文を用いることができるのです。

6-4-3 “还”の日本語訳の問題点

最後に、“还”の日本語訳について述べておきます。

“还”については、日本語の「まだ」を当てて説明することが多いようです。これも、「“的”は「の」です」、「“吗”は「か」です」と説明するのと同様に、初級レベル、さらには中級レベルに繋げていく場合に、とても弊害となる説明方法です。このように説明すると、学習者は“还”が出てくれば何でもかんでも「まだ」と訳します。ただし、たとえば“他还没来。”のような否定表現の場合には、「まだ」という日本語の訳語がぴったりの場合もあります。また、テキスト『講読編』第 10 課の「表現のポイント[3]」のチャレンジの例文“我的中文水平还差一点儿。”のように、マイナス表現の場合にも「まだ」という日本語の訳語がぴったりの場合があります。しかし「“还”は「まだ」です」というような、1 対 1 の訳語を当てて説明するのは良くないと思います。なぜなら、“还”の本質的意味を説明できないからです。たとえば、**“还有五分钟。”**は、「まだ 5 分ある。」ではなく、**「さらに 5 分ある。」**です。

6-5 “就”（『会話編』第 9 課、『講読編』第 16 課）

“就”という副詞に「すぐに」という日本語を当てて説明している入門テキストが、非常に多く見受けられます。その結果、学習者は“就”が出てくると、何でもかんでもすぐに日本語で「すぐに」と訳します。これも、初級レベルや中級レベルに繋げていく場合に、とても弊害となります。さらに、中国語の辞書には“就”に 8 個ほどの用法が示されており、テキストや文法解説書にも複数の用法が示されています。ここでは“就”の表す本質的な意味を考えていきたいと思います。

6-5-1 “就”の従来の説明

“就”に複数の用法を示しているテキストには、たとえば小野他 2021 があります。ここでは 3 つの用法が示されています（例文番号と例文中の太字は筆者が加筆。テキストに例文の日本語訳はありません）。

1. (p.101)：前の動詞句の表す行為を行なうと、必ずあとの動詞句の表す事態が発生することを表す。「～すると、(必ず)…する」 ①他上课**就**打瞌睡。

2. (p.113)：「回数や時点を表す語句＋(主語)＋“就”＋動詞」のかたちで、話者がある行為や事態の実現が早いと感じていることを表す。
「すぐに；(早くも) もう」。 ②我今天早上四**点**就醒了。

3. (p.124)：対象をピンポイントで限定し、「他でもなく；まさしく」という意味を表す。 ③咱们**就**这么定了吧！

また、丸尾 2010（pp.97 ～ 98）は、“就”を大きく 4 つの意味に分けています。その 4 つとは、1. 時間副詞、2. 関連副詞、3. 語気副詞、4. 範囲副詞です。さらに 1 の時間副詞には、3 つの意味が記述されています。下記がそれぞれに挙げられている例です（例文番号と例文中の太字は筆者が加筆)。

1. 時間副詞

・すぐに： ④你稍等一下，他**就**来。
[しばらくお待ちください。彼はすぐきます。]

・したらすぐ…：2つの動作がひき続いて行われることを表します。“V了～就…”や“一～就…”などの形が多くみられます。
⑤他下了课**就**回家。
[彼は授業が終わるとすぐに家に帰る。]

・早くも；もう：動作や事態の発生が早いと感じたときには“就”を用います。
⑥他从小**就**喜欢吃辣的。
[彼は小さい頃から辛いのがすきだった。]

2. 関連副詞：前文の仮定・条件を受けて「～ならば…である」という帰結を導くもので、“(要是)～就…”“只要～就…”などの形があります。

⑦（要是）明天天气不好，我**就**不去了。

[(もし）明日天気が悪かったら、私は行かないことにする。]

3. 語気副詞：「まさに;ほかでもなく」という肯定の気持ちを表します。

⑧问题**就**在这里。[問題はそこなのです。]

4. 範囲副詞：「ただ；わずかに」の意味です。範囲を限定し、数が少ないことを表します。

⑨我们班**就**他一个人去过外国。

[私たちのクラスで彼一人だけが外国に行ったことがある。]

こんなにたくさんの“就”の用法を学習するのは、学習者にとって大変なことです。やはり、これらの用法に共通する“就”の本質的な意味や機能は何であるのか、ということを考察する必要があると思います。以下でこれについて考えていきます。

6-5-2 “就”の本質的な意味

木村、宮本 2014a（p.167）では、“就”について下記のように説明されています。

「直前に述べられた事柄を条件とし、その結果として引き起こされる事柄や判断を示す。「～なら…；～であるなら…；～とすると…」。」

また、平井 2011ab では、“就”について下記のように説明されています。

「“就”は前件（先行する文）を受けて、その表現の内容が後件（後続する文）の表現の内容に関係していることを表しているだけです。したがって、日本語に訳出しない方が自然な場合がほとんどです。敢えて日本語に訳出するとすれば、「～すると」、「それで」、「それならば」、「その場合は」などとなります。」

両者は同じことを言っており、どちらも「すぐに」などという説明はしていません。両者の共通点をまとめると、下記のようになります。

1. “就”の表現の前には、必ず前件（先行する文や情報）がある。
2. その前件内容を前提として、それを受けて後件（後続する文）で表現される事柄や判断などが引き起こされるということを表している。

したがって、“就”は次のように説明するのが良いでしょう。

“就”＝前件（先行する文）と後件（後続する文）が関連していることを意味しており、前件は後件が実現するための前提の内容を表している。

そこでテキスト『会話編』と『講読編』の「表現のポイント」では、“就”について、次のような説明を加えました。

「A“就”B：“就”はA（先行文）がB（後続文）の実現の前提となっていることを意味している。⇒Aであるなら／そうすると／それで／その場合は、Bだ。」

6-5-1の①～⑨の例で、前件に一重下線を引き、後件に二重下線を引いて示してみます。これにより、一重下線の前件の内容が実現したり、あるいは条件となって、二重下線の後件の内容が実現していることが理解できると思います。

① 他上课　**就**　打瞌睡。
　（彼は授業中　（そうすると）居眠します。）
② 我今天早上四点　**就**　醒了。
　（私は今日の朝四時に　（その場合）目が覚めました。）
③ 咱们　**就**　这么定了吧！。
　（私たちは　（その場合には）このように決めよう！）
④ 你稍等一下，他　**就**　来。
　（しばらくお待ちください、（そうすると）彼は来ます。）

⑤　他下了课　**就**　回家。

（彼は授業が終わると、（そうすると）家に帰ります。）

⑥　他从小　**就**　喜欢吃辣的。

（彼は小さい頃から　（その場合）辛いのがすきでした。）

⑦　（要是）明天天气不好，我　**就**　不去了。

（（もし）明日天気が悪かったら、（その場合は）私は行かないことにします。）

⑧　问题　**就**　在　这里。　（問題は　（その場合は）ここにあります。）

⑨　我们班　**就**　他一个人去过外国。

（私たちのクラスは　（その場合は）彼一人だけが外国に行ったことがあります。）

テキスト『会話編』（第 9 課）と『講読編』（第 16 課）の「表現のポイント」では、それぞれ下記の⑩から⑬を、“就”の例として挙げています。

⑩　我们今年暑假　**就**　去旅游吧。

（私たちは今年の夏休みに（その場合は）旅行に行きましょう。）

⑪　他吃完晚饭　**就**　去散步了。

（彼は夕飯を食べ終えると（そうすると）散歩に行きました。）

⑫　走五百米左右，**就**　到了。

（500 メートル行くと、（そうすると）到着します。）

⑬　我想尝尝北京烤鸭，**就**　点了一份。

（私は北京ダッグを食べてみたいので、（それで）一人前注文しました。）

また、“一 V1、就 V2”というように、V1 の前に“一”が置かれて、“就”と呼応して表現される場合があります。この場合にも“就”を「すぐに」と解説、説明しているテキストや文法解説書が多く見受けられます。しかし、この表現で V1 と V2 が時間的に緊迫していることを表現しているのは、V1 の前の“一”であって、決して“就”ではありません。たとえば下記の例⑭を見てください。

⑭ 一放了暑假，我**就**去旅游。
（夏休みになるやいなや、（その場合に）私は旅行に行きます。）

このように、“就”の本質的な意味は、先行文と後続文が意味的に関連しており、先行文が後続文の前提条件となっている、ということです。くれぐれも、**「“就”＝すぐに」などと説明しない**ようにしましょう。

そしてもう１つ重要なのは、ある文法項目について説明する際、複数の用法を用法 1、用法 2、用法 3…用法 n というように示して終わりというのではなく、用法１から用法 n に共通している本質は何なのか、ということを説明することが重要なのだと思います。大学生は「大人」です。大人に対する説明として、個別の文法項目のそれぞれの本質的意味を説明することは、非常に重要なことだと思います。そしてこれこそが、中国語学の研究ではないでしょうか。単に用法分析で終わっては不十分であると思います。そしてそれを中国語教育に生かしていく必要があると思っています。筆者はこのような認識に立ち、本書のこれ以後の解説においても、用法の説明に終わることなく、できうる限り、その文法項目の本質的意味を考えていきたいと思います。したがって、テキスト『会話編』、『講読編』の「表現のポイント」でも、その本質的意味が分かるように、簡単に説明書きしています。

6-6 “才”（『会話編』第 10 課）

“才”は『会話編』第 10 課の「表現のポイント」に出てきますが、『講読編』には出ていません。入門・初級テキストでよく取り上げられる項目なので、ここで解説していきます。なお、“才”については拙著『現代中国語談話論』（pp.272 ~ 295）で詳述しています。是非、参考にしてください。

“才”についても複数の用法を示しているテキストや文法解説書があります。以下ではまずそれを紹介し、その次に、“才”の表す本質的な意味を考えていきます。

6-6-1 “才”の従来の説明

“才”に複数の用法を示しているテキストには、たとえば小野他 2021 があります。ここでは 3 つの用法が示されています（例文番号と例文中の太字は筆者が加筆。テキストに例文の日本語訳はありません）。

1. (p.102)：“X 才（是）～”のかたちで用いて、X が述語で述べられている条件や判断に強固に合致することを表す。「X こそ～である」。文末に“呢”を用いることが多い。

　①这**才**是正宗的麻婆豆腐呢。

2. (p.112)：「回数や時点を表す語句＋(主語)＋“才”」のかたちで、話者がある行為や事態の実現が遅いと感じていることを表す。
「ようやく（～する／した)；やっと（～する／した)」。

　②这篇论文我看了三遍**才**看明白。

3. (p.124)：時点表現の前や数量表現など段階の意味をともなう動詞句の前に用いる“才”は、その数量や段階が少ない（早い）と感じる話し手の気持ちを表す。
「まだ～で；わずか～で；たった～で」。

　③这顿饭**才**五块钱？　太便宜了！

その他にも、“才”には「～したばかり」、「～してようやく」などの日本語の訳語を当てているテキストを多く見かけます。

以下で、これらの用法に共通する“才”の本質的な意味や機能は何であるのか、考えていきたいと思います。

6-6-2 “才”の本質的な意味

ここではまず、拙著『現代中国語談話論』(pp.272 ~ 295）における、“才”の本質的な意味について解説していきます。

結論から言えば、話し手が“才”を用いるときには、必ず話し手が基準としている状況が存在し、それを基準とし、それと比較するという認識が、話し手にはあるということです。そしてその基準としている状況と、表現しようとしている事柄との間に、「差」や「ズレ」があると話し手が認識したとき、それが“才”によって表明されるということです。これを6-6-1で挙げた例文の①～③で説明してみます（①～③の日本語訳は筆者による）。

①这**才**是正宗的麻婆豆腐呢。（これこそが正真正銘の麻婆豆腐だ。）

この場合は、話し手の認識として「麻婆豆腐とはこういうものである」というある一定の基準があります。しかし、話し手が基準としている麻婆豆腐と、たとえば世間的に味が認められている麻婆豆腐を比較すると、その間には差があります。そして①では、“这”（＝話し手の基準の麻婆豆腐）と世間的に味が認められている麻婆豆腐の間に差のあることを、話し手は“才”によって表明しています。

②这篇论文我看了三遍**才**看明白。（この論文は私は3回読んでやっとわかった。）

この場合、話し手には「論文とは1回読んで理解できるのが良い論文である」という認識があります。しかし②は「この論文は1回読んだだけでは理解できず、3回読んで理解できた」という、“这篇论文”が話し手の基準から外れた論文であるという認識を、“才”によって表明しています。

③这顿饭**才**五块钱？　太便宜了！（このご飯は5元だって？　安すぎだ！）

この場合は、「ご飯の相場は何元くらいである」という話し手の認識の基準があります。そしてその基準からすると「5元」というのは差がありすぎる、という話し手の認識が“才”によって表明されています。

『会話編』の第10課の「表現のポイント」では、以下の④～⑥の例を挙げています。これらについても見ていきます。

④他们**才**来两个月。（彼らは来てたった2か月です。）

この場合、話し手には「彼らは来てもう何か月も経っている」ような認識があり、その認識とのズレを“才”によって表明しています。

⑤他两点**才**来。（彼は2時にやっと来ました。）

この場合、話し手には「彼は2時より早く来て当然だ」という認識があります。そしてその基準と比較すると、実際に彼が来た時間との間にはズレがあるという認識が話し手にはあり、その認識のズレを“才”によって表明しています。

⑥我们上大学以后，**才**开始学习汉语。

（私たちは大学に進学してから、ようやく中国語の勉強を始めました。）

この場合、話し手には「外国語の勉強を始める時期についての基準」があります。一般的に、外国語の勉強は年齢が低いほどよいという認識があります。その基準と比較すると、私たちが外国語である中国語の勉強を始めたのは、その基準と差があるという認識を、話し手は“才”によって表明しています。

また『会話編』第10課の本文では、次のように表現されています。

⑦高桥健太：您个子真高，有一米八吧？

（あなたの身長は本当に高いです、180センチありますね？）

孙　国伟：一米八二，你有多高？

（182センチあります、あなたの身長はどれくらいですか？）

高桥健太：我**才**一米七。（私は170センチしかありません。）

この場合は、“孙国伟”の身長が182センチであるというのが話し手である“高桥健太”の基準となっています。それと比較して“高桥健太”の身長は170センチであり、その12センチの身長の差に対する認識が“才”によって表明されています。

以上のことから、“才”については学習者に対しては次のように説明するのが良いでしょう。

1. 話し手が“才”を用いるとき、話し手には必ず基準としている状況が存在し、その基準と比較するという認識がある。

2. 比較した結果、その基準としている状況と表現しようとしている事柄との間に「差」や「ズレ」があると話し手が認識したとき、それを“才”によって表明する。

6-6-3 “才”と文末の“了”

丸尾 2010（p.98）には、「cf.“才”は通常、語気助詞の“了”を伴いません。」という記述があります。しかしなぜなのかということは書かれていません。“了”の本質的な意味について考えれば、答えは簡単です。“了”の本質的な意味については、「9. 時態助詞」の 9-2-2 で解説しています。参照してください。ここでも簡単に説明しておきます。

“了”の本質的な意味は、「事案が実現した、あるいは実現しているということを意味している」ということです。そして語気助詞の“了”（＝文末の“了”）は、話し手が事案の実現を「発話時点、あるいは指定時点」において捉えていることを示しています。しかし“才”は、上述した通り、話し手が基準としている状況と比較するという認識があり、その基準としている状況と表現しようとしている事柄との間の「差」や「ズレ」の認識を表明するための表現です。つまり“才”は、すでに実現済みである事柄について、話し手の基準との「差」や「ズレ」の認識を表明するための表現であり、「事案の実現」ということを表現するための“了”とは共起しないということです。

そしてもう1つ重要なことは、学習者に対して、「“才”は文末の“了”を伴いません」と説明するだけでなく、なぜそうなのかを説明することです。大人である学習者（大学生も大人です）に対して、「これはこうです」と説明するだけでなく、「なぜそうなのか」を説明することは、きわめて重要なことです。

以上、“才”について、見てきました。“才”についても、場当たり的に「やっと」、「ようやく」、「わずか」、「たった」というような日本語の訳語を示すだけでなく、その本質を説明する必要があります。

6-7 “不”と“没（有）”

中国語の否定詞には、“不”と“没（有）”の2つがあります。テキスト『会話編』では第15課の「表現のポイント」で、『講読編』では第14課の「表現のポイント」で、2つの否定型の例をまとめています。

6-7-1 2つの否定の表現のまとめの表

下記のまとめは『会話編』第15課の《まとめ②》です。『講読編』の第14課の《まとめ①》でも、例文は異なりますが、まとめ方は同じです。

〈2つの否定の表現（“不（bù）”と“没有（méiyou）”）のまとめ〉

		基本型	否定型	
			“不”	“没有”
			（動作や変化を伴わない事柄の否定）	
(1)名詞述語文	①(第1課ポ[1])	他**是**留学生。	他**不是**留学生。	——
(2)形容詞述語文	②(第3課ポ[1])	我很**忙**。	我**不**忙。	——
(3)動詞述語文	③(第2課ポ[1])	他**吃**面条。	他**不**吃面条。	——
	④(第9課ポ[1])	我**喜欢**熊猫。	我**不**喜欢熊猫。	——
	⑤(第15課本文)	我**能**吃辣的。	我**不能**吃辣的。	——
	⑥(第12課ポ[1])	他**会**说汉语。	他**不会**说汉语。	——
	⑦(　〃　)	他**会**来的。	他**不会**来的。	——
			（指定時点以降の動作や変化の否定）	（指定時点およびそれ以前の動作や変化の否定）
	⑧(第2課ポ[1])	他**吃**面条。	他**不**吃面条。	他**没(有)**吃面条。
	⑨(第12課ポ[2])	他**能**来。	他**不能**来。	他**没(有)能**来。
	⑩(　〃　)	他**能**游三公里。	——	他**没(有)能**游三公里。
	⑪(第4課ポ[4]-2)	他去**了**中国。	——	他**没(有)**去中国。
	⑫(第9課ポ[3])	他去**过**美国。	——	他**没(有)**去**过**美国。
	⑬(第13課ポ[2])	他戴**着**眼镜。	——	他**没(有)**戴**着**眼镜。
	⑭(第15課ポ[1])	我看**懂**了。	——	我**没(有)**看**懂**。
	⑮(第7課ポ[1])	他**有**电子词典。	——	他**没有**电子词典。

“不”と“没（有）”の２つ否定詞の使い分けについては、個別の例を示して説明している文法書やテキストはたくさんあります。たとえば､「名詞述語文や形容詞述語文は“不”しか使いません。」とか､「動詞述語文は、こういう時は“不”を使いますが､こういう時は“没（有）”を使います。」というように、個別に例を示して説明されているものは多く見かけます。

以下では､“不”と“没（有）”の２つ否定詞の本質的な相違について、見ていきます。

6-7-2 “不”と“没（有）”の本質的な相違

木村 1996（pp.175 ~ 179）は､“不”と“没（有）”の本質的な相違を解説しています。“不”と“没（有）”の使い分けにおいて、木村 1996 の説明以上に全体を網羅的に解説しているものを、筆者は知りません。したがって、テキスト『会話編』および『講読編』の「表現のポイント」においては、木村 1996 の解説を参考にまとめています。そこで、ここでは木村 1996 の考え方を解説しながら、前頁のまとめの表を見ていきます。

6-7-2-1 “不”による否定

木村 1996 は､“不”と“没（有）”の本質的な相違を〈変化〉という視点で捉えています。そして〈変化〉については、次のように説明されています（p.175）。

「使い分けの基準としてまず問題になるのは、当該の事柄が「出来事」であるか否かということです｡ここでいう出来事とは､時間的な流れに沿って実現し、展開する動作や変化のことです。運動または過程と言い換えてもよいでしょう。あるいは、動作も含めた広い意味での〈変化〉と呼ぶこともできます。否定される事柄がもしもそのような意味での〈変化〉でなければ、否定詞は一律に“不”を用います。」

このように捉えると、前頁のまとめの表の（1）名詞述語文の①“他是留学生。”や（2）形容詞述語文の②“我很忙。”は、時間的な動作や変化という事柄ではないと言うことができ､否定詞として用いられるのは“不”

だけです。

また、(3) の動詞述語文の場合、③の“吃”は一般動詞ですが、たとえば「自分はダイエットしているので食べない」という場合には、「意志の否定」と言うこともできるでしょう。この場合も時間的な動作や変化という事柄ではないので、“不”しか使用できません。さらに、一般的な習慣的な事柄の例としては、たとえば“回民不吃猪肉。”などがあります。これも時間的な動作や変化という事柄ではないので、“不”しか使用できません。

④の“喜欢”は心理状態を表す動詞です。たとえば“爱”、“认识”、“知道”、“懂”なども同様の動詞で、時間的な動作や変化という事柄ではないので“不”しか使用できません。

⑤は助動詞“能”の表現です。これは「条件可能」です。「12. 助動詞」の 12-1-2 で詳述していますので、参照して下さい。この例文の中での条件は“辣的”です。それに対して“不能吃”というのは、たとえば健康上の理由などです。その場合は時間的な動作や変化という事柄ではないので、“不”しか使用できません。

⑥と⑦は助動詞“会”の表現です。これは「可能の高い蓋然性を表す」助動詞で、12-1-1 で詳述しています。参照してください。これも時間的な動作や変化という事柄ではないので“不”しか使用できません。

この他、特性や属性などの表現も、時間的な動作や変化という事柄ではないので、必ず“不”で否定します。たとえば、“我姓王。”の否定は“我不姓王。”“我属猴。”の否定は“我不属猴。”です。

6-7-2-2 “没（有）”による否定

次に、⑧～⑭の例を見ていきます。

木村 1996（pp.176 ~ 177）は、〈変化〉について、さらに以下のように説明しています。

「〈変化〉の表現、すなわち動作や変化の表現の場合には、否定の対象が問題の時点以前の〈変化〉か、以後の〈変化〉かという時間的な区別が問題となり、それによって“没（有）”と“不”が使い分けられます。

“没（有)”は、当該の動作や変化が〈問題の時点も含めてそれ以前に実現していない〉ことを表します。…一方、動作や変化が〈問題の時点以降に実現しない〉ということを言う場合は“不”を用います。」

以下で、⑧以降の例について解説していきます。解説の中では、上記の木村の説明の「問題の時点」という捉え方を、「指定時点」という捉え方で解説していきます。

⑧の否定である“他不吃面条。”は、この一文だけでは意味が確定できません。「意志の否定」と捉えることも可能です。しかし、「彼が麺を食べるという動作が指定時点（この場合には発話時点）以降に実現しない」ということを意味していると捉えることも可能です。そしてもう 1 つの否定型である“他没（有）吃面条”については、“没（有)”はもともと「ない」が原義ですから、当該の動作や変化が「指定時点も含めてそれ以前に実現していない」ということを意味しています。したがって、「彼は麺を食べていない」あるいは「彼は麺を食べなかった」という意味になります。

⑨と⑩は“能”の例です。これについては 12-1-2 で詳述しましたので、参照してください。

⑪、⑫、⑬は 3 つの時態助詞“了”、“过”、“着”の例です。これらについては「9. 時態助詞」で詳述しました。そこの記述内容を参照してください。特に 9-5 でまとめて解説しています。そこで述べているように、これらは、指定時点にすでに動作が実現している状況についての表現ですから、“没（有)”という否定型しかありません。

⑭は結果補語の表現です。結果補語については、「13. 補語」の 13-2 で解説していますので、参照してください。そこで述べているように、結果補語と言うのは、動詞の直後にくっつけて、動作や行為を行った結果を表す成分を言います。このような「結果補語」の表現は、「動作や行為を行った結果を表す成分」ですから、指定時点ですでに実現している動作や変化の状況について表現しています。したがって、指定時点以前の動作や変化の否定ということになりますので、否定詞としては“没（有)”しか成立しません。

⑮は“有”の例です。“有”は現代中国語では、“没（有)”という否定型しかありません。これは例外というしかありません。

以上の見解にしたがって、テキスト『会話編』(第15課の「表現のポイント」）と『講読編』（第14課の「表現のポイント」）の「2つの否定の表現」の表はまとめられています。

教える側は、「これは“不”しか使いません」とか、「これは“没（有)”しか使いません」という説明ではなく、なぜそうなのかを説明する必要があります。

7. 前置詞

ここでは中国語の前置詞について解説していきます。

7-1　前置詞とは何か

そもそも前置詞とは何でしょうか。筆者は本務校での1年生の授業の際、前置詞の項目が出てくると、よく学生に「前置詞って何ですか？」という質問をします。まだ中国語の前置詞を学習する前ですから、「英語の前置詞を考えてごらん！」というと、彼らは、“to”、“in”、“on”、“from”、“by”など、英語の前置詞を具体的に挙げることはできます。しかし、「それは何？どんな働きをしているの？」と質問すると、なかなか答えることができません。「名詞の前に置いて」までは答えることができる学生はいます。しかし、ほとんどの学生がそこまでです。

前置詞とは、下記の働きをしているものを言います。

前置詞＝名詞の前に置いて、その名詞と文中の他の要素（特に動詞や形容詞）との意味的関係を表す（限定する）もの。

次に、学生には次のような質問をします。「名詞の前に置いてこのような働きをするものを「前置詞」と呼ぶなら、名詞の後ろに置かれてこのような働きをするものは「後置詞」ですね。では、世界の言語の中で「後置詞」を使用して表現している言語は何語ですか？」

答えは「日本語」です。この質問に答えられる学生は、本務校においては全体の2割程度です。なぜ、日本語を母語としている学生がこの質問に答えられないかというと、国語あるいは日本語の世界では、名詞の後ろに置いてこのような働きをしているものを「後置詞」とは呼ばず、一般的に「格助詞」と呼んでいるからです。したがって、英語で「前置詞」と呼んでいるものと、日本語で「格助詞」と呼んでいるものの共通点に気が付かないのです。そもそも文法用語は、各言語で勝手に、好きに使っているので、共通項が分かりにくいということも原因として挙げられるかもしれません。

「前置詞」は、中国語では「仲介役を果たす語」という意味で“介词”と言います。しかし、すでに英語を学習している学習者には「前置詞」という言い方の方が分かりやすいので、テキスト『会話編』と『講読編』においては、「前置詞」という文法用語を使っています。

英語と中国語の前置詞の用法は、全く同じというわけではありません。その違いは、まず第1に、**中国語で前置詞と分類されているものは**、英語と異なり、**もともとすべて動詞だったもの**です。動詞として機能していたものがだんだん動詞としての意味が薄れていって、「前置詞」と扱われるようになりました。したがって、中国語の文法研究においては、現在でも前置詞（“介词”）という品詞を設けず、「前置詞句＋動詞」の文を「連動式動詞文」と扱う研究者もいます。実際に通常「前置詞」として扱われているものの中には、動詞的な意味を強く残しているもの（たとえば“用”、“到”、“骑”、“坐”など）から、動詞として持っていた意味をほとんど残さないもの（たとえば“把”など）まで、いろいろあります。しかしテキスト『会話編』と『講読編』では、すべて「前置詞」として扱っています。

第2に、英語と中国語では、「前置詞句（前置詞＋名詞）」と動詞の語順が異なります。英語では前置詞句は動詞の後ろに来ますが、中国語では「前置詞句」が動詞の前に来ます。このような違いを、下記のように、英語と中国語と日本語の3つを対照させて例を挙げて説明すると、学習者にはさらに分かりやすいと思います。

（例 1）英語　：He works in a bank.

述語動詞　前置詞＋名詞句

中国語：他 **在** 银行 工作。

前置詞＋名詞　述語動詞

日本語：彼は 銀行 で 働いています。

名詞＋後置詞（格助詞）　述語動詞

（例 2）英語　：He is very good **to** me.

be 動詞＋形容詞　前置詞＋名詞

中国語：他 **对** 我 很 好。

前置詞＋名詞　述語形容詞

日本語：彼は 私 に とても良くしてくれます。

名詞＋後置詞（格助詞）　述語動詞

以上、中国語の前置詞の特徴を見てきました。中国語の前置詞は次のように説明すると分かりやすいでしょう。

中国語の前置詞＝名詞の前に置いて、その名詞と、文中の述語動詞や述語形容詞との意味の関係を表す（限定する）もの。
前置詞句は基本的に動詞（形容詞）の前に置かれる。

以下で、個別の中国語の前置詞について解説していきますが、ここでは特に“把”、使役の“让”“叫”“使”と、受け身の“被”“让”“叫”について見ていきます。

7-2 “把”（『会話編』第 17 課、『講読編』第 17 課）

前置詞“把”を用いた表現は、通常、「動詞の目的語を“把”の目的語として動詞の前に置き、その目的語に対してどのように積極的に働きかけたかということを表す」というように説明されてきました。そしてさらに、

「動詞の前に置かれた目的語に積極的に働きかける」わけだから、“把”を用いた表現には、次の2つの特徴がある、と説明されてきました。

① 動詞の前に置かれた目的語は特定のものか既知のものである。

② 動詞は動作や行為の結果を表すなどの補足成分が必要である。

前置詞“把”を用いた表現については、拙著2019の第1章において詳述しました。

以下では、上記の①と②について、テキスト『会話編』と『講読編』の中に出てきた例を示しながら、拙著で詳述した見解に基づいて解説していきます。

7-2-1 “把”の目的語

テキスト『会話編』と『講読編』では、両者ともに第17課の本文で前置詞“把”を用いた表現が出てきます。両者の第17課の本文のテーマ（トピック）は同じであり、それは「渡辺さんたちが林紅さんの誕生日祝いの相談をする」です。

本文に出てくる前置詞“把”を用いた表現は、次の通りです。

『会話編』⇒渡辺静香：放心吧！　林红姐已经**把**地址发给我了。

『講読編』⇒林红已经**把**她家的地址发给我们了。

両者の本文はほぼ同じ内容なので、ここでは文章の展開が分かりやすい『講読編』の第17課の本文を解説していきます。下記がその本文です。

テキスト『講読編』の本文では3つの段落に分けた書き方をしていませんが、ここでは解説を分かりやすくするために以下のように3つの段落に分けて示します。

第1段落：今天是林红的生日。昨天她给我和高桥打电话，叫我们今天去她家，和她一起过生日。

第2段落：林红已经**把**她家的地址发给我们了。高桥说，我们有手机导航，一定会找到林红家的。

第3段落：虽然林红叫我们别买礼物，但我们还是打算买一个蛋糕和一束鮮花送给她。

３つの段落の内容は、以下の通りです。

第１段落：今日は林紅さんの誕生日で､昨日林紅さんから私（渡辺さん）と高橋さんに電話があり、今日林紅さんの家に行って、一緒に誕生日のお祝いをしようと言った。

第２段落：林紅さんはすでに彼女の家の住所を私と高橋さんにメールで送った。私たちにはスマホのナビがあるので、きっと林紅さんの家が見つかるだろうと、高橋さんが言った。

第３段落：林紅さんは私たちに誕生日プレゼントを買わないように言ったが、私たちはやはりケーキと花束を彼女にプレゼントするつもりだ。

ここで見ていく必要があるのは、第１段落と第２段落です。第３段落の内容は話題が大きく転換しているので、ここで分析する必要はありません。そこで第１段落と第２段落の話の展開を詳細に見ていくことにします。

第１段落では、今日は林紅さんの誕生日であり、林紅さんが自分の家に来るように私（渡辺さん）と高橋さんを誘っており、第２段落で、２人がその誘いを受けて、林紅さんの家に行く方法を相談しています。そして第２段落で前置詞“把”を用いて、“林红已经**把**她家的地址发给我们了。”と表現されています。ここでの“把”の目的語は“她家的地址”です。私（渡辺さん）と高橋さんは林紅さんの家に行ったことがなく、今日初めて彼女の家に行くことになり、その場合にどうしても重要になるのが「彼女の家の住所」です。そこでこの話の展開において重要なキーワードである“她家的地址”が“把”でマークされているということです。

『会話編』の第17課本文では、前置詞“把”を用いて、“林红姐已经**把**地址发给我了。”と表現されています。ここでは“把”の目的語は“地址”だけですが、これは話の展開から、これが“她（林红）家的地址”であるということは明々白々です。

拙著 2019（p.61）では、“把”の目的語の特徴を、下記のようにまとめて記述しています。

「“把”の目的語は、その談話の文脈や一般常識的判断を手掛かりとして、あるいは歴史的、文化的背景を手掛かりとして推測することによって、読み手あるいは聞き手が抽象性を取り除くことができ、具体的に認識することができる名詞（句）である。そしてその名詞（句）はその談話のトピックの展開におけるキーワードそのものであるか、あるいはトピックの展開を具象化するための重要なキーワードである。」

この見解を、テキスト『講読編（第 17 課本文）』の中の前置詞“把”を用いた表現に当てはめてみます。前置詞“把”を用いた表現（“林红已经**把**她家的地址发给我们了。”）の“把”の目的語は“她家的地址”です。これは「読み手が抽象性を取り除いて具体的に認識することができる名詞（句）」であり、「談話のトピックの展開を具象化するための重要なキーワード」です。また、『会話編（第 17 課本文）』の中の前置詞“把”を用いた表現（“林红姐已经**把**地址发给我了。”）の“把”の目的語は“地址”で、それは「その談話の文脈を手掛かりとして、聞き手が抽象性を取り除くことができ、具体的に認識することができる名詞（句）」です。そしてこちらも「トピックの展開を具象化するための重要なキーワード」です。

通常、“把”の目的語は、上記 7-2 ①に書いたように、「動詞の前に置かれた目的語は特定のものか既知のものである。」と説明されています。しかし“把”の目的語は「特定」とか「既知」というものではなく、いろいろな手掛かりによって、読み手あるいは聞き手が抽象性を取り除くことができ、具体的に認識することができる名詞（句）です。

7-2-2　“把”の目的語に対する行為者の行為

次に、“把”の目的語に対する行為者の行為について見ていきます。

テキスト『講読編（第 17 課本文）』の中の表現である“林红已经**把**她家的地址发给我们了。”において、“把”の目的語（“她家的地址”）に対する行為は“发给我们了”（メールで私たちに送った）です。これは、どういう行為かというと、「彼女の家の住所」に対する「具体的な行為」です。単に「メールを送る」ではなく、「私たちにメールを送った」という、具体的な行為が表現されているということです。このような具体的な行為が“林红”さんからすでになされているから、「きっとスマホのナビで彼女の家が見つかるに違いない」と断定するという展開になります。これは『会話編（第 17 課本文)』の“林红姐已经把地址发给我了。”においても、同様のことが言えます。

拙著 2019（p.61）では、“把”の表現の述語動詞の特徴を、下記のようにまとめています。

「“把”構文の述語動詞には、行為者の“把”の目的語に対する動作・行為を具象化するための情報が付与されている。」

上記 7-2 ②に「動詞は動作や行為の結果を表すなどの補足成分が必要である」とありますが、「動詞に付加されている動作や行為の結果を表すなどの補足成分」というのは、換言すれば、「行為者の“把”の目的語に対する動作・行為を具象化するための情報」なのです。

“把”構文の述語動詞：行為者の“把”の目的語に対する動作・行為を具象化するための情報が付与される。
⇒文末に“了”を伴うか、あるいはＶに付加成分を付けるなど。

7-2-3　行為者は“把”の目的語に対して積極的に働きかけるのか

この節の最初に、前置詞“把”を用いた表現が、これまでどのように説明されているのかを書きました。それは、「動詞の目的語を“把”の目的語として動詞の前に置き、その目的語に対してどのように積極的に働きかけたかということを表す」というものでした。ここでは最後にもう 1 つ、前置詞“把”を用いた表現においては、「行為者は“把”の目的語に対して積極的に働きかけるのか」、ということについて考えてみたいと思います。

拙著 2019（p.61）では、“把”を用いた表現の文法的意味のまとめの最後に、次のように書いています。

「その動作・行為は意図的、積極的なものに限定されず、無意識的な場合もある。」

以下で、これについて説明していきます。

拙著 2019 で取り上げた、“把”を用いた表現例の中に、“我把时间记错了。”というのがあります。これはどういう話の展開の中で用いられたものかということを、少し説明します。

話し手（中国人）は、知り合いの日本人老夫婦を訪ねて、JR に乗って出雲まで遊びに行きました。その際、その老夫婦は、中国人である彼女を JR 出雲駅まで迎えに行ったのですが、駅で彼女を見つけることができず、すごく慌てたということでした。その老夫婦がなぜ出雲駅で彼女を見つけられなかったかというと、彼女自身が出雲駅に列車が到着する時間を記憶し間違えたからです。そしてそのことを彼女は“我把时间记错了。”と表現しています。

“记错”というのは「記憶し間違える」という意味です。彼女は出雲駅に列車が到着する時間を、積極的に記憶し間違えたのではありません。確かに“记（記憶する)”という行為は積極的になされた行為です。しかし、“记错（記憶し間違えた)”のは、無意識の行為であり、積極的にそうしたわけではありません。

私も以前、こんな失敗をしたことがあります。本務校の村上先生にメールを送ったつもりが、知り合いの別の大学の村上先生にメールを送ってしまいました。これは明らかに“发错”です。私が間違えてメールを送ってしまった村上先生から、「メールが間違って送られてきたと思います」という、ご丁寧な返信を頂き、初めて送信ミスに気が付きました。しかし、私は最初から積極的に間違えようとしてメールを送信したわけではありません。

ちなみに、丸尾 2010（p.147）には、意図的な「処置」という概念にそぐわない例として、次のようなものが挙げられています。

我把课本忘在家里了。
他又把钥匙丢了。
我不小心把花瓶打破了。

つまり、**前置詞“把”を用いた表現は、その行為が積極的であるものもあれば、そうでないものもある**ということです。したがって、取り立てて、目的語に対してどのように「積極的に働きかけたか」などと説明する必要はないということです。

拙著2019で取り上げた、“我把时间记错了。”という例で言えば、

・“把”の後ろの名詞：“时间”⇒文脈から「彼女の乗った電車が出雲駅に到着する時間」であると推測できる。

・行為者の行為：“记错了”⇒到着時間を「記憶し間違えた」という無意識に行われた具体的行為を表現しており、この行為によって、出雲駅で友人に会えず、迷惑をかけたという話が展開されていく。

前置詞“把”を用いた表現についてまとめると、以下のようになります。

1. “把”でマークされる名詞（句）

・読み手あるいは聞き手によって推測可能な具体的な名詞（句）。

・その話の展開の中での重要なキーワード。

2. 行為者の行為

・“把”でマークされた名詞句に対して行為者がどのような行為を行ったのかを、具体的な行為として表現する必要がある。

⇒文末に“了”を伴う、あるいはVに付加成分を付けるなど。

・その行為は積極的なものもあれば、無意識的なものもあり、その話の展開の中で重要な情報である。

前置詞“把”を用いた表現は、入門段階ではあまり出てこない表現です。しかし初級、さらには中級に進むと、すぐに見かける表現形式です。した

がって、重要な文型だということができます。

いろいろなテキストにおいて、平叙文を前置詞“把”を用いた表現に書き換えるという練習問題を見かけます。筆者はこの練習問題はあまり意味のあることだとは思いません。そういう練習よりも、“把”については次のような説明することの方が大切だと思います。

「前置詞“把”を用いた表現が出てきたら、“把”の後ろの名詞（句）に注目し、さらにどういう具体的動作を表現しているのか、しっかり見てください。そしてその文がその話の展開の中でどういう意味を持っているのか、考えてみましょう。」

このように説明すれば、初級から中級レベルに進んでこの文型に出会ったときにも、学習者はすぐに対応できるはずです。

日本の学校教育における中国語学習は、入門レベルでおしまいという学習者が圧倒的に多いのではないかと思います。しかし、たとえそうであったとしても、入門レベルから初級、さらには中級レベルにつなげていくことができる教育内容を教師は目指すべきではないかと、筆者は考えます。

7-3　使役の“让”、“叫”、“使”と受け身の“被”、“让”、“叫”

ここでは使役表現と受け身表現について解説していきます。

7-3-1　使役の“让”、“叫”、“使”（『会話編』第16課、『講読編』第16課）

「A＋“让／叫／使”＋B＋V」という語順で、「Aハ／ガ　Bニ　Vサセル」という意味関係になります。

上記の7-1で解説したように、中国語の前置詞はもともと動詞であったもので、**“让”は「容認する」**、**“叫”は「（直接相手に）言いつける」**、**“使”は「使いにやる」**というのが動詞としての原義です。現代語でこれらが使役を表す前置詞として用いられた場合、これらの意味は薄れていますが、やはりその使用にはこれらの原義が生きていて、それぞれのニュアンスは異なります。

テキスト『会話編』（第16課の「表現のポイント」）と『講読編』（第

16 課の「表現のポイント」）では、以下のような例を挙げています。

“让”の例：　爸爸**让**我帮他洗车。　　（容認使役）
　　　　　　妈妈**让**我去买东西。
“叫”の例：　老师**叫**我们写一篇作文。　（言いつけ使役）
　　　　　　他爸爸**叫**他去美国留学。
“使”の例：　这个消息**使**大家很高兴。　（誘発使役）
　　　　　　谦虚**使**人进步，骄傲**使**人落后。

以下で、それぞれのニュアンスの違いを見ていきます。

“让”は「容認する」が原義です。したがって「A＋“让”＋B＋V」では、Aによって B の意思が考慮されており、これは「容認使役」と呼ぶことができます。

これに対して“叫”の原義は「（直接相手に）言いつける」です。したがって「A＋“叫”＋B＋V」では、A によって B の意思が考慮されておらず、これは「言いつけ使役」と呼ぶことができます。

また、“使”は「使いにやる」が原義です。「他人を何かの用のために使いにやる」という意味で、「A＋“使”＋B＋V」は「A が B を使いにやった結果、V という状態をもたらす」ということを意味しました。しかし現在では、“使”を使った使役表現には「A が意図的に（意識的に）B に V させた」という意味はありません。現在は、「A が B に対して V で表現するようなある結果や状態をもたらす」という意味となります。したがって、これは「誘発使役」と呼ぶことができるでしょう。

ただし、下記の例のように、“让”と“叫”を「誘発使役」に用いることも可能です。

我开的玩笑**让**生气了，对不起。
那件事真**叫**人生气。

しかし学習者には、あくまで“让／叫／使”の使役の基本的な意味の相違を説明する必要があります。

両テキストの第 16 課本文では“他**让**我们点菜”という表現を用いてい

ます。「言いつけ」たりするのではなく、“我们”の意思を尊重しているということです。

以上、“让／叫／使”を用いた使役表現の意味的な違いについて見てきました。しかし“让／叫／使”のどれを用いた表現であっても、学習者に対して重要な説明は、最初に書いた、AとBとVの意味的関係を正確に理解させることです。

1. それぞれの使役の意味：“让”＝容認使役
：“叫”＝言いつけ使役
：“使”＝誘発使役
2. AとBとVの意味的関係：A＋“让／叫／使”＋B＋V
＝Aハ／ガ　Bニ　Vサセル

7-3-2 受け身の“被”“让”“叫”（『会話編』第18課、『講読編』第18課）

「A＋“被／让／叫”＋B＋V」という語順で、「Aハ／ガ　Bニ　Vサセル」という意味関係になります。

テキスト『会話編』（第18課の「表現のポイント」）と『講読編』（第18課の「表現のポイント」）では、以下のような例を挙げています。

“被”の例：他**被**老师说了。　／ 汉堡包**被**哥哥吃了。
“让”の例：小王**让**车撞了。　／ 钱包**让**人偷了。
“叫”の例：我的自行车**叫**人骑走了。／ 他**叫**老师批评了。

中国語の受け身表現は、「被害・損害を被る」という、マイナスの意味の受け身が本来の使い方です。上記の例はすべてマイナスの意味の受け身表現です。しかし現在は、欧化語法の影響によって、単に受け身のマーカーとして用いられ、中立的な意味の場合やプラスの意味を表す受け身として使用される場合もあります。下記は、プラスの意味を表す受け身表現の例です。

我也第一次**被**别人**这么**夸呢！（『会話編』第18課本文）

我**被**老师表扬了。（『講読編』第 18 課の「表現のポイント」の〈トライ〉と本文）

“被”は「被る」というのが原義です。したがって、「被害･損害を被る」という、マイナスの意味の受け身が本来の使い方ですが、現在では、このようにプラスの意味の受け身としても表現されます。この他､“让”や“叫”の受け身表現の場合も同様です。下記のようなマイナスの意味が感じられないものや、プラスの意味の受け身表現もあります。

他**让**同学们叫做大哥。

北京的很多胡同**叫**市政府改建了。

このように、本来は「被害・損害を被る」というマイナスの意味の受け身のマーカーであった“被”、“让”、“叫”は、現在では中立的あるいはプラスの意味で受け身を表現する場合があります。このような中立的あるいはプラスの意味での“被”、“让”、“叫”の受け身表現に対して、筆者は直感的に、「主題を転換する」あるいは「主題の転換を避ける」という、談話の中での主題の連続構造という問題が関わっているのではないかと考えています。しかしこれについては､今後の研究課題ということになります。

教学上で“被”、“让”、“叫”を用いた受け身表現の説明では、以下の 3 点に注意する必要があります。

1. “被”の受け身表現の場合には、B を省略できる場合があるが、“让”と“叫”の受け身表現の場合には、B は省略できない。

その理由は､“被”の場合には､B が表現されない「被 V」という形であっても、“被”の原義である「被る」という意味が強く残り、「被 V」という形で､「V を被る」という意味を表し得るからです。しかし“让”と“叫”にはそれだけの意味的な力がありません。したがって、“让”と“叫”の受け身表現の場合には、B は省略できないということです。

2. 「A ＋“被／让／叫”＋ B ＋ V」の V は、必ず文末に“了”を伴うか、あるいは V に付加成分を付けるなど、動作や行為の結果を表すなどの補足成分が必要である。

文末に“了”を伴うかとか、あるいはVに付加成分が必要であるというのは、先の7-2-2で述べた、“把”構文の述語動詞と同じ条件です。そこでは「“把”構文の述語動詞には、行為者の“把”の目的語に対する動作・行為を具象化するための情報が付与されている。」と述べました。つまり、**“被／让／叫”の受け身表現の場合も、動作・行為を具象化するための情報が付加されなければならない**ということです。では、その理由は何でしょうか。

上で述べたように、中国語の受け身表現は「被害・損害を被る」という、マイナスの意味の受け身が本来の使い方です。他者からの被害や損害を情報化する理由は、その被害や損害を最小限にして、それに対応するためです。そのためには何より「具体的な情報」が必要です。具体的な情報がなければ、被害や損害に対応することはできません。したがって、受け身表現の場合には、動作・行為を具象化するための情報が付加されなければならないということではないでしょうか。

上述したように、現在では、中国語の受け身表現は、「被害・損害を被る」というマイナスの意味の受け身だけではなく、プラスの意味の受け身表現もあります。しかし、もともとの「被害・損害を被る」場合の表現の原則が、プラスの意味の受け身表現の場合にも、そのまま生きているということです。

3. 「A＋“被／让／叫”＋B＋V」という形式で表現されていても、日本語では必ずしも「Vされる」という表現になるわけではない。

たとえば、下記のような例がそうです。

课本**被**我忘在家里了。（テキストは家に忘れてしまった。）

他**让**开水烫伤了。　　（彼はお湯でやけどした。）

衣服都**叫**大雨淋透了。（服は大雨でずぶ濡れになった。）

これらの例は、日本語では自動詞表現となります。このように、中国語の受け身表現が日本語では必ずしも「Vされる」という表現になるわけではないということも、学習者には説明する必要があります。

以上、“被／让／叫”を用いた受け身表現を見てきました。「A＋“被／让／叫”＋B＋V」という形式においては、それが日本語で「Vされる」と表現されない例であっても、中国語の受け身表現の中のAとBとVの意味的関係を正確に理解させることが重要です。

AとBとVの意味的関係：A＋“被／让／叫”＋B＋V
＝Aハ／ガ　Bニ　Vサレル

7-3-3 “让”と“叫”の使役と受け身の区別

最後に、“让”と“叫”の使役表現と受け身表現について、学習者に説明しておかなければならない重要なことがあります。それは、“让”と“叫”を用いる表現が使役の意味を表しているのか、それとも受け身の意味を表しているのかということを、何を手掛かりに区別すればよいのか、ということです。

日本語では使役の意味は「Vさせる」、受け身の意味は「Vされる」というように、形の上から明確な区別があります。したがって、日本人学習者には“让”と“叫”の使役表現と受け身表現の区別は容易ではありません。

結論から言えば、“让”と“叫”を用いる表現が使役の意味を表しているのか、それとも受け身の意味を表しているのかというのは、文脈や一般常識、あるいはAとBとVの意味の関係で決定するということです。

たとえば、“爸妈**让**我妹妹去中国留学了。”という表現は「両親が（私の）妹を中国に留学させた。」という使役の意味になります。それは「両親が（私の）妹によって留学させられる」などということが現実にはあり得ないことだからです。また、“鱼**叫**猫偷吃了。”も同様です。これは「魚は猫に食べられた。」という受け身の意味になります。それはなぜかと言えば、「魚が猫に食べさせる」などということが、現実的にあり得ないことだからです。

このように、“让”と“叫”の使役表現と受け身表現については、文脈や一般常識、あるいはAとBとVの意味の関係によってどちらの意味関係になるかを判断しています。学習者にはこういうことを説明する必要もあります。

8. 語気助詞

ここでは語気助詞について解説していきます。

8-1 「対事的語気助詞」と「対人的語気助詞」

テキスト『会話編』においては6種類の語気助詞(“的”、“了”、“呢”、“吧”、“吗”、“啊”)を、『講読編』においては、このうち“啊”を除いた5種類(“的”、“了”、“呢”、“吧”、“吗”)の語気助詞を取り上げています。

通常、語気助詞は、「文末に置かれ、話し手の心情や態度を表すもの」と説明されます。しかし語気助詞について、これ以上の説明がなされているテキストや文法解説書を知りません。テキスト『会話編』と『講読編』でも、語気助詞を「文末に置かれ、話し手の心情や態度を表すもの」と捉えていますが、それらはさらに「対事的語気助詞」と「対人的語気助詞」の2つに大別されると捉えています。

1. **語気助詞＝文末に置かれ、話し手の心情や態度を表すもの。**
2. **それらは「対事的語気助詞」と「対人的語気助詞」の2つに大別される。**

「対事的語気助詞」とは、伝えたい事柄に対して表す話し手の心情や態度であり、「対人的語気助詞」とは、聞き手に対して表す話し手の心情や態度です。「対事的語気助詞」と「対人的語気助詞」の分類の根拠は、それらが連用された場合の語順です。

テキスト『会話編』と『講読編』で取り上げた語気助詞を、「対事的語気助詞」と「対人的語気助詞」の２つに分類すると、下記のようになります。

1.「対事的語気助詞」：伝えたい事柄に対して表す話し手の心情や態度
＝“的”、“了”
2.「対人的語気助詞」：聞き手に対して表す話し手の心情や態度
＝“呢”、“吧”、“吗”、“啊”

「対事的語気助詞」と「対人的語気助詞」が連用される場合には、次のような語順となります。

[(伝達したい内容) ＋「対事的語気助詞」] ＋「対人的語気助詞」

実は、日本語の終助詞が連用される場合も、同様の語順となります。

[(今日は３月３日です) ＋「よ」] ＋「ね」。

↓　↓

対事的　対人的

このように、日本語の例を示すと、学習者にはわかりやすいでしょう。

以下で、それぞれの語気助詞について、順に解説していきます。

8-2　対事的語気助詞

ここでは“的”と“了”について見ていきます。

8-2-1　“的”（『会話編』第18課、『講読編』第14課）

文末の“的”は、通常、「“是～的”の構文」として取り上げられるものです。テキスト『会話編』と『講読編』では、特に「“是～的”の構文」としては取り上げていません。これについては、先行研究として大河内1975に「“是…的”を特に強調の形式として固定的に考える必要はない」との記述があります。私もこの見解に賛成で、両テキストはこの立場に立っています。それは、いつでも“是”と“的”が呼応して“是～的”という形式で表現されるわけではなく、これについては、どういう場合に“是”と“的”の両方が表現されるかが詳細に分析、研究されなければならないと考えるからです。たとえば、次の①～③の例文を見てください。

①　他**是**昨天回来**的**。

②　他**是**今天回来**吧**。

③　外科实习生**是**在这儿报到**吗**？

①は文末が“的”で、従来「“是～的”の構文」として取り上げられてきた典型的な例です。②は文末が“吧”です。また③は、中国のテレビドラマの中で、外科の実習生が実習先の病院の受付で言ったセリフです。筆者には①と②と③の“是”が同じ機能を果たしているとしか思えません。皆さんはいかがでしょうか。②や③のような表現は特別のものではありません。つまり、[2] の「2-3　“A 是 B。”について」において述べた通り、早急に“是”の機能の本質が解明されなければならないということです。

語気助詞の“的”は、通常、「すでに実現した事柄について、時間、場所、手段、相手などを強調する（取り立てる）」というように説明されてきました。テキスト『会話編』と『講読編』では、語気助詞の“的”は次のような機能を果たしていると捉えます。

語気助詞の“的”＝特定のある 1 回の事柄に対して、話し手の断定する語気を表す。

そしてその「特定のある 1 回の事柄」は、過去の場合もあれば、現在の場合もあれば、未来の場合もあります。それぞれの場合をまとめると、下記のようになります。

1. **過去の場合：すでに実現している特定のある 1 回の事柄について、その付帯状況（時・場所・方法など）について断定する。**

我们（是）骑车来**的**。　　（私たちは自転車で来ました。）

这本书我（是）上星期买**的**。　（この本は私は先週買いました。）

2. **現在の場合：現在の特定のある1回の事柄について断定する。**

你们都学习汉语吗？—— 是**的**。

（あなたたちは全員中国語を勉強していますか。）（そうです。）

他最近挺忙**的**。　　　　　　（彼は最近とても忙しいです。）

3. **未来の場合：未来の特定のある1回の事柄の実現を断定する。**

明天他一定会来**的**。　　　　（明日彼はきっと来ます。）

語気助詞の“的”は、繰り返しになりますが、「**特定のある1回の事柄に対して、断定する語気**」を表します。たとえば、「1. 過去のこと」について断定する場合、単にすでに実現している事柄について断定するのではなく、「すでに実現している特定のある1回の事柄」について断定します。したがって、「彼は3回中国に行きました。」は「すでに実現している事柄」ではありますが、“他去**的**三次中国。（×）”は成立しません。これは“他去**过**三次中国。”と表現されます。なぜなら、“的”は、彼が中国へ3回行ったうちの特定の1回について、その付帯状況（時、場所、方法など）についての断定を表す語気だからです。

さらに、**語気助詞の“的”**は、断定する事柄が過去の場合であっても、現在の場合であっても、未来の場合であっても、**話し手は決して主観的に断定しているのではなく、必ず客観的根拠を持って断定**しています。したがって、感情的色彩の強い程度副詞の“挺”や“怪”などと一緒に“挺～的”や“怪～的”というように用いられる場合、それは単に感情的に言っているのではないというニュアンスを表します。同じ程度副詞である“太”が“太～了”と表現されるのと比較すると、面白いでしょう。“太”は「度が過ぎている」というのが原義ですから、「通常ではない、度が過ぎたことが実現した」というのが“太～了”の意味です。しかし“太”と“的”が共起すると、「度を過ぎていること」を断定する結果となり、より感情的になるので、両者は共起しにくいのではないかと考えられます。

8-2-2 “了”

語気助詞の“了”については、「9．時態助詞」の「9-2 “了”」のところで、語気助詞の“了”と時態助詞の“了”をまとめて解説していますので、そちらを参照してください。

ここでは、語気助詞の“的”と語気助詞の“了”が連用された例を挙げておきます。そしてこの例を見ながら、これまでの語気助詞の“了”の捉え方の問題点を指摘しておきます。

従来、語気助詞の“了”は「新たな事態の発生・状況の変化」を表すという説明がなされてきました。では、下記の例において、この見解を当てはめてみると、どうなるでしょうか。

例：其实人家秀秀挺仁义**的了**。

上記の例は、最近の中国のテレビドラマ（《创业时代》）の中でのセリフで、次のような場面で発せられたものです。

主人公（30 前後の男性）が離婚し、妻だった女性（上記の例のセリフの中の“秀秀”のこと）は、夫と二人で生活していたマンションの荷物を整理して、そのマンションから出て行きました。そしてその際、彼女は元夫（主人公の男性）の離婚後の生活を心配して、元夫に銀行カードと車のキーを渡しました。上記の例は、その時その状況をまじかで見ていた主人公の男性の友人が、“秀秀”について主人公の男性に言ったセリフです。

この“了”は「新たな事態の発生・状況の変化」を表しているのでしょうか。そうだとすると、この元妻は、もともとは“仁义（親切だ、やさしい)”という人ではなかったが、離婚して元夫を哀れみ、“仁义”という人になった、ということを意味していることになります。ここではそんなことを言っているのではありません。「本当は秀秀はやさしいんだねえ。」と言っています。

では、語気助詞の“了”はどのように捉えたらよいでしょうか。「9-2 “了”」でこの例についても触れていますので、参照してください。

8-3 対人的語気助詞

ここでは順に、“呢”、“吧”、“吗”、“啊”を見ていきます。

8-3-1 “呢”（『会話編』第7課、『講読編』第12課）

“呢”は、なかなか1つの意味にまとめるのが難しい語気助詞ということができます。いろいろな文法解説書やテキストにも、いくつかの意味が示されています。特に疑問文に用いられる場合には、「疑問の語気を和らげる」と解説している解説書もあれば、「疑念を抱く気持ちを表す」と説明しているテキストもあり、教師泣かせ、学習者泣かせと言うことができます。

テキスト『会話編』と『講読編』では、“呢”の意味を次のように説明しています。

“呢”＝確証のある確信や確認を表す。

平叙文の場合には、話し手は事柄に対して確証を持っているので、“呢”は「事柄に対して確信している」ことを聞き手に表します。疑問文の場合には、“呢”は話し手が「聞き手に確証のある答えを求め、確認を表している」と捉えます。

1. 平叙文＝話し手は事柄に対して確証を持っており、事柄を確信していることを聞き手に表す。

他一口气能游五百米**呢**。（彼は一気に500メートル泳ぐことができます。）

他们在聊你**呢**。（彼らはあなたのことを話しています。）

2. 疑問文＝聞き手に確証のある答えを求め、確認を表す。

我们去**哪儿**好**呢**？（私たちはどこに行くのがいいですか。）

我有一个哥哥，你**呢**？（私は兄が一人います、あなたは？）

我们是骑车去还是坐公交车去**呢**？

（私たちは自転車で行きますか、それともバスで行きますか。）

下記は、対事的語気助詞である“的”、“了”と、対人的語気助詞“呢”の連用の例です。これは最近の中国のテレビドラマ（《中国式关系》）の中のセリフです。

・还老太不愿意**的呢**。

・你们连个正经住的地儿都没给我闺女，怎么我还不能管**了呢**。

8-3-2 “吧”（『会話編』第５課、『講読編』第16課）

“吧”は、テキストにおいても文法解説書においても、複数の意味が示されています。“吧”は必ず「未確定な出来事」に対して用いられるので、テキスト『会話編』と『講読編』では、それらを網羅して、その共通している意味を、次のように考えてみました。

“吧”＝未確定な出来事に対して、聞き手を確定の方向に導く。

具体的には４つの意味に分けてそれぞれのテキストに例文を示しました。

1. 勧誘　我们去看电影**吧**。　（私たちは映画を見に行きましょう。）
　　我们去北海公园**吧**。（私たちは北海公園に行きましょう。）

2. 提案、（軽い）命令
　　你（你们）去图书馆看书**吧**。
　　（あなた（たち）は図書館に行って勉強しなさい。）
　　你喝茶**吧**。　（お茶をどうぞ。）

3. 推測　星期六游客多**吧**。　（土曜日は観光客が多いでしょう。）
　　他是日本人**吧**。　（彼は日本人でしょう。）

4. 譲歩・許容
　　我们去北海公园，怎么样？——好**吧**。
　　（私たちは北海公園へ行くというのは、どうですか。）
　　（いいですよ。）
　　学习紧张吗？　——还可以**吧**。
　　（勉強は忙しいですか。）　（まあまあです。）

下記は、対事的語気助詞である“的”、“了”と対人的語気助詞“吧”の連用の例です。

你们骑车来**的吧**。

他病已经好**了吧**。

さらに、下記の例は、対人的語気助詞の“呢”と“吧”が連用した例です。

你酒还没醒**呢吧**。

你没吃饭**呢吧**。

8-3-3 “吗”

“吗”の疑問文については、「5. 疑問文」の5-1で詳述しました。参照してください。

下記は、対事的語気助詞である“的”、“了”と対人的語気助詞“吗”の連用の例です。

今天你骑车来**的吗**？

他病已经好**了吗**？

さらに下記の例は、対人的語気助詞の“呢”と“吗”が連用されている例です。

这不是跟你商量**呢吗**？

8-3-4 “啊”（『会話編』第7課）

“啊”も、テキストや文法解説書によって、説明が異なります。テキストの多くは複数の意味を書いており、その中で、木村、宮本2014a（p.26）には「それぞれの文がもつ伝達機能を増幅させる効果をもつ」と書かれています。さらに小川2009（参考書のp.76）では「文をいきいきとさせる働きがある」と説明されています。テキスト『会話編』（第7課「表現のポイント③」）では、下記のように説明しています（テキスト『講読編』の本文では“啊”は出てきません。したがって、「表現のポイント」でも取り上げていません）。

“啊”＝聞き手に働きかけて、肯定の語気を伝えたり、疑問・意外（驚き）などの語気を和らげる。

下記の例は、『会話編』の本文に出てきたものです。

1. 肯定の語気を伝える

好**啊**！ （第４課、第５課） （いいですね！／いいですよ！）

有**啊**。 （第７課） （ありますよ。）

2. 疑問の語気を和らげる

你们去哪儿**啊**？（第４課） （あなたたちはどこへ行きますか。）

3. 意外や驚きの語気を和らげる

差五分十一点，不早了**啊**！（意外な気持ち：第６課）

（時間は早くないですね。）

那您是独生女**啊**！（驚き：第７課）

（じゃああなたは一人っ子ですね。）

下記の２例は、対事的語気助詞である“的”、“了”と対人的語気助詞である“啊”の連用の例です。それぞれ肯定の語気を伝えています。

她们骑车来**的啊**。

他病已经好**了啊**。

また、“啊”については、音が変化する場合があることを知っておく必要があります。これについては、「Ⅱ．発音部　2．音節の構造」の「2-3-1 音節の独立性」で詳述しましたので、参照してください。

8-4 「対事的語気助詞」と「対人的語気助詞」の境界線

以上、語気助詞について解説しました。テキスト『会話編』と『講読編』では、語気助詞を「対事的語気助詞」と「対人的語気助詞」の２つに分類しています。分類の判断基準は、先に述べたように、語気助詞が連用された際の語順です。しかし実は、語気助詞を完全に「対事的語気助詞」と

「対人的語気助詞」の２類に分類することはできません。これらの語気助詞は､実際には「対事的」から「対人的」まで一直線につながっており､「対事的」と「対人的」の境界線を明確にすることはできません。現在の段階で、上記の６つの語気助詞を一直線に並べてみると、下記のようになるのではないかと考えています。

←―― より対事的 ……… より対人的 ――→
“的”、“了”　　　　“呢”、“吧”、“吗”、“啊”

これについても、中国語教育の上で、どのような考え方が有効か、どのように教授するのが有効か、さらに分析、研究が必要です。

テキスト『会話編』では上記の６つの語気助詞（“的”､“了”､“呢”､“吧”、“吗”､“啊”）について､『講読編』では､上記のうちの５つの語気助詞（“的”、“了”、“呢”、“吧”、“吗”）について、「表現のポイント」でそれぞれの語気助詞の意味と用法をまとめて書いています。各課の本文に出てきたものについては、本文の［注］において、「表現のポイント」で示したうちのどの用法であるのか、それを確認できるように書いておきました。授業の際には必ずそれぞれの語気助詞の意味を確認してください。

9. 時態助詞

ここでは時態助詞について解説していきます。

9-1　時態助詞とは何か

中国語の時態助詞には“了”、“过”、“着”の３つがあります。

「時態助詞」とは、動詞の後ろに付けて、動作や行為を時間の経過の中で捉えて表現するものです。アスペクト助詞あるいは動態助詞などとも呼ばれています。

動作や出来事が現在・過去・未来という時間的な区別のどれに属するの

かということを、動詞の形態や文法的な手段によって表す現象をテンス（時制）と言います。たとえば、英語の動詞の「原形・過去形・過去分詞形」という形態変化は、動作や出来事が現在と過去のどの時間に属するのかを区別する現象です。中国語にはこのような「テンス」はなく、「時態助詞」はテンスではないということを、学習者に説明する必要があります。

以下で、“了”、“过”、“着”の３つを順に見ていきます。

9-2 “了”（『会話編』第４課、『講読編』第５課）

ここでは“了”について解説していきます。

9-2-1 従来の説明

従来、“了”は明確に２つに分けて説明されてきました。１つは文末の語気助詞の“了”、もう１つは動詞の直後の時態助詞の“了”です。ここではまず文末の語気助詞の“了”について見ていきます。

9-2-1-1 文末の“了”の従来の説明—「変化」、「発生」

木村、宮本 2014a（p.98）では、文末の“了”を「ある事態が発話の場や問題の場面にとって新たな変化として生じたことを表す」と説明されています。そして下記の１と２などの例が挙げられています（例文番号と例文中の太字は筆者が加筆）。

1. 我饿**了**。
2. 长途汽车到太原**了**。

また木村、宮本 2014a（p.83）では“太”、“可”、“最”などの副詞と呼応して用いられる文末の“了”を「程度強調の“了”」とし、「程度が極まって高いという気持ちを表す」と説明しています。さらに木村、宮本 2014a（p.181）では、“快”、“就”、“要”と呼応して用いられる文末の“了”を「近未来の“了”」とし、「差し迫った未来に実現する事態を表す」と説明しています。

丸尾 2010（p.105）では、文末の“了”は「新たな事態の発生・状況の変化」を表すと説明されており、下記の3と4などの例が挙げられています（例文番号と例文中の太字は筆者が加筆）。

3. 他十九岁**了**。

4. 我的钱包不见**了**。

さらに、相原 2016（p.215）では、文末の“了”は「「ある事態や状況がすでに発生したことを認める」「状況の変化に気づく」などといった話し手の気持ちを表すもの」と説明されています。

文末の“了”に対するこれらの説明に共通しているのは、「変化」と「発生」です。実際にどの入門テキストも、必ずこういう語彙を用いて文末の“了”は説明されています。

そもそも「変化」とは何でしょうか。広辞苑では「変化」は「かわること。ある状態から他の状態に変わること。」と説明されています。では「発生」とはどういうことでしょうか。広辞苑では「発生」は「生い出ること。事が起こり生ずること」と説明されています。この説明から分かることは、「変化」と「発生」とは、全く別の2つの事柄であるということです。1つの文法項目が、「ある時は変わることを表し、ある時は生ずることを表す」という説明が、合理的な説明であるということができるでしょうか。しかも、上記の1～4の例において、どれが「変化」で、どれが「発生」なのか、明確に記述されていません。

また、「変化」という概念には、必ず変化する以前の事態や状況との比較が含意されています。しかし、文末の“了”は、変化する以前の事態や状況と比較するというような役目は担っていません。

次に、動詞の直後の“了”について、従来の説明を見ていきます。

9-2-1-2 動詞の直後の“了”の従来の説明—「完了」、「実現」

動詞の直後の“了”について、木村、宮本 2014a（p.150）では、「〈完了〉アスペクトを表す。」とし、「述べられている動作や変化が、問題の時点においてすでに実現済みであることを表す。」と説明されています。そして下記の5と6の例が挙げられています（例文番号と例文中の太字は筆者が加筆）。

5. 我借**了**三本书。

6. 吃完**了**饭再打电话联系。

また、丸尾 2010（p.122）では、動詞の直後の“了”は「「動作の完了・実現」を表すアスペクトマーカーであり、過去・現在・未来のいずれのテンス（時制）にも用いることができます。」と説明されています。そして下記の7～9の例が挙げられています（例文番号と例文中の太字は筆者が加筆）。

7. 過去：昨天她买**了**一本中国杂志。

8. 現在：我刚写好**了**一篇文章。

9. 未来：你到**了**那边就给我打电话吧。

さらに相原 2016（p.214）では、動詞の直後の“了”は「動作が完了したり、そのことが実現をみたという動作・行為の姿を表す完了・実現のアスペクト」と説明され、下記の10と11が例として挙げられています（例文番号と例文中の太字は筆者が加筆）。

10. 我看**了**今天的报。

11. 你买**了**几本杂志？

動詞の直後の“了”に対するこれらの説明に共通しているのは、「完了」と「実現」です。実際にどの入門テキストも、必ずこういう語彙を用いて説明されています。

以下では、文末の“了”と動詞の直後の“了”の本質的な相違を考え、さらに“了”の本質的な意味を「実現」という観点から考えていきます。

9-2-2 “了”の本質的な意味

木村 1996（p.224）では、文末の“了”について下記の12の例を挙げて、この例について、以下のように述べています（例文番号と太字は筆者が加筆)。

12. 我昨天跟我父亲一起去长城**了**。

「話し手は発話時現在に視点を据え、その位置から現在との関連において出来事を捉えようとした表現、つまりは現在とのつながりを意識した表現ということ」

村松 1986 においても、文末の“了”は「話し手が事案の実現を発話時点において捉えていることを意味している」と説明し、「実現」という概念を使いました。そこではさらに、「それ以前の事態や状況との比較という問題は、“了 2”（ここで言う文末の“了”のこと）の機能とは無関係である」と説明しました。

「実現」とは、広辞苑によれば、「実際にあらわれ出ること。実際にあらわし出すこと。現実のものとなること。」と説明されています。つまり、**文末の“了”の本質は、「発話時点において、その事案が実現している（＝現実化している）と話し手が捉えていることを表現している」ということ**です。上記の 9-2-1-1 で示した 1 ～ 4 の例文の文末の“了”は、こういうことを意味しているだけです。もう一度 1 ～ 4 の例文を以下に示します。

1. 我饿**了**。
2. 长途汽车到太原**了**。
3. 他十九岁**了**。
4. 我的钱包不见**了**。

たとえば、1 の“我饿**了**。”は、発話時点において“饿”という状況が実現していることを意味しています。しかし、実際にいつから“饿”という状況が始まったのか、あるいは認識されたのかは、この文だけでは分かりません。2 はどうかというと、これもたとえば“现在”があれば、実現した時点は明確ですが、この一文だけでは不明確です。さらに 3、4 についても同様です。

では、動詞の直後の“了”はどうでしょうか。**動詞の直後の“了”と文**

末の“了”の本質的な相違は、話し手が事案の実現を捉える「時点」の相違です。文末の“了”は、上述したように、話し手が事案の実現を「発話時点において、あるいは指定時点（文や文脈において限定されている時点）」で捉えていました。これに対して**動詞の直後の“了”の場合は、話し手は事案の実現を「発話時点より前、あるいは指定時点（文や文脈において限定されている時点）より前」で捉えています**。たとえば先の 9-2-1-2 で示した 5、7、8、10、11 の例は、事案の実現を発話時点より前で捉えている例です。これらの例文をもう一度以下に示します。

5. 我借**了**三本书。
7. 昨天她买**了**一本中国杂志。
8. 我刚写好**了**一篇文章。
10. 我看**了**今天的报。
11. 你买**了**几本杂志？

６と９の例についても見ていきます。これらの例文ももう一度以下に示します。

6. 吃完**了**饭再打电话联系。
9. 你到**了**那边就给我打电话吧。

６と９の例は、事案の実現をそれぞれ指定時点より前で捉えている例です。たとえば６は、「“打电话联系”＝電話で連絡する」という指定時点より前に、「“吃完饭”＝ご飯を食べ終わる」という事案が実現しているということを表しています。また９は、「“你给我打电话”＝あなたが私に電話する」という指定時点より前に、「“你到那边”＝あなたがあそこに到着する」という事案が実現しているということを表しています。

このように見てくると、**“了”の本質的な意味は、「事案が実現した、あるいは実現しているということを意味している」ということ**になり、**文末の“了”と動詞の直後の“了”の相違は、話し手が事案の実現を捉える「時点」の相違である**ということができます。そしてその「時点」の相違とは、文末の“了”は、話し手が事案の実現を捉えるのが「発話時点、あるいは指定時点」においてであり、動詞の直後の“了”は、話し手が事案の実現を捉えるのが「発話時点より前、あるいは指定時点より前」である、ということです。

そこで『会話編』第４課と『講読編』第５課の「表現のポイント」では、“了”について、次のように説明しています。

“了”の２つの用法(動作や事態が実現した／実現していることを表す)

1. 文末の“了”(語気助詞：対事的語気助詞)

＝発話時点（指定時点）において実現した／している

（例）你的发音太好**了**。／ 她的病好**了**。

2. 動詞の直後の“了”(時態助詞)

＝発話時点（指定時点）より前に実現した／している

（例）我吃**了**十个饺子。／ 我买**了**一本中文杂志。

ここで、先の 8-2-2 の例（“其实人家秀秀挺仁义的**了**。”）について、振り返ってみます。この例が意味しているのは、「発話時点において、「実際には秀秀はとてもやさしい」ということが実現している」と話し手が捉えているということです。そこには、従来の説明のような、「新しい事態の発生」も「状況の変化」もありません。この元妻は、もともとは“仁义（親切だ、やさしい)”という人ではなかったが、離婚して元夫を哀れみ、“仁义”という人に変化した、あるいはそういうことが新たに発生した、ということを意味しているのではないということです。

9-2-3　２つの“了”の連用

２つの“了”を上記の 9-2-2 のように理解すると、次の 13 の例のように、動詞の直後の“了”（時態助詞）と文末の“了”（語気助詞）が連用して表現された文の理解が容易になります。『会話編』第４課の「表現のポイント」では、「☆２つの“了”の連用」として示しています。

13. 我已经吃了饭了。

↓　↓

時態助詞　語気助詞

例文の 13 は“[我已经吃了饭] 了。”ということを意味しています。“已经吃了”という表現は「もうすでに食べた」という意味を表し、そのことをさらに発話時点において捉えなおしているのが文末の“了”ということです。しかし日本語では「私はもうすでにご飯を食べました。」と表現する以外に、表現のしようがありません。

もう 1 つ、下記の例文 14 について見ていきます。

14. 我学了三年汉语了。

↓　↓

時態助詞　語気助詞

例文の 14 は“[我学了三年汉语] 了。”ということを意味しています。時態助詞の“了”の“学了三年汉语”は、発話時点より前に「三年間中国語を勉強した」という状況が実現していることを表現しており、そして文末の語気助詞の“了”によって、発話時点においてもそれが実現していることを表現しています。したがって、例文の 14 は、「私は（すでに）三年間中国語を勉強し、今も勉強を続けている。」という意味になります。

9-2-4 「動詞＋“了”＋はだかの目的語」では文は完結しないのか

最後に、「動詞＋“了”＋はだかの目的語」では文は完結しないのか、ということについて述べておきます。

木村 2012（p.171）では、“下了围棋”を例に挙げて、次のように述べられています。少し長くなりますが、抜粋して紹介します。

「「昨夜は弟と碁を打ってから寝た」を中国語で表現したければ、“昨天晚上我跟弟弟下了围棋就睡了。”ではやはり不自然であり、“昨天晚上我跟弟弟下了一盘围棋就睡了。”[昨夜は弟と碁を 1 局打ってから寝た] のように何らかの数量表現を加えなければならない。（中略）

“了”は限定性もしくは変化性を強く指向する。そのことは、裏を返せば、一定量のまとまりをもった限界性のある動作が完遂された段階や、何らかの具体的な変化が実現に至った段階、すなわち何らかの「決着」を見た段階においてこそ「完了」すなわち「実現済み」という認識が生まれる、ということである。」

さらに丸尾 2010（pp.123 ～ 124）では「「動詞＋“了”＋はだかの目的語」の形では、多くの場合、文が完結せずに後にまだ続く感じがします。」と述べられています。そして、文を言い切りにするためには、①語気助詞の“了”を用いる、②数量表現を用いる、③定語や状語を用いる、と説明されています。また、相原 2016（pp.216 ～ 217）でも、同様の説明がなされています。

丸尾 2010 に挙げられている上記の条件①～③は、実現した内容に対する具体的な情報です。木村 2012（p.171）で挙げられている例、つまり“昨天晚上我跟弟弟下了一盘围棋”というように、“围棋”の前に“一盘”という数量表現が必要だというのも、実現した内容に対する具体的な情報が必要だということを言っています。

しかし、丸尾 2010（p.123）では、「動詞＋“了”＋はだかの目的語」の形では「多くの場合」、文が完結せずに後にまだ続く感じがすると述べられており、これは換言すれば、「動詞＋“了”＋はだかの目的語」でも文が完結する場合もあるということです。これはどういうことかというと、「動詞＋“了”＋はだかの目的語」でも、何が実現したのかということに対する具体的な情報が、文脈やその他の手段によって認識できる場合には、それが成立するということです。

では、どういう場合に「動詞＋“了”＋はだかの目的語」の形で文が完結するのかということに対する分析は、いくら一文のレベルで例文を集めたとしても、それだけでは分析不可能でしょう。やはりこれも今後、談話レベル、情報分析のレベルでの詳細な分析、考察がなされなければならない、重要な課題です。

また、「具象化の情報が必要である」というのは、個別の文法項目においての特徴ではなく、中国語全体の大きな特徴と言うこともできます。

9-3 “过”（『会話編』第９課、『講読編』第９課）

ここでは“V 过”について解説していきます。

9-3-1 従来の説明

“V 过”について、木村、宮本 2014a（p.150）では、「〈経験〉アスペクトを表す。」とし、「述べられる動作が、問題の時点において、すでに経験済み・経過済みであることを表す。」と説明されています。そして下記の１の例が挙げられています（例文番号と例文中の太字は筆者が加筆）。

1. 我前年看**过**一次京剧。

また、丸尾 2010（pp.128 ~ 130）では、“V 过”には、２つの用法があると述べられ、１つは「経験を表す用法」（「～したことがある」）で、下記の２が挙げられています。もう１つは「終了を表す用法」（「～し終える」）で、下記の３が挙げられています（例文番号と太字は筆者が加筆）。

2. 我曾经去**过**一次长城。
3. 今天的报纸我已经看**过**了。

相原 2016（pp.222 ~ 224）も、“V 过”は「経験相」と「終結」の２つと説明しており、基本的に丸尾 2010 と同じ見解です。

これらをまとめると、従来の“V 过”の説明は、「経験（済み）」と「終了・終結・経過（済み）」という２つの用法になります。

9-3-2 「経験」とは何か

そもそも「経験」とは何でしょうか。

広辞苑には、「人間が外界との相互作用の過程を意識化し自分のものとすること。人間のあらゆる個人的・社会的実践を含むが、人間が外界を変革するとともに自己自身を変化させる活動が基本的なもの。」と説明されています。“V 过”の“过”に、「自分のものとする／自己自身を変化させる」などという意味が含意されているでしょうか。ありえません。

“V 过”の“过”は繁体字では“過”で、その原義は「経過する、過ぎる」

です。そこに「経験」などという意味はありません。つまり、“V 过”は「述べられている動作・行為が、指定時点（発話時点／文や文脈で指定された時点）において経過した、過ぎた」ということを意味しているだけです。経過した、過ぎた動作や行為が「自分のもの」となったか、あるいは「自己自身を変化」させたかどうかは、“V 过”の与り知らぬ事柄です。

したがって、テキスト『会話編』（第９課「表現のポイント」）と『講読編』（第９課「表現のポイント」）では、“V 过”に対する説明として、「すでに経過している動作・行為を表す」と説明し、敢えて「経験」という言葉を使っていません。

“V 过”を「経験を表す」と説明し、「～したことがある、という意味です」と説明すると、学習者は、“V 过”の表現を見るたびに、「～したことがある」という日本語に訳します。その結果、上記３の例などは「今日の新聞は私はすでに読んだことがある。」という日本語になってしまいます。そもそも日本語の「したことがある」という表現も、別に「経験」を意味しているわけではなく、「過去にそういうことがあった」と言うことを言っているだけです。

9-3-3　“过”の本質的な意味

大事なことは、「**“过”＝“過”**」であり、それは「過ぎたこと」であるということであり、したがって話し手は、その事柄の実現が「完全に発話時点＝現時点と切れている」と認識しているということです。このことは、下記の４と５の例で明確です。

4. 他学**了**英语，现在还在学习英语。　　（○）
5. 他学**过**英语，现在还在学习英语。　　（×）

もういい加減に、“V 过”を「経験を表す」と説明し、「～したことがある、という意味です」と説明するのは止めにしましょう。そういう日本語で表現するのが自然な時もありますが、それでも決して「経験」を意味しているわけではありません。そして「**“过”＝“過”**」であることを定着させることが非常に重要なことであることも忘れてはいけません。

“V 过”（時態助詞）

1. “过”＝“過”

2. “过”の直前の V で表される動作・行為はすでに「過ぎたこと、過去のこと」。

3. 話し手は、その動作・行為が実現したことが、発話時点と完全に切れていると認識している。

“V 过”がこういう意味であるからこそ、文末の“了”と共起できるのです。下記の例で見てみます。

6. 我吃**过**晚饭**了**。

↓　　↓

時態助詞　文末の“了”

“V 过”（時態助詞）は、話し手の意識の中では、その動作・行為が実現したことが発話時点と完全に切れていました。したがって、6 の例では、“吃晚饭”ということが、発話時点においてはとっくに過ぎ去ったことであり、そのとっくに過ぎ去ったことを、もう一度発話時点から捉えて表現しているのが文末の“了”です。したがって、例文の 6 は「私は夕飯を（発話の時点でもうとっくに）食べました。」という意味になります。

上記 9-3-1 で挙げた例の 3 も同様です。

3. 今天的报纸我已经看**过**了。

↓↓

時態助詞“过”と文末の“了”

3 の例では、“看今天的报纸”ということが発話時点においてはとっくに過ぎ去ったことであり、そのとっくに過ぎ去ったことを、もう一度発話時点から捉えて表現しているのが文末の“了”です。したがって、例文の 3 は「今日の新聞は私はすでに（発話の時点でもうとっくに）読みました。」

という意味になります。

9-4 “着”（『会話編』第 13 課、『講読編』第 13 課）

ここでは“V 着”について解説していきます。

9-4-1 従来の説明

“V 着”について、木村、宮本 2014a（p.150）では、「〈持続〉アスペクトを表す。」とし、「述べられている動作や動作の結果が、問題の時点において、持続的・状態的に実現していることを表す。」と説明されています。そして下記の 1 と 2 が挙げられています（例文番号と太字は筆者が加筆）。

1. 你先去吧，他们在门口等**着**你。
2. 两个窗户都开**着**。

また、丸尾 2010（p.126）では、「動詞の後ろに助詞“着”を付けて、持続を表します。」とあり、下記の 3 の例などが挙げられています（例文番号と太字は筆者が加筆）。

3. 她在椅子上坐**着**。

さらに丸尾 2010（p.126）では、下記の 4 と 5 の“写着”の例を挙げて、「動作の持続、結果の残存がそれぞれ表されています。」と説明されています（例文番号と太字は筆者が加筆）。

4. 他写**着**信呢。　　　　（動作の持続）
5. 黑板上写**着**几个字。　（結果の残存）

相原 2016（pp.206 ~ 210）では、動作そのものの持続状態と、ある動作の結果がそこに残存している残存状態との 2 つのタイプがある、と説明されています。下記の 6 と 7 がそこに挙げられている例です（例文番号と太字は筆者が加筆）。

6. 妈妈做**着**饭呢。　　　（動作の持続）
7. 桌子上摆**着**碗筷。　　（動作の結果の残存）

これらをまとめると、“V 着”は大体、「動作の持続」と「動作の結果の残存の状態」を表すということになります。

9-4-2 “着”の「時間的特性」と「質的特性」について

テキスト『会話編（第 13 課「表現のポイント」)』と『講読編（第 13 課「表現のポイント」)』でも、上記の例と同様の例を挙げ、“V 着”について「動作・行為の状態・持続」と説明しています。

8. 他今天穿**着**一件红衣服。　　　『会話編』
9. 他在床上躺**着**。　　　　　　　『講読編』

時態助詞の“着”については、村松 1988 で論じたことがあります。そこでの論点は 2 つです。1 つ目は時態助詞“着”の「時間的特性」、2 つ目は時態助詞“着”の「質的特性」です。

まず 1 つ目の「時間的特性」について、下記の例で説明していきます。

10. 我现在在名古屋住。
11. 我现在在名古屋住**着**。

10 と 11 は、日本語で表現すれば両者ともに「私は今名古屋に住んでいます。」です。では、10 と 11 の違いは何かというと、10 は恒久的な状況を意味し、11 は一時的な出来事を意味している、ということです。11 の場合、「以前は別のところに住んでいて、今は名古屋に住んでいるが、また別のところに移るかも知れない」という状況を意味しており、一時的な滞在を意味しています。したがって、11 の場合には「私は今名古屋に滞在しています。」という日本語の方が良い場合もあるでしょう。つまり“着”は、一時的な「持続」や、一時的な「状態」を意味している、ということです。ちなみに、日本語の「テイル」は、上記 10 のような、恒久的な状況（「私は（住居として）名古屋に住んでいる」や、「私は（職業として）大学で中国語を教えています。」）を表現することもできます。これが中国語の“着”と日本語の「テイル」の大きな違いです。

次に 2 つ目に重要な“着”の「質的特性」について、下記の 12 で説明していきます。

12. 他们欺人太甚了。秦爷爷，你不知道，有些人真可恨。<u>吃**着**</u>我们包的饺子，<u>穿**着**</u>我们织的毛衣，反过来又歧视我们，挤兑我们，我真受不了。
『话剧剧本选』1981 年中国社会科学出版社（《金子》田份 p.160 より）

上記の 12 は、中国 1980 年代初めの“待业青年”をテーマとした劇本のセリフの一部です。就職待ちの青年たちが、自分たちを軽蔑する人々に対する怒りを秦爺さんに述べているシーンのセリフです。「私たちが作ったギョウザを食べたり、私たちが編んだセーターを着たりしているくせに、また私たちを軽蔑して、本当に我慢できない。」と言っています。12 の中の“吃着”は「私たちが作ったギョウザを食べるという行為が、1 回だけでなく、繰りかえし行われている」ということを意味しています。また“穿着”は「私たちが編んだセーターを着るという行為が、1 回だけでなく、繰り返し行われている」ということを意味しています。つまりここでの“着”は、等質の行為の繰りかえしを意味しています。

もう 1 つ、下記の 13 の例を見ていきます。

13. 她的肚子还**大着**，还没有生吧。

上記の 13 は、妊娠して大きなおなかの状態である彼女を見て、「彼女のおなかは依然として大きい状態にある」ということを言っています。実は“着”は動詞だけでなく、13 のように、形容詞にも後置します。このような例は特殊な例ではありません。「[3] 中国語の「品詞」について」において、中国語における動詞と形容詞は意味的にも文法的にも連続性が高いということを述べました。このことは何を意味しているのかというと、時態助詞（あるいは動詞接尾辞、アスペクト）と呼ばれている“着”の文法的意味は、動詞だけでなく、形容詞に後置する場合も含めて分析、考察されなければならないということです。そして、形容詞はもともと状態を意味していますから、“着”が後置すると、形容詞の表すその状態が時間的に依然として持続していることを表します。

9-4-3 "着"の本質的な意味

上記の 1 ~ 13 の例から、"着"の本質的な意味は、次のようにまとめることができます。

"V / Adj. 着"＝動詞によって表現された動作・行為が、あるいは形容詞によって表現された状態が、一定時間、等質的な状態を保っていることを表す。

つまり、一定時間の間、どこを切り取っても金太郎あめ状態で、そこに動きはありません。

テキスト『会話編(第 13 課「表現のポイント」)』と『講読編(第 13 課「表現のポイント」)』では、下記の 14 と 15 のような「V1 着 V2」の例を挙げています。

14. 咱们走**着**去吧。　　　　『会話編』
15. 她笑**着**说:"欢迎欢迎!"　　『講読編』

上記の 14 は、"去"という行為が行われている一定時間の間、等質的な状態で"走"という行為が保たれている、ということを意味しています。また 15 は"说"という行為が行われている一定時間の間、等質的な状態で"笑"という行為が保たれている、ということを意味しているということです。

9-5 時態助詞表現の否定型

"了"、"过"、"着"の 3 つの時態助詞の表現の否定詞はすべて"没(有)"です。9-2、9-3、9-4 で述べてきたように、時態助詞の"了"、"过"、"着"を伴った表現は、発話時点(指定時点)ですでに動作・行為が実現している状況についての表現です。したがって、"没(有)"という否定型しかありません。

注意が必要なのは、時態助詞の"了"の文を否定する場合には、"了"

を表現しないということです。では、なぜ時態助詞の“了”の文を否定する場合には“了”を表現しないのでしょうか。

先の 9-2-2 で述べた通り、時態助詞の“了”は、発話時点（指定時点）より前に実現した（実現している）と話し手が捉えていることを意味しています。しかし、“没有”は“有”の否定型で、“有”の原義は「存在する／存在している」（次の「10.“有”の表現」で解説）です。つまり、“没有”は「存在しない／存在していない」ということを意味しています。したがって、発話時点（指定時点）より前に実現した（実現している）ということを意味する時態助詞の“了”とは、共起できないということです。

・時態助詞の“了”＝発話時点（指定時点）より前に実現した／実現している
・“没有”　＝発話時点（指定時点）より前に存在しない／存在していない

このように、“没有”と時態助詞の“了”は相反することを意味しており、したがって共起できないということです。教師としては、「時態助詞の“了”の文を否定する場合には、“了”を表現しません。」と説明するだけでなく、なぜなのかを説明する必要があります。鋭い学習者は、その理由を質問してくる可能性があります。

10. “有”の表現（『会話編』第 7 課、『講読編』第 7 課）

ここでは“有”という動詞について見ていきます。

10-1 “有”の原義

通常、“有”という動詞は「存在」や「所有」を表すと説明されます。しかし **“有”の原義は「存在」**です。「所有」は「存在」の一部ですが、「人」が文頭（“有”の前）に置かれた文の場合には、学習者にとっては「所有」

という説明の方が分かりやすいかも知れません。しかし、“有”という動詞に「存在」と「所有」の２つの用法があるわけではありません。

“有”の原義は「存在」

学習者が混乱するのは、“有”と“在”という動詞の意味と使い方の相違です。ここではまず、このことについて解説していきます。

10-2 “有”と“在”の相違

“有”の表現の説明で重要なことは、“在”を使用した表現との意味の違いと、使用する場面の違いをきちんと説明するということです。どちらも日本語では「アル／イル」と表現することが可能です。しかし、学習者に説明する際に、日本語の訳語を示すだけでは、学習者は両者の意味の違いと使用する場面の違いを区別できません。つまり「“有”は日本語ではアル／イルです」と説明し、また“在”についても「“在”は日本語ではアル／イルです」と説明するだけでは不十分だということです。

筆者は学習者に対して、いつも次のような説明をします。

「話し手が聞き手に対して「私の妹は今ニューヨークにいます。」と言う場合、もし聞き手が「私に妹がいる」ということを知らなかったら、「へー、あなたには妹がいたんですね。知りませんでした。」という状況になります。そういう状況にならないために、情報を伝達する場合には、伝達する情報に順番があります。つまり、伝えたい内容に対して共通の前提としておかなければならない情報があり、まずはそれを先に知らせておく必要があるということです。「私の妹は今ニューヨークにいます。」という情報を伝達する場合に共通の前提としていかなければならない情報は、「私に妹がいる」ということです。したがって、伝達の順番としては、まず「私には妹がいる」という情報を伝達し、その次に「その妹は今ニューヨークにいる」という順になる、ということです。」

このような説明をした後で、“有”と“在”という動詞の表現の順番を示します。

1 番目→　我**有**一个妹妹。
2 番目→　她现在**在**纽约。

このことから分かるように、“有”は、まず話し手が聞き手とその存在そのものを共通理解とするために用いる表現です。そしてもう一つ重要なことは、中国語は、話し手と聞き手の間で共通理解となっていない人や物を、文頭に表現することができないということです。これは、「情報伝達構造から見た「中国語の文の語順三原則」」の「原則 2」[54] です。したがって“有”の表現の文頭には、聞き手とその存在そのものを共通理解としたい人や物を置くことができません。

一方、“在”は、すでに聞き手と共通理解になっている人や物の「所在地」を伝達するための表現です。したがって、それぞれ下記のような語順で表現されることとなります。

“有”の語順：
「聞き手と共通理解になっている人あるいは場所」　＋“**有**”＋　「その存在が聞き手と共通理解になっていない人あるいは物」

“在”の語順：「その存在が聞き手と共通理解になっている人あるいは物」　＋“**在**”＋　「その所在地」

最近見た中国のテレビドラマ（《理智派生活》）は、上海を舞台に中国の若者の生き方を描いたドラマでした。その中で、男性主人公の上海出身ではない友人が、上海での就職が上手くいかず、故郷に帰るか上海に残るか、迷うという場面がありました。結局彼は上海に残る決心をしたのですが、その際に、上海出身の恋人の女性に言ったセリフが、“上海有你在，我留

54 「[2] 3. 情報伝達構造から見た「中国語の文の語順三原則」」を参照して下さい。

在上海。”でした。この時の“你”は、目の前にいる恋人のことですから、「その存在が聞き手と共通理解になっていない人」ではありません。その存在は当然共通理解になっています。しかしここで敢えて“上海有你在”と“有”を使って言っているのは、「上海に“你”が存在していることを再確認している」と言うことができるでしょう。これは単に“你在上海”と表現する場合と比較すれば、よくわかると思います。これは単に“你”の所在地を言っているだけです。これに比べて“上海有你在”は“你”が上海に存在していることを再確認しています。

① “上海**有**你在”＝上海にはあなたが**いる**

② “你**在**上海”　＝あなたは上海に**いる**

しかし、入門段階では、このような「存在の再確認」とも言うべき例まで挙げて説明すると、学習者は混乱します。やはり入門段階では、上述した“有”と“在”の意味と使用する場面の基本的な違いをきちんと説明することが重要です。

10-3　その他の重要な説明

“有”に関しては、さらに3つ、必ず説明しなければならない事柄があります。

1つ目は、“有”の否定型は現在、過去、未来関係なく**“没有”**であり、“不”という否定詞は用いない（“不有”は存在しない）ということ。したがって反復疑問型は**“有没有”**であることを、必ず説明する必要があります。

2つ目は、日本語には「アル」と「イル」の区別がありますが、中国語にはこのような区別がないということです。日本語では、100パーセントではありませんが、「アル」は基本的に無生物、「イル」は基本的に生物に使います。しかし中国語にはそのような区別はありません。この説明は重要です。

3つ目は、“有”は兼語式動詞文の場合があるということです。連動式動詞文と兼語式動詞文については、「18. 一文中に動詞が複数表現される動詞文」で解説しています。“有”の兼語式動詞文についても解説していますので、是非参照してください。

しかし“有”の兼語式動詞文については、入門の最初で“有”という動詞について学ぶ際に説明する必要はありません。テキスト『会話編』と『講読編』においても、最初に“有”の表現が出てくる第７課で説明する必要はありませんが、連動式動詞文や兼語式動詞文について学ぶ際には説明が必要です。

ちなみに、上記の 10-2 で例として挙げた“上海**有**你在。”は兼語式動詞文です。

11. 疑問詞について

テキスト『会話編』も『講読編』も、巻末の【補充】で、「疑問詞のまとめ」を載せておきました。授業ではこのまとめを活用してください。

疑問詞疑問文については、先の「5. 疑問文」の 5-4 で、授業における説明の注意点をまとめておきました。参照してください。以下では、疑問詞のうちの“什么”、“怎么”、“几”、“多少”について解説し、さらに「“多”＋形容詞」の表現、「疑問詞の不定代名詞の用法」について解説していきます。

11-1 “什么”（『会話編』第２課、『講読編』第２課、第８課）

“什么”という疑問詞は単独でも用いられ、さらに後ろに名詞を置いて、その名詞の内容や種類などを問うことができます。

テキスト『会話編』（第２課の「表現のポイント」）では、下記の例を挙げています。

1. 名詞述語文	你的专业是**什么**？	―― 我的专业是法律。
	这是**什么书**？	―― 这是汉语课本。
2. 動詞述語文	你学**什么**？	―― 我学日本文学。
	你叫**什么名字**？	―― 我叫林红。

『講読編』(第 2 課の「表現のポイント」) では、下記の例を挙げています。

3. 名詞述語文　这是什么？　——— 这是月饼。
4. 動詞述語文　你学习**什么**？　——— 我学习中国历史。
5. 你**为什么**学习中文？——— 我喜欢中国文化。

また『講読編』(第 8 課の「表現のポイント」および練習問題) では、下記の例を挙げています。

6. 你做**什么工作**？
7. 你家在日本的**什么地方**？——— 我家在京都。
8. 你**什么时候**去中国留学？——— 明年暑假。
9. 你叫**什么名字**？

11-2 “怎么”(『会話編』第 6 課、『講読編』第 6 課)

ここではまず、“怎么”の従来の説明の仕方を示し、次に“怎么”の本質的な意味を考察してみたいと思います。

11-2-1 従来の説明

テキスト『会話編』と『講読編』の第 6 課の「表現のポイント」では、“怎么”を 2 つの用法に分けて下記の例を示しています。

(1) “怎么”＋ V？ (ドウやって V スルのか？)

我们**怎么**去？　——— 我们坐公交车去吧。
这个字**怎么**念？
这种蔬菜**怎么**吃？

(2) “怎么”＋ Sentence？ (ドウして Sentence なのか？)

你**怎么**不吃？　——— 我不喜欢吃这个。
他**怎么**不来？　——— 他身体不好。

通常、“怎么”は、上記の (1)、(2) のような 2 つの用法に分けて説明されます。相原 2016 (p.108) でも、“怎么”は次のように説明されています。

「“怎么”は「日本語の「どうして」に相当します。「どうして」にも、「どうやって」と「なぜ」の２つの意味があるように、中国語の“怎么”も「どうやって」と方式を尋ねる場合と、「なぜ」と原因を問う用法があります。」

教室の中での教育上の説明としては、これは分かりやすいのかも知れませんし、教師の側も教えやすいと言えるかも知れません。しかし、“怎么”に「どうやって」と「どうして」の２つの意味があるのではなく、“怎么”は「どう」ということしか意味していません。以下では、“怎么”の本質的な意味について考えてみたいと思います。

11-2-2 “怎么”の本質的な意味

下記の１～６を日本語で表現してみます。

1. 你**怎么**来的？　（あなたは**どう**やって来ましたか。）
2. 你**怎么**来了？　（あなたは**どう**して来ましたか。）
3. 你**怎么**了？　（**どう**しましたか。）
4. **怎么**样？　（**どう**ですか。）
5. 我**怎么**也想不起来。（私は**どう**しても思い出せません。）
6. 你**怎么**会不知道？　（あなたは**どう**して知らないということがあるでしょうか（、いやない）。）

１～６は日本語の「どう」という副詞を使って表現できます。中国語の“怎么”を用いた表現が、すべて日本語で「どう」を使って表現できるわけではないかも知れませんが、日本語の「どう」という副詞の意味を手掛かりに、中国語の“怎么”の本質的な意味を考えてみたいと思います。

日本語の「どう」は、『大辞泉』には、「事物の状態・方法などを、不明または不特定のものとしてとらえる気持ちを表す。」とあります。また『日本国語大辞典』には、「よくわからないことを不定・未定の状態として指示する。」とあります。中国語の“怎么”について考察する場合、これらの説明の中の「物事の状態・方法」、「よくわからないこと」という表記と、「不明・不特定・未定」という捉え方がヒントになりそうです。

ここで今仮に、中国語の“怎么”を、「状況を不明・不特定・未定と捉えていることを表す」と定義します。

そこで、まず、上記の1と2を比較してみます（もう一度、例文を示します)。

1. 你**怎么**来的？
2. 你**怎么**来了？

1のように文末に“的”があると、なぜ「どうやって」の意味になり、2のように文末に“了”があると、なぜ「どうして」の意味になるのでしょうか。その理由を考えてみたいと思います。

上記の「8. 語気助詞」の8-2-1で、「語気助詞の“的”は特定のある1回の事柄に対して、断定する語気を表す。」と説明しました。さらに事柄が過去の場合、「すでに実現している特定のある1回の事柄について、その付帯状況（時・場所・方法など）について断定する。」と説明しました。また、文末の“了”（語気助詞）については、上記の「9. 時態助詞」の9-2-2の中で、「動作や事態が発話時点（指定時点）において実現した、あるいは実現しているということを意味している」と説明しました。1と2について、これらを当てはめて考えてみます。

1は文末に“的”があることによって、過去の特定の事柄の付帯状況（時・場所・方法など）について断定する表現となり、動作がすでに発生済みであることが表現されます。そしてそのことによって、“怎么”の直後の動詞“来”はすでに生起済みのことと認識されているということになりますから、話し手は“来”の生起そのものには関心がないということになります。そこで次に動詞“来”について「不明・不特定・未定」と捉えて疑問となるのは、動詞“来”の周辺のこと、つまり事柄の付帯状況となります。したがって、動詞“来”に関して「どうやって来たのか」という意味を表すこととなります。

次に、2について考えていきます。2は文末に“了”があることによって、動作や事態が発話時点（指定の時点）において実現した、あるいは実現しているということを意味しています。そしてこのことによって、“怎么”

は話し手が直後の動詞“来”の生起そのものに関心があることを意味することとなります。人間は、それが起きるとは予想していなかった事柄が起きたとき、最初に疑問に思うのは、「なぜそれが起きたのか」ということです。そこで動詞“来”に関して、「どうして来たのか」という意味を表すこととなります。

相原 2016（p.109 欄外）には「“为什么”は客観的な質問です。“怎么”はいぶかり・驚きを伴った疑問で、しばしば答えを要求しません。」と書かれています。また木村、宮本 2014a（p.106）にも“怎么”は、「動詞や形容詞の前に置いて、驚きやいぶかる気持ちを含みながら理由・原因を問う。「どうして：なんで」。」と書かれています。さらに丸尾 2010（p.241）にも、「“怎么”を用いた場合には、しばしば詰問調となり、訝りの気持ちを含むものとなります。」と説明されています。このように、“怎么”は“为什么（「何のために」が原義）”と比較すると、それが起きるとは予想していなかった事柄が起きた時に使用され、訝りや驚きなどの気持ちが表現されるということです。

相原 2016（p.109）には、下記の 7 と 8 が挙げられ、7 の“怎么”を「どうやって」、8 の“怎么”を「どうして」と区別するのは、アクセントの位置によると説明されています（枠で囲った部分にアクセントがあるという意味です）。（例文番号は筆者が加筆）

7. 你怎么去上海？　（どうやって上海へ行くの。）

8. 你怎么去上海？　（どうして上海へ行くの）

相原 2016（p.109）で説明されている通り、アクセントによって区別するということもあるかも知れません。しかし、上記の 1 と 2 に対する解説の内容と同様に考察すると、“你”が「上海に行く」ということを、“你怎么去上海？”の発話者がすでに受け入れている（認識済である）という場合（1 と同様の場合）には、“怎么”は「どうやって」という意味となり、“你”が「上海に行く」ということを、“你怎么去上海？”の発話者がまだ受け入れていない場合（2 と同様の場合）には、“怎么”は「どうして」という意味になるのではないでしょうか。つまり場面や文脈の力による場合もあるということです。あるいは、場面や文脈の力が作用した結果、7と8のようなアクセントの違いが生じると言うことができるかも知れません。

さらに、上記の3～6の例について考察します（もう一度、例文を示します）。

3. 你**怎么**了？
4. **怎么**样？
5. 我**怎么**也想不起来。
6. 你**怎么**会不知道？

3～6の“怎么”も、「どういう状況であるのか、不明・不特定・未定と捉えている」と捉えると、それぞれ3は「どういう状況が発生したのですか？」という意味、4は「どういう状況ですか？」という意味、また5は「私はどういう状況であっても思い出せない。」という意味、さらに6は「あなたはどういう状況で知らないということがあるのでしょうか、いやない。」という意味になります。

このように見てくると、“怎么”は、「状況を不明・不特定・未定と捉えていることを表す」と定義できそうです。そこで、テキスト『会話編』と『講読編』の第6課の「表現のポイント」の“怎么”の見出しの部分に、「“怎么”＝どういう状況であるのか。」と書いてあります。

“怎么”＝状況を不明・不特定・未定と捉えていることを表す。

11-3 “几”と“多少”（『会話編』第7課、『講読編』第7課）

“几”と“多少”は、どちらも数を尋ねる疑問詞です。以下で、授業の中での説明のポイントを解説していきます。

11-3-1 “几”の学習者に対する説明のポイント

“几”について説明する際、一番目に説明しなければならない重要なことは、**“几”という漢字は“幾”という漢字の簡体字**であるということです。“几”は“幾”という漢字の草書体です。それを簡体字として採用しているということです。“幾”は日本漢字と同じで、日本語で「幾＝いくつ」ですから、そこにいくつの数字が来るのかを聞きたいときに、“几”という疑問詞を使うと説明すれば、日本人学習者には分かりやすいはずです。

次に重要な説明は、**“几”という疑問詞を用いて数字を尋ねる場合、目安としては、1～10前後くらいの数字が予測される場合に用いる**ということです。実際の例を示すと分かりやすいと思います。具体的な例としては、テキストの「表現のポイント」に挙げてある例以外では、たとえば、「今日は何曜日ですか。」＝“今天星期几？”などの疑問文が良いと思います。曜日の表現は、テキスト『会話編』も『講読編』も第5課の「表現のポイント」で示しています。曜日を尋ねる場合、日本語では「何」という疑問詞を使います。しかし、中国語では曜日は“星期一、星期二…”というように、日曜日を除いて数字で示しますから、「何曜日ですか。」というのは中国語では“星期几？”というように、数字を尋ねる“几”という疑問詞を用います。このような日本語と中国語の表現の違いを挙げると、面白いと思います。

また、年齢を尋ねる場合、“几”は1～10前後くらいの数字が予測される場合に用いるわけですから、“你几岁？”という表現は、明らかに小学生だと判断できるくらいの相手までにしか用いない、という説明も必要です。

> **“几”＝“幾”という漢字の簡体字。**
> **目安としては、1～10前後くらいの数字が予測される場合に用いる。**

11-3-2　“多少”の学習者に対する説明のポイント

“多少”の説明で重要なのは、数字を尋ねる場合に予測される数が大きな数を想定している場合もありますが、予測がつかない場合にも使用されるということです。

“多少”＝予測される数が大きな数を想定している場合、あるいは予測がつかない場合に使用する。

11-3-3 量詞の付加について

“几”と“多少”の説明の際、たいていのテキストや参考書には、量詞に関して、「“几”には必ず量詞が必要だが、“多少”は省略できる」と書かれています。しかし、その理由については、どのテキストにも、どの参考書にも書かれていません。少なくとも高校生以上（中学生以上かも知れません）の学習者に対しては、言語現象を説明するだけでなく、なぜそうなのかという、その理由を説明する必要があります。**なぜ理由を説明する必要があるかというと、その理由がその言語の本質を語っているからです。**すべての言語現象について説明することはできないかも知れませんが、教える側は、「理由を説明しよう」と努力する姿勢を持つことが必要です。

話を本題に戻します。

なぜ、「“几”には必ず量詞が必要だが、“多少”は省略できる」のか。これは中国語という言語の本質と関わっています。

本書の最後に、「[5] その他」という項目を設け、そこでは、テキスト『会話編』と『講読編』の中に書ききれなかったことについて、いくつか取り上げています。その1つが、「6. 漢字の同音異義による誤解を避けるための方策」です（詳細はここを参照してください）。そこで述べているように、中国語は同音異義の漢字が非常に多く、同音異義による誤解を避けるため、いくつかの方法が考え出されました。考え出されたものとして、①声調、②量詞（類別詞）、③単音節の複音節化、などがあります。“多少”は③の「単音節の複音化」によって、この二漢字の2音で意味を誤解なく伝達することができます。しかし“几”は、この一漢字だけの1音では同音異義詞が多くあり、意味を誤解なく伝達することができないということです。そこで量詞を付加することによって、意味の誤解を避ける必要があるということです。量詞とは類別詞のことで、名詞を類分けするものです。つまり、量詞の後ろには必ず名詞が来るわけで、実際には名詞は表現されなくても、“几”のうしろに量詞が表現されれば、さらにその後ろには名詞があると予測され、それによって、意味の誤解を避けることができるということです。これが、「“几”の後ろには必ず量詞が必要だが、“多少”の場合には省略できる」理由です。こういう説明をすれば、学習者は“几”の後ろに量詞を表現することを忘れないはずです。

11-4 「“多”＋形容詞」の表現（『会話編』第10課、『講読編』第12課）

「“多”＋形容詞」の形式は、「どれくらい形容詞か。」という分量や程度を尋ねます。**この形式に用いられる形容詞は限定的で、積極的な意味を表すものに限られます。**具体的には、たとえば、“大”、“高”、“长”、“远”、“重”などです。これらの反義語である“小”、“低”、“短”、“近”、“轻”などの形容詞は、この表現には用いられません。この表現については、このような説明が必要です。

「“多”＋形容詞」=「どれくらいか？」という分量や程度を尋ねる。
形容詞は“大”、“高”、“长”、“远”、“重”など、積極的な意味を表すものに限られる。

11-5 疑問詞の不定代名詞の用法（『会話編』第16課、『講読編』第9課）

中国語の疑問詞は疑問詞疑問文以外の文でも用いられます。その際、疑問詞は、「不定の事物、人、場所などを意味する語」、つまり不定代名詞として用いられています。

中国語のこのような疑問詞表現は、日本語母語話者にとってはとても難しい表現です。それには理由があります。まず1つ目の理由は、日本語では疑問詞が「不定の事物、人、場所」などを意味する不定代名詞として用いられる場合、多くの場合において、その形態が「何→何**か**」、「誰→誰**か**」、「どこ→どこ**か**」というように、「疑問詞＋**か**」という形になります。

しかし中国語では、疑問詞が不定代名詞として用いられても、疑問詞そのものには形態上、何の変化もないからです。

下記の例は、テキスト『会話編』と『講読編』の「表現のポイント」で挙げた例です。

1. 教室里有**几**个学生。（教室の中には何人**か**学生がいます。）
2. 今年暑假你打算去**哪儿**旅游吗？
（今年の夏休みにあなたはどこ**か**へ旅行に行きますか。）

上記１と２の中国語の疑問詞の部分は、日本語では「疑問詞＋か」という表現になります。

２つ目の理由は、中国語では疑問詞を使って表現していても、日本語では疑問詞を使った表現にならない場合があるからです。こういう場合、日本語母語話者にとっては、とても難しい表現となります。

下記の例は、テキスト『会話編』と『講読編』の「表現のポイント」に挙げた例です。

3. 你想吃**什么**，就吃**什么**。　（あなたが食べたいものを食べなさい。）
4. 你想吃什么？　（あなたは何が食べたいですか。）
—— 你吃**什么**，我也吃**什么**。
（あなたが食べるものを私も食べます。）

しかし、これは実はお互い様で、日本語の疑問詞の不定代名詞の用法は、中国語母語話者が日本語を学ぶ際にも、難しい日本語表現です。

たとえば、上記の１の例の場合、中国語母語話者は、日本語上級者であっても、「教室の中には何人学生がいます。」とか、「私はいつ日本に行きます。」という日本語になることが多く、「何人**か**」の「か」や、「いつ**か**」の「か」が使えません。何年も日本で生活している中国語母語話者の日本語上級者がこういう日本語を発言するのを、筆者は何度も聞いたことがあります。また、上記の４の例の場合、“你吃**什么**，我也吃**什么**。”を、「あなたが何食べる、私も食べます。」というような日本語の表現を聞いたこともあります。これはさすがに日本語上級者ではありませんでしたが。

疑問詞が疑問詞疑問文以外の文で用いられる際の表現の難しさは、日中でお互い様と言えそうです。

12. 助動詞

そもそも助動詞とは何でしょう。

「助動詞」とは「動詞の前に置いて、動詞を助ける働きをする」品詞のことで、可能や願望や義務などの意味を表します。

中国語の助動詞の文法的特徴としては、単独で用いることができるというのと、反復疑問文の形式を作ることができるということが挙げられます。しかし、重複形式で表現することはできず、また助動詞の直後に時態助詞（“了”、“着”、“过”）を付加することはできません。

以下では、12-1 で可能の意味を表す助動詞“会”、“能”、“可以”について解説し、12-2 で願望や義務などを表す“想”、“要”、“得”、“应该”について解説していきます。

12-1　可能の意味を表す助動詞“会”、“能”、“可以”

以下では、“会”、“能”、“可以”の順に解説していきます。

12-1-1　“会”（『会話編』第 12 課、『講読編』第 12 課）

まず、“会”について見ていきます。

12-1-1-1　従来の説明

通常、“会”には下記の 2 つの用法があるとされています。

①　技術、技能を会得してできる。⇒「～することができる」

②　可能性、蓋然性をあらわす。　⇒「～のはずだ」

従来、“会”はこのような 2 つの用法に分けて説明されてきました。

以下では、“会”の可能の本質的な意味について解説していきます。

12-1-1-2 “会”の意味する可能の本質

入門段階のテキストにはまず下記の①のような例が出てきます。そして「学習や練習によって（技術、技能を会得・修得して）できるという意味を表す」と説明されます。

①-1　他**会**说日语。

①-2　他**会**开车。

これに対して下記の②は、入門段階ではテキストにあまり出てきません。初級や中級レベルになると出てきますが、学習者の頭の中にはすでに“会”は上記①の「～することができる」がインプットされているので、たとえば下記の②-1や②-2の例を、「できる」という日本語で表現しようとします。

②-1　他明天一定**会**来。　　「＊彼は明日きっと来ることができる。」
　　　　　　　　　　正しくは、「彼は明日きっと来るに違いない。」

②-2　他一定**会**考上大学。　「＊彼はきっと大学に合格できる。」
　　　　　　　　　　正しくは、「彼はきっと大学に合格するに違いない。」

テキスト『会話編』と『講読編』では、①と②の“会”の本質は同じものであると考えます。結論から言えば、**“会”の本質的意味は「可能の蓋然性が非常に高いことを表す」**ということです。

“会”の本質的意味＝可能の蓋然性が非常に高いことを表す。

このことを以下で解説していきます。

たとえば、①-1の例は「日本語を話すことができる」、①-2は「車を運転することができる」という意味です。しかし、この「できる」は「蓋然性」であって、生まれながらにして人が持っている能力ではありません。

筆者は以前、こんなことを経験したことがあります。

知り合いのある中国人は、日本に滞在中、その日本語の運用力は驚くほど高く、ネイティブと遜色ないほどでした。しかし、彼女が中国に帰国して数年後に中国で会ったとき、これまた驚くほど日本語がへたくそになっていました。中国では日常的に日本語を使う必要はないので、その運用力が落ちたということです。言葉は使わなければ、誰であってもその運用力は落ちます。

また、2019 年に東京の池袋で、当時 88 歳の男性が車を運転していて、当時 31 歳の女性とその女性の 3 歳の子どもをひき殺すという痛ましい事件が起きました。しかし、車を運転していたその男性はその瞬間のことをよく覚えていないと言って、無実を主張しました。調査の結果は、その 88 歳の男性がブレーキとアクセルを踏み間違えて、何度もアクセルを踏み込んだ結果、2 人をひき殺したというのが現実でした。しかしその男性は裁判でも、車の異常が原因であるとして、無実を主張しました。日本ではこのような高齢者による交通事故が多発し、現在は高齢のドライバーに、運転免許証の自主返納を勧めています。これは、車の運転認知能力というのは、年齢が高くなるほど低下するという事実にもとづいての措置です。

この 2 つのことが示しているのは、**「学習や練習によって会得・修得してできるようになった技術や技能」というのは、「蓋然性（確実性の度合い）の問題だ」**ということです。つまり、**「できなくなる可能性もある」**わけです。このように考えると、①と②は同じもので、使われる場面が異なるだけです。つまり①と②は、**「可能の蓋然性が非常に高い」**が、**「100 パーセントの確率ではない」**という共通項があるということで、**これが助動詞“会”の可能の本質**です。したがって、①と②を全く別の用法として、用法①、用法②というような説明をするのではなく、**「“会”の表す可能は蓋然性が非常に高いことを意味している（＝ 100 パーセントに近いが、100 パーセントの確率ではない）」**と説明すればよいのではないでしょうか。そして具体的には、①のような例もあれば、②のような例もある。このように説明すれば、学習者は②の例であっても、正確に意味を理解することができると思います。

テキスト『会話編』と『講読編』の「表現のポイント」では、このような観点から①と②をまとめて示しています。

12-1-1-3 “会”の否定表現

助動詞“会”を用いた場合、その**否定表現は“不会”**しかありません。**“没会”という表現はない**ということです。

否定詞の“不”と“没（有)”の使い分けについては、先の「6. 副詞」の 6-7-2 で、“不”と“没（有)”の本質的な相違について述べました。参照して下さい。

上記 12-1-1-2 で説明した通り、助動詞“会”は、「可能の蓋然性が高い」ことを意味する表現です。したがって、時間的な動作や変化と関わりのない事柄ですから、先の 6-7-1 の表に示した通り、否定詞として用いられるのは“不”だけで、“不会”しかありません。このことは助動詞“会”を用いた表現を学習する際に、学習者に説明しておく必要があります。

12-1-2 “能”（『会話編』第 12 課、『講読編』第 12 課）

次に、“能”について見ていきます。

12-1-2-1 従来の説明

通常、“能”には下記の 2 つの用法があるとされています。

① 能力が備わっていて「できる」

② 客観的条件が整っていて「できる」

①で挙げられる例には、下記のようなものがあります。

①-1 我**能**游三千米。

①-2 她**能**看英文小说。

また②では、下記のような例が挙げられます。

②-1 我明天的会议**能**参加。

②-2 现在出发，下午三点我**能**到车站。

このように、“能”は 2 つの用法に分けて説明されてきました。

以下で、“能”の可能の本質的な意味について解説していきます。

12-1-2-2　“能”の意味する可能の本質

上記の①と②を別の用法として区別する理由は何でしょうか。それは①は個人に属する事柄であり、②は客観的な事実だ、という理由です。こういう理由で、従来、①は「個人の能力」、②は「客観的条件」というように、2つの用法として分けて説明されてきました。しかし、①の例を見てみると、①-1の「三千メートル泳ぐ」と、①-2の「英語の小説を読む」というのは、どちらも客観的な事実としての行為であって、決して主観的な事柄ではありません。そして①-1は泳ぐ距離の客観的条件が「三千メートル」、①-2は読む小説の客観的条件が「英語」であるということです。これらは決して無理な解釈ではありません。このように考えれば、①も②もどちらも、**「個別の客観的な条件をクリアーしてできる」**というのが共通項であり、これが“能”が意味する「可能」の本質だと言うことができます。

“能”＝個別の客観的条件をクリアーして「できる」という意味を表す。

したがって、「“能”は個別の客観的条件をクリアーして「できる」という意味を表す」と説明し、その具体的な例として、たとえば①を「個人に属する事柄」、②を「客観的事実」として挙げれば分かりやすいと思います。つまり、「個人に属する事柄」であっても、“能”を用いた表現の場合には、必ず客観的に明確な条件があります。その客観的条件は文中に明示されている場合と、されていない場合がありますが、必ず客観的に明確な条件があります。

どんな文法項目も、その本質を説明せず、ただ「用法1」、「用法2」…「用法n」という説明は、学習者に負担をかけ、さらに学習者を混乱させるだけです。これまでの中国語文法研究はこういう研究が主流であったと思います。「用法n」を分析して示すことは重要なことです。しかし、本来、文法研究とはそれで終わりではありません。**「用法n」を示したのち、それらの共通項は何であるのか、ということを明らかにすることが必要です。そしてこの共通項こそがその文法項目の本質であり、それを研究すること**

こそが文法研究です。さらにまた、そうであってこそ中国語教育にも貢献できるのだと考えます。

12-1-2-3 “能”の否定表現

助動詞“能”を用いた場合、その否定表現には、“不能”の場合と“没能”の場合があります。ここで、両者の違いを見ていきます。

下記は、“他能来。”の否定形の例で、“不能”と“没能”が考えられます。

1. 今天他**不能**来。（○）
2. 昨天他**没能**来。（○）

上記の1と2は、どちらも何らかの客観的条件が想像しやすい例です。たとえば、1の場合は、「今日彼は用事がある、だから来ることができない。」、2の場合には「昨日彼は用事があった、だから来ることができなかった。」などです。そして、先の6-7-1に示した“不”と“没”のまとめの表では、下段の例⑨の「指定時点以降の動作や変化の否定」を表す“不”が上記1の例で、「指定時点およびそれ以前の動作や変化の否定」を表す“没(有)”が上記2の例です。

では、“他能吃辣的。”の否定はどうでしょう。

3. 他**不能**吃辣的。　　（○）
4. 昨天他**没能**吃辣的。（○）

「辛いもの」というのは、人によっては生来持っている体質的な理由によって食べられない人もいます。あるいは、何かの病気を抱えていて、ドクターストップがかかっているような場合にも食べることができません。このような理由の場合には上記3のように“他**不能**吃辣的。”という表現になります。したがってこれは、先の6-7-1の“不”と“没”のまとめの表では、上段の例⑤の「動作や変化を伴わない事柄の否定」の“不”ということになります。また、上記4のような“没（有）”を用いた“昨天他**没能**吃辣的。”という表現も可能です。4は、たとえば「彼は辛い物を食べることができると言っていたのに、昨日私と彼が一緒に食べたときには、（何らかの理由で）辛い物を食べることができなかった。」というような状況を表しています。つまりこれは、6-7-1の“不”と“没”のまとめの表の下段の例⑨の“没（有）”の否定（指定時点およびそれ以前の動作や変化の否定）です。そして4の場合には、“昨天”＝昨日が「指定時点」となります。

もう1つ、「個人の能力を意味する“能”」と説明されてきた例について考えてみたいと思います。たとえば、“他**能**游三千米。”です。この例の否定型は下記のようになります。

5. 他游不了三千米。　　（○）
6. 他**不能**游三千米。　　（×）
7. 昨天他**没能**游三千米。（○）

「彼は三千メートル泳ぐことができない。」というのは、中国語では上記5のように、可能補語になります。したがって、上記6のように“不”を用いた表現は成立しません。可能補語の表現については、「13. 補語」の13-5-2で解説しました。参照してください。

また上記7は、「（彼は三千メートル泳げると言っていたのに、）昨日泳いだら、三千メートルまで泳ぐことが実現できなかった。」という意味です。したがって、これは6-7-1の“不”と“没”のまとめの表の下段の例⑨の“没（有）”の否定（指定時点およびそれ以前の動作や変化の否定）です。そして7の場合には、“昨天”＝昨日が「指定時点」となります。

最後にもう1つ、人間が生来持っている能力ではない“游（泳）”という動作について考えてみたいと思います

たとえば、「彼は泳ぐことができない」と言う場合、下記の8と9のように、2つの表現が可能です。

8. 他**不会**游泳。（彼は金槌だ。）
9. 他**不能**游泳。

（彼は（病気だから）泳ぐことができない→泳いではいけない）

8は、「彼は練習しても泳げない（彼は金槌だ）。」と言う意味です。つ

まり、可能の蓋然性が高くない、ということを意味します。しかし逆に100パーセント不可能ということではないということを意味します。そして9は、「彼は（たとえば病気でドクターストップがかかっていて）泳ぐことができない。」という意味です。そしてこれは、「禁止」の意味になり、「泳いではいけない。」という意味です。

“不能”は「禁止」の意味で用いられることがあります。9がその例です。9が成立するには、たとえば「彼は病気である」などの客観的条件が必要です。いくら水泳が好きでも、病気であれば、一般的に泳いではいけません。つまり、**その条件が一般化できる場合に“不能”は「禁止」の意味となります**。“日本的法律规定，二十岁之前不能喝酒。”などはその典型例です。これについては、拙著2019（第3章3.2.8）に詳述しました。参照して下さい。

このように助動詞“能”の否定表現は単純ではありません。つまり、文脈がないと、意味を確定しにくいということで、これは中国語の本質的特徴でもあります。

12-1-3 “可以”（『会話編』第11課、『講読編』第11課）

最後に“可以”について見ていきます。

12-1-3-1 従来の説明

木村、宮本2014a（p.67）では、“可以”について「動詞の前に用いて、「(客観的条件が備わっていて) ～できる；～してよい；すればよい」という意味での可能性を表す」と説明されています。下記の①と②はそこで挙げられている例です（例文番号と太字は筆者が加筆)。

① 大家都**可以**提意见。

② 这儿**可以**抽烟。

また、丸尾2010（pp.82～83）では、“能”と“可以”に対する説明はありますが、そこでは両者の明確な違いは記述されていません。

相原2016（pp.176～177）には、「“能”“可以”：両者は意味が似かよっています。」と書かれています。そして下記のイ）とロ）の説明の下に、③と④の例が挙げられています（例文番号と太字は筆者が加筆）。

イ）身体や知恵の能力があってできる。主に“能”、“可以”も使える。

ロ）客観的な事情・条件のもとで許される。主に“可以”、“能”も。

③　我一天**能（可以）**走四十公里。

④　这儿**可以（能）**抽烟吗？

さらに相原 2016（pp.178 ~ 179）には、“可以”は「評価（…する価値がある、資格がある）」を表すとして、下記の⑤と⑥の例が挙げられています（例文番号と太字は筆者が加筆）。

可以…してごらん（相手に向かってのすすめ）

⑤　这个菜很好吃，你**可以**尝一尝。

⑥　你**可以**跟他商量一下。

この他、小野他 2021（p.105）では、“可以”について「動詞の前に用い、「(客観的状況として許されているため、あるいは客観的条件が備わっているため) ~できる」、「(許可されて) ~してもよい」という意味を表す。」と書かれています。そして下記の⑦、⑧、⑨の例を挙げています（例文番号と太字は筆者が加筆）。

⑦　桌子上的饮料**可以**随便喝。

⑧　展厅里**可以**拍照吗？—— 不可以。

⑨　我的圆珠笔没墨水了，**可以**用你的吗？

これらの解説をについて考察していくために、まず以下で、“可以”の可能の本質について考えていきたいと思います。

12-1-3-2　“可以”の意味する可能の本質

太田 1981（p.196）では、“可以”について、次のように記述されています（例文中の下線と太字は筆者が加筆）。

「《可以》古代語ではがんらい 2 語であって、〈…で…することができる〉

の意味である。例えば、

滄浪之水清兮，**可以**濯吾纓；滄浪之水濁兮，**可以**濯吾足。（楚辭，漁父）」

この例文の意味は、「滄浪の水が澄めば、それで私の飾り房を洗うことができる。滄浪の水が濁れば、それで私の足を洗うことができる。」です。太田 1981（p.196）では、これに続けて、下記のように説明され、⑩、⑪、⑫の例が挙がられています（例文の番号、下線と太字は筆者が加筆、例文の日本語訳は太田による）。

「しかしながら、《以》の意味のほとんど認められないものも古代にある。現代語で《可以》というときは可能よりはむしろ許容を表すもので、〈…してもよい、差し支えない〉といった意味である。あるいはまた婉曲な勸誘ともなる。」

⑩　其家多什器，**可以**假用。
（その家は道具が多いから借りてつかうがよいです）

⑪　杨家兩個孩兒成人長大，**可以**着他親自當軍去。（救孝子）
（楊家の二人の子は大きくなったから、かれら自身で兵役につかせるがよい）

⑫　太太不管，奶奶**可以**主張了。（紅樓夢）
（太太が口出しなさらなければあなたさまがよいようになさればよろしい）

太田 1981（p.196）に挙げられているこれらの例には、“可以”の後ろで表現されている内容が「可能」となるための状況説明が、前段に示されています。その状況説明が例文中の下線部です。先の 12-1-3-1 で示した木村、宮本 2014a（p.67）の説明の中の「客観的条件が備わっていて」や、相原 2016（pp.176 ~ 177）のロ）の「客観的な事情・条件のもとで許される」、さらには小野 2021（p.105）の「客観的状況として許されているため、あるいは客観的条件が備わっているため」などの記述が、これに通じるものです。

そこで、“可以”の表す可能の意味は次のように捉えることができます。

前件　，　**“可以”**　**[　後件　]**
前件での状況下において、　それでもって　後件が可能である。

12-1-3-1 に示した①から⑧の例文には、前件が分かりにくいものが多くあり、それによって、“可以”の意味が掴みにくくなっています。これらに対して⑨の例文には前段に前件である客観的状況が明確に示されています。

⑨　我的圆珠笔没墨水了，　**可以**　用你的吗？
私のボールペンはインクが無くなった、　それでもって　あなたのを使っても良いか？
↓　↓
前件での状況下において、　それでもって　後件が可能か？

最近見た中国のテレビドラマ（《奋斗吧，少年！》）の中に、次のような会話がありました。テニスのへたくそな女子学生に、テニスの上手な男子が言ったセリフです。

“握拍的方法学会了吗？　有时间的话，我**可以**教你。”

「ラケットの握り方、マスターしたの？（君はラケットの握り方がへたくそだから、）時間があれば、僕が教えてあげてもいいよ。」という感じです。ここでは、“有时间的话”が、上記の「前件での状況」を意味しています。

また、別のテレビドラマ（《理智派生活》）の中には、こんなセリフがありました。

X1：那个录音**可以**删除了吗？
Y　：当然了，我们留着也没有用。
X2：我**可以**走了吗？

これは、Y が勤めている会社のお客である X がクレームを言い、それにYが対応している場面でのセリフです。Xのクレームに対してYが何とか対応し、両者が契約書を交わして、一件落着となりました。一件落着となった直後に、XがX1で「(一件落着となったから、XがYを罵倒する発言の) あの録音は削除してもらえるのか？」と確認しています (＝X1：あの録音は削除してもらえるのか？)。そしてそれをYの発言で確認したのち、XはX2でさらに「(もう事は片付いたから) 私は帰ってもいいか？」と言っています。ここではX1とX2のセリフの中に「前件での状況」が明言されていません。しかしそれは、物語の流れの中から認識することができます。それぞれのセリフの日本語訳の (　) の中に下線を引いて示した部分が、前件としての状況です。

X1：那个录音**可以**删除了吗？
　　＝ (一件落着となったから、XがYを罵倒する発言の) あの録音は削除してもらえるのか？
　　↓
　　前件での状況説明

Y　：当然了，我们留着也没有用。
　　＝当然です。私たちは残しておいても役に立ちません。

X2：我**可以**走了吗？
　　＝ (もう事は片付いたから)　私は帰ってもいいのか？
　　↓
　　前件での状況説明

これらの例からも分かるように、“可以”には必ず前件があり、「前件での状況下において、後件が可能である」という意味を表しています。

「前件での状況下において、後件が可能である」というのは、「前件で言っている特定の状況下において、後件が可能である」ということであり、したがってそれは、「前件で言っている特定の状況下において、後件を「許可」、「許容」、「承諾」する」という方向の可能の意味となります。

最後に、先の相原 2016 の⑤と⑥の例を見てみます。

⑤　这个菜很好吃，你**可以**尝一尝。

⑥　你**可以**跟他商量一下。

そこでは“可以”は、「評価（…する価値がある、資格がある）」を表すと説明され、「可以…してごらん（相手に向かってのすすめ）」と書かれています。

例の⑤の“可以”を「前件で言っている特定の状況下において、後件を「許可」、「許容」、「承認」する」という意味で解釈すると、⑤においては、前件が“这个菜很好吃”です。したがって「この料理はおいしい」という状況下において、“你可以尝一尝”＝「あなたが味わってみることを「許可」、「許容」、「承認」する」ということを言っています。誰がまずい料理を味わうことを「許可」、「許容」、「承認」したりするでしょうか。また、⑥については前件がありません。したがって、どういう特定の状況下において、「彼と相談することができる」と言っているのは、分かりません。いずれにしても、“可以”が「評価（…する価値がある、資格がある）」という意味を表すと捉えるのは、少し飛躍していると考えられます。また、“可以”に「…してごらん（相手に向かってのすすめ）」という意味があるのではなく、それは⑤の場合には“尝一尝”という動詞の重複形式が表現されることによって、⑥の場合には“商量一下”という動詞の後ろに“一下”が表現されることによって、そのようなニュアンスが出てくると考えるのが自然です。つまり決して“可以”が「…してごらん（相手に向かってのすすめ）」という意味を担ったりはしないということです。

テキスト『会話編』と『講読編』では、どちらも第 11 課の「表現のポイント」で、“可以”を「可能：特定の状況下における許可、許容、承認」と説明しています。講義で説明する際には、**“可以”には必ず前件があり、「前件で言っている特定の状況下において、後件を「許可」、「許容」、「承認」する」という意味であること**、そして個々の例文については、たとえばどういうことが前件であるのかということを具体的に説明する必要があります。

テキスト『会話編』の第 11 課の「表現のポイント4」では、下記の⑬の例を、『講読編』の第 11 課の「表現のポイント2」では、下記の⑭の例を挙げています。

⑬ 这儿**可以**照相。　　　　⑭ 这个商店**可以**刷卡。

⑬の場合には“这儿（ここ）”が前件となり、⑭の場合には“这个商店（このお店）”が前件となります。

“可以”＝必ず前件があり、前件で言っている特定の状況下において、後件を「許可」、「許容」、「承認」するという意味を表す。

12-1-3-3 “可以”の否定表現

“可以”の否定表現としては、“不可以”を用いることもできますが、会話の中では“不行”がよく用いられます。“不可以”は「許可しない」という意味で、“不行”は「いけない、よくない」という意味です。これを、下記の（ア）と（イ）の例で比較してみます。

（ア）这儿可以抽烟吗？　　——　不行。／　不可以。
（イ）这个商店可以刷卡吗？　——　不行。　（×不可以。）

（ア）の「ここで煙草を吸うことができるか？」という質問に対しては、“不行”も“不可以”も表現することができます。この場合の前件は、「この場所が、もともと煙草を吸うことが許可されているかどうか」ということです。したがって、“不可以”も“不行”も OK となりますが、口語では、“不行”の方が自然で、“不可以”の方が硬い表現となります。しかし、(イ) の「この店はカードで支払うことができるか。」という質問に対して、“不可以”は不自然であることが分かると思います。なぜなら、(イ) の前件は、「この店はカードで支払うことを認めているかどうか」ということだからです。したがって、“不可以”（許可しない）は理屈に合わず、表現することができません。(イ) の場合には、“不行”のみの表現となります。

12-2　願望や義務などを表す“想”、“要”、“得”、“应该”

ここでは“想”、“要”、“得”、“应该”を取り上げて、順に解説していきます。

12-2-1　“想”（『会話編』第５課、『講読編』の第５課）

“想”については、『会話編』と『講読編』の第５課の「表現のポイント」において「品詞の兼務」として取り上げ、それぞれ下記の例を挙げています。

“想”の用法（品詞の兼務）

1. **動詞：“想”＝～を思う**、～のことを考える

　『会話編』　我**想**爸爸、妈妈。　（私は両親のことを思っています。＝会いたい気持ち）。

　『講読編』　她很**想**妈妈。　（彼女はとても母のことを思う。＝母が恋しい。）

2. **助動詞：“想”＋Ｖ＝Ｖしようと思う**・Ｖしたい

　『会話編』　我**想**去中国。（私は中国に行こうと思う。＝行きたい。）

　『講読編』　我**想**去故宫。（私は故宮に行こうと思う。＝行きたい。）

本書の中で何度も言っていることですが、中国語は漢字の原義を考えることが非常に重要です。

そこで“想”についても原義を考えると、それは「思う」です。“想”は動詞で用いられる場合でも、助動詞で用いられる場合でも、原義は「思う」です。しかし、“想”は「頭で考えて思う」というよりは、「心の中で思う」という意味合いの方が強いと言うことができます。そこで助動詞で用いられる場合、日本語では「Ｖしたい」と表現されることが多くあります。そのため、「助動詞の“想”は「Ｖしたい」という願望を表す」というように表記しているテキストが多く見受けられます。しかしこれは日本語の訳語の問題です。あくまで“想”の原義は「（心の中で）思う」であって、「Ｖしたい」ではありません。つまり、「Ｖすることを（心の中で）

思う」から、「V したい」という方向へ向かうということです。

また、多くの入門・初級テキストにおいて、「思う」という日本語の訳語を当てて説明している動詞に“觉得”があります。“想”も「思う」、“觉得”も「思う」では、学習者は混乱します。“觉得”の原義は「思う」ではなく、「感じる」です。**“想”の原義は「(心の中で)思う」、“觉得”の原義は「感じる」**です。日本語の「思う」には「感じる」場合も含まれるので、“觉得”を日本語で「思う」と表現すると自然な場合があります。しかしこれはあくまで日本語の訳語の問題です。ここでもやはり、学習者にきちんと原義を説明することが重要です。

“想”の原義=「(心の中で)思う」 ／ “觉得”の原義=「感じる」

12-2-2 “要”(『会話編』第 14 課、『講読編』の第 14 課)

“要”については、『会話編』と『講読編』の第 14 課の「表現のポイント」において、「品詞の兼務」として取り上げています。ここでは『会話編』の例を挙げておきます。

“要”の用法(品詞の兼務)『会話編』

1. **動詞:必要である**・欲しい／(時間や人数などが) **必要である**、かかる

   我**要**两个。 (私は 2 個欲しいです。)

   我们走着去**要**多长时间?—— **要**五分钟左右。

   (私たちは歩いて行くとどれくらい時間がかかりますか。)

   (5 分くらいかかります。)

2. **助動詞**(“要”+V = V する**必要がある**)

   星期天我**要**打工。

   (日曜日は私はアルバイトする必要があります。)

“要”についても、その原義を考えることが必要です。

“要”の原義は「必要とする」です。その原義は、“要”が動詞として用いられる場合であっても、助動詞として用いられる場合であっても同じです。しかし、多くのテキストには、動詞の“要”には「欲しい」、「かかる」などの日本語訳を載せ、助動詞の“要”は「①願望を表す（～したい)」、②「義務を表す（～）しなければならない」と記述されています。しかしこれらはすべて、日本語の訳語の問題です。

このような場当たり的な日本語訳を示す教授の仕方が、学習者に、たとえば下記の1と2の意味の区別を不明確にしています。

1. 放了暑假，我**想**去美国旅游。
2. 放了暑假，我**要**去美国旅游。

1は「夏休みになったら、アメリカに旅行に行く」ということを「私は心の中で思っている。」ということを言っており、2は「夏休みになったら、アメリカに旅行に行く」ということを「私は必要としている」ということを言っています。1は「行こうと思っている→行きたい」であり、2は「(何らかの理由で）行く必要がある→行きたい」となります。教える側が1の“想”と2の“要”の原義の違いを説明せず、“想”も“要”もただ単に「願望を表し、「～したいです」」と説明することによって、学習者には両者の区別がつかなくなります。場当たり的な日本語訳を示すだけの説明は、単に学習者を混乱させるだけだということを、教える側は強く認識しておく必要があります。

“要”の原義＝「必要とする」

12-2-3 “得（děi)”（『会話編』第14課、『講読編』の第14課）

助動詞の“得（děi)”については、『会話編』と『講読編』の第14課の「表現のポイント」で、「(その場の状況から客観的に判断して）Vしなければならない」と説明しています。下記がそれぞれの「表現のポイント」

で挙げている例です。

『会話編』　今天我**得**做作业。　(今日私は宿題をしなければなりません。)

『講読編』　今天我**得**写报告。　(今日私はレポートを書かなければなりません。)

たとえば“今天我**得**做作业。”(＝上の『会話編』の例) の場合には、「明日が宿題を提出する期限である」というような条件の制約があるとか、“今天我**得**写报告。”(＝上の『講読編』の例) の場合には、「私はレポートを書くのに時間がかかるので、提出期日までに間に合わせるためには、今日書かなければならない」というような状況の制約がある、などが考えられます。

助動詞の“得 (děi)”については、「～しなければならない」、「～する必要がある」という日本語訳を示しているテキストが多く見受けられます。しかし、助動詞の“要”についても「～しなければならない」、「～する必要がある」という日本語訳を示しているテキストが多く見受けられ、これもまた学習者を混乱させる日本語訳の提示です。

先の 12-2-2 で述べたように、助動詞の“要”の原義は「必要がある」です。そして助動詞の“得 (děi)”は、最初に説明した通り、「その場の状況から客観的に判断して、V しなければならない」ということを意味しています。学習者には両者の違いを明確に説明することが重要です。

“得 (děi)”＝その場の状況から客観的に判断して、V しなければならない

12-2-4 “应该”

テキスト『会話編』でも『講読編』でも取り上げていませんが、もう 1 つ、「義務」を表す助動詞として、入門レベルでも取り上げられることの多いのが“应该”です。“应该”は「義務」の用法と「推量」の用法とに分けて説明されている場合が多くあります。

結論から言えば、“应该”は「(客観的状況から判断して）Ｖであるのが当然である」ということを意味しています。つまり「道理上の帰結」を表しているということです。このように捉えれば、「義務」と「推量」という２つの用法に分ける必要はありません。たとえば下記の例で見てみましょう（例文番号と太字は筆者が加筆）。

丸尾 2010 の例

① 你**应该**先把作业做完了。(p.87)
(君は先に宿題を終わらせなければならない。)

② 这个时候他**应该**到家了。(p.84)
(今頃彼は家に着いているはずだ。)

小野 2021 の例（③、④の例には日本語訳は書かれていません。)

③ 你**应该**跟我说实话。(p.131)

④ 山本去中国留过学，汉语**应该**说得很好。(p.112)

上記の①と③は通常、日本語では「～しなければならない」(義務)、②と④は日本語では「(当然）～のはずだ」(推量）と表現される例です。これらの例を“应该”の作用域で考え、さらに“应该”の原義を「(客観的状況から判断して）Ｖであるのが当然である」と捉えると、以下のようになります。

① **应该**｛你（先把作业做完了)｝。
｛君は（先に宿題を終わらせるのが)｝当然だ。

② **应该**｛他（这个时候到家了)｝。
｛彼は（今頃家に着いていて)｝当然だ。

③ **应该**｛你（跟我说实话)｝。
｛君は（私に本当の話をして)｝当然だ。

④ 去中国留过学，**应该**［山本｛汉语（说得很好)｝]。
中国に留学したので、[山本は｛中国語は（話すのがうまくて)｝]
当然だ。

このように見ていくと、①、③と②、④を区別する必要はないということができます。①～④のうち、客観的状況が示されているのは④だけです。しかし、すべての表現に、必ず客観的な状況があり、そこから判断して「Vであるのが当然だ」→「Vであるのが道理上の帰結だ」となります。

“应该” の原義＝(客観的状況から判断して) Vであるのが当然である。

↓

(客観的状況から判断して) Vであるのが道理上の帰結である。

13. 補語

ここでは補語について解説していきます。補語には、結果補語、方向補語、程度補語、“得” 補語（程度補語、様態補語、可能補語）があります。

13-1　中国語における補語とは何か

文法用語は世界の各言語において勝手に使っているというのが現状です。しかも、日本人学習者は、すでに中学・高校で英語文法を学んでいます。したがって、中国語の「補語」を説明する際には、「英語文法の中で補語と呼んでいるものと、中国語文法の中で補語と呼んでいるものは、全く別のものである」ということを説明する必要があります。

では、**中国語文法の中では何を「補語」と呼んでいるのか**というと、それは**「動詞あるいは形容詞の直後に位置し、動詞あるいは形容詞の表す意味を補足説明する成分」**です。こういう成分を「補語」と呼んでいます。

ちなみに、英語の補語とは、「主語、動詞、目的語だけでは文の意味が不完全なときに、追加情報として補う成分」で、「自立的成分」です。以下に例を挙げておきます（下線部分が英語の「補語」です)。

1. I am a student.　　（私は学生です。） I = a student
2. My dog is very big.（私の犬はとても大きいです。）
   my dog = very big

3. My brother became a teacher.（私の弟は教師になりました。）
my brother = a teacher
4. I made her angry.　（私は彼女を怒らせました。）　her = angry

このように、中国語で補語と呼んでいる成分と英語で補語と呼んでいる成分とは全く別物です。このことを学習者に説明する必要があります。

以下で、中国語の補語を結果補語、方向補語、程度補語、“得”補語（程度補語、様態補語、可能補語）の順に見ていきます。

中国語の「補語」＝動詞あるいは形容詞の直後に位置し、動詞あるいは形容詞の表す意味を補足説明する成分

13-2　結果補語（『会話編』第 15 課、『講読編』第 15 課）

動詞の直後にくっつけて、動作や行為を行った結果を表す成分を「結果補語」と言います。この成分となることができるのは、動詞と形容詞です。

テキスト『会話編』（第 15 課ポイント）で挙げている例

吃**完**、听**懂**、买**到**、看**见**、学**好**、用**光**

テキスト『講読編』（第 15 課ポイント）で挙げている例

看**完**、吃**惯**、听**懂**、学**好**、写**错**、找**到**、记**住**

日本語母語話者である学習者には、この中では、たとえば“吃**完**”や“看**完**”、“吃**惯**”、“写**错**”などは分かりやすいので、こういうものを先に説明するとよいでしょう。なぜ分かりやすいかというと、“吃**完**”や“看**完**”は日本語では「食べ**おわる**」、「読み**おわる**」、“吃**惯**”は「食べ**慣れる**」、“写**错**”は「書き**間違える**」というように、日本語の「複合動詞」で同じような表現がなされるからです。

“吃**完**”（食べ**終わる**）　“看**完**”（読み**終わる**）　“写**完**”（書き**終わる**）
“吃**惯**”（食べ**慣れる**）　“看**惯**”（読み**慣れる**）　“写**惯**”（書き**慣れる**）
“听**错**”（聴き**間違える**）　“看**错**”（見**間違える**）　“写**错**”（書き**間違える**）

上記のように、日本語の複合動詞で表現できるものについて、動詞を入れ替えていろいろな例を示せば、中国語の結果補語というものに慣れることができます。しかし、当然のことながら、中国語の結果補語の表現がすべて日本語の複合動詞の表現に対応しているわけではありません。したがって、それぞれの結果補語がどういう状況を意味しているのかということを、必ず説明する必要があります。

以下に、テキスト『会話編』と『講読編』に挙げた結果補語の意味を示しておきます。

V 懂："懂"＝「分かる、理解する」："听懂"（聴いて分かる）、
"看懂"（見て分かる）

V 到："到"＝「目的の達成を表す」："买到"（買って手に入れる）、
"找到"（探して見つける）

V 好："好"＝「動作の完成を表す（ちゃんと～する）」：
"吃好"（ちゃんと食べる）、"学好"（ちゃんと学ぶ、マスターする）

V 见："见"＝「視覚・聴覚などによる知覚を表す」：
"看见"（見える＝ see）　☆"看"＝ look
"听见"（聞こえる＝ hear）　☆"听"＝ listen

V 住："住"＝「安定・固定を表す」："记住"（しっかり記憶する）、
"停住"（しっかり止まる、停止する）

V 光："光"＝「何も残っていない状態を表す」：
"用光"（使い尽くす）、"吃光"（食べ尽くす）

13-3　方向補語（『会話編』第 15 課、『講読編』第 15 課と第 18 課）

動詞の直後に置かれ、動作の方向を表す動詞を「方向補語」と言います。

13-3-1　単純方向補語と複合方向補語の種類

方向補語の動詞が 1 つのものが「単純方向補語」で、下記の 9 種類があります。

〈単純方向補語〉

上	下	进	出	回	过	起	来	去
(上る)	(下る)	(入る)	(出る)	(返る)	(越える)	(起きる)	(来る)	(行く)

“来”と“去”を除いた 7 種類の単純方向補語の直後に、“来”と“去”を置いたものが「複合方向補語」です。

〈複合方向補語〉

	上 (上る)	下 (下る)	进 (入る)	出 (出る)	回 (返る)	过 (越える)	起 (起きる)
V＋単純方向補語＋“来”	**上来**	**下来**	**进来**	**出来**	**回来**	**过来**	**起来**
V＋単純方向補語＋“去”	**上去**	**下去**	**进去**	**出去**	**回去**	**过去**	

13-3-2　単純方向補語と複合方向補語の派生義

方向補語で難しいのは、単純方向補語の場合も、複合方法補語の場合も、派生義の表現です。テキスト『会話編』(第 15 課の「表現のポイント」) と『講読編』(第 15 課の「表現のポイント」) では、「単純方向補語」の派生義の例として、それぞれ“请贴**上**邮票。”、“我爱**上**他了。”を挙げました。“V **上**”は「上向きの行為」を表しますが、それを捉えるのはなかなか感覚的に難しいと思います。

また、「複合方向補語」の派生義の例としては、『会話編』(第 15 課の「表現のポイント」) と『講読編』(第 18 課の「表現のポイント」) で、それぞれ“他看**起来**很累。”と“我想**起来**了。”を挙げました。“V **起来**”は「～し始める」ということを意味しますが、これも捉えるのはなかなか感覚的に難しいと思います。

入門の段階では方向補語の派生義は難しいので、あまり詳しく説明する必要はありませんが、「**方向補語には具象義だけでなく、派生義があり、**

それによってさまざまな表現を可能にしている」という説明は必要です。

もう一つ、複合方向補語において、「**“起”と“来”の組み合わせの“V起来”という表現はあるが、“起”と“去”の組み合わせの”V起去”という表現はない**」ということを説明しておく必要があります。なぜ“V起来”はあるのに“V起去”は表現しないかというと、それは“起”と“来”、“去”の原義と関わりがあります。

“起”は「上向きの動きの始まり」を意味し、“来”は「話し手に向かって近づく」ということを意味します。したがって、“V起来”は、“起”で「上向きの動きの始まり」を表現して、そしてさらにその直後にそれが「話し手に向かって近づく」ということを意味する“来”を表現することになり、それによって、非常に動きのある表現となります。

ではなぜ“V起去”が成立しないかというと、“去”は「話し手から遠ざかる」ことを意味します。したがって、“起”で「上向きの動きの始まり」を意味しておきながら、その直後に、それが遠ざかっていくことを意味する“去”を表現するというのは、論理的に矛盾することになるので、“V起去”という表現はできないということです。

ここでも、「“V起来”という表現はしますが、“V起去”という表現はできません。」と説明するだけでなく、なぜか、ということを説明することが大切です。ある表現が成立する場合、もしくは成立しない場合、そのどちらにおいても、必ずそこには論理的な理由があります。

13-3-3　複合方向補語の“下来”と“下去”

ここでは、テキスト『会話編』（第９課「表現のポイント」【語句6】）と、『講読編』（第９課「表現のポイント」【語句7】）に示した、中国語の時間の流れ方（次頁の図）と関連して、複合方向補語の“下来”と“下去”の派生義について解説しておきます。

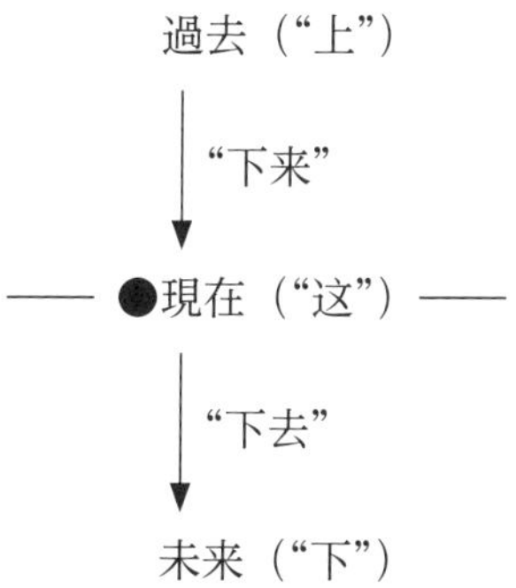

中国語の時間は、左の図のように、上から下へ流れます。したがって、現在から見て、過去は"上"、未来は"下"です。

たとえば一つ前の駅は"上一站"、次の駅は"下一站"です。

そして、過去から現在（"这"）に向かって流れて来る時間が"下来"、現在から未来に向かって流れていく時間が"下去"です。

下記が複合方向補語の"下来"と"下去"の派生義の例です。

这个故事从古代传**下来**了。（この物語は古代から伝わってきている。）

我想把中文学习**下去**。　（私は中国語を勉強し続けます。）

ちなみに、上記の図の中の、過去から未来に向かう「↓」は通時的な意味を表し、「現在（"这"）」を挟んだ左右の「――」は共時的な意味を表しています。

13-3-4　複合方向補語の表現の目的語の位置

複合方向補語については、動詞の目的語が置かれる位置について説明する必要があります。複合方向補語の表現の場合、基本的には目的語は1つ目の方向補語の直後に置かれます。ただし、目的語が一般物で、すでに実現している事柄である場合には、1つ目の方向補語の直後に置かれる場合（下記の例の1）と、複合方向補語の直後に置かれる場合があります（下記の例の2）。

1. 他　买**回**　一本书　**来**。
2. 他　买**回来**　一本书。

では、1と2の相違をどう捉えたらよいのでしょうか。

情報伝達の観点から、どの言語にも共通したものとして、**「より重要な情報をもつ部分を、文の後部に置く」**という考え方があります。これを**「後部の重み」**（end-weight）と言います。この観点から上記の1と2を比較すると、2は1よりも“一本书”が後置されている表現であることによって、より“一本书”に重みを置いた表現であると言うことができます。そしてそれにより、1と2では、それぞれに後続する発話の展開には大きな相違があります。その相違とは、2は後続の発話の内容が、明らかに“一本书”と関連して展開されていくということです。

下記の例は、動詞の目的語が複合方向補語に後置されている例です。これは私が中国語母語話者にインタビューした資料の中にあった例です[55]。ここではインフォーマントが夫（“他”）の多趣味の状況について語っています。

> 他性格也是前进型的。他吧，比如说，喜欢画画呀，喜欢作诗，喜欢写作，写毛笔字什么的。就是他那方面，就是还喜欢摄影，喜欢游泳，哎呀，他喜欢的东西倒是真多。喜欢什么，他就买什么，喜欢吉他，今天**买回来**一个吉他，花了两万，还是多少，买回来。那吉他原来卖六万多呢，他**买回来**一个吉他，玩两天之后，又买了一个吉他。

この例から分かるように、“**买回来**一个吉他”に続く発話の内容は、すべて“一个吉他”に関連した内容となっています。つまり、話し手に、特に動詞の目的語に関しての発話を継続したいという認識がある場合には、複合方向補語の後ろに動詞の目的語を表現するということです。この問題については、村松 1992 で詳述しました。

テキスト『講読編』では第18課本文に、“下**起**雨**来**了。”という表現が出てきます。そこで第18課「表現のポイント⑥」の「チャレンジ」で、この文を練習させるようにしています。先生方には、そこで複合方向補語の表現の目的語の位置について説明していただきたいと思います。しかし

55 注 49（p.171）を参照して下さい。

どこまで詳細に説明するかは、学習者の学習意欲によると思うので、先生方でご判断いただけばよいと思います。

13-4 程度補語（『会話編』第18課、『講読編』第18課）

程度補語は、形容詞や心理活動を表す動詞（“感动”、“喜欢”、“后悔”など）の後ろに置いて、「程度がはなはだしいこと」を表現する成分です。テキスト『会話編』も『講読編』も、形容詞の場合の程度補語についてのみ取り上げていますが、実際には形容詞だけでなく、心理活動を表す一部の動詞にも程度補語の表現は用いられます。

程度補語には、形容詞や動詞の後ろに“得”の無いタイプと“得”のあるタイプがあります。そして“得”のあるものは通常「“得”補語」に分類されます。

また程度補語は、形容詞や動詞の後ろに“得”のないタイプと“得”のあるタイプのどちらの場合も、補語となる語は限られています。

ここでは、両方のタイプについて、まとめて見ていきます。

13-4-1 “得”のないタイプと“得”のあるタイプ

テキスト『会話編』の第18課の「表現のポイント」と本文では、下記の例のように、形容詞の後ろに“得”のないタイプを挙げています。

1. 最近我忙**极了**。
2. 真是好吃**极了**！

また、『講読編』の第18課の「表現のポイント」と本文では、下記3、4のような“得”のないタイプを示し、エクササイズでは下記の5、6のような“得”のあるタイプを示しています。

3. 那个图书馆外国杂志多**极了**。
4. 我高兴**极了**！
5. 听说他马上来日本，我们都高兴**得很**。
6. 北京的冬天比上海冷**得多**。

ちなみに、木村、宮本 2014a では「程度補語」という文法用語は用いられておらず、上記 1 ～ 4 のような、形容詞に後置する“极了”は「接尾辞」として扱われています (p.164)。このような考え方も成立しますが、テキスト『会話編』と『講読編』では、形容詞に後置する“极了”も「“得”の無いタイプの**程度補語**」として扱っています。

程度補語について説明する場合に重要なことは、“得”のないタイプであっても、“得”のあるタイプであっても、日本語との相違を説明することです。

日本語は、形容詞や動詞の程度を表現する方法としては、下記の 7 のように、形容詞や動詞の前で、その程度を説明する（修飾する）副詞を置くという語順の表現しかできません。一方、中国語の場合には、下記の 8 のように、形容詞や動詞の前に程度を説明する副詞を置く表現と、下記の 9 と 10 のように、形容詞や動詞の後ろでその程度を表現することができるということです。

日本語： 7. 今日は**とても**忙しい。
中国語： 8. 今天我**很**忙。　（程度を表す副詞）
9. 今天我忙**极了**。　（“得”のない程度補語）
10. 今天我忙**得很**。　（“得”のある程度補語）

そしてさらに重要なのが、先の 13-3-4 で述べた、「より重要な情報をもつ部分を、文の後部に置く」という、「後部の重み（end-weight)」の観点です。この観点から言って、上記の 9 と 10 は 8 よりも「忙しい程度が甚だしいこと」を、「より重要な情報」として捉えた表現だということができます。しかし 8 ～ 10 は、日本語ではどれも「今日は私はとても忙しい」としか表現できません。「今日は私は忙しいのがとってもだ」などという日本語の表現はないからです。このような説明も学習者には必要です。

以下に、丸尾 2010 (pp.201 ～ 205) で挙げられている、程度補語の“得”のないタイプと“得”のあるタイプの例を挙げておきます。

13-4-2 “得”のないタイプの例

これには、下記のようなものがあり、その共通点は、“了”を伴った形で用いられるということです。

—极了、—死了、—坏了、—透了、—多了

13-4-3 “得”のあるタイプの例

これには、下記のようなものがあります。

—得很、—得多、—得要命、—得不得了、—得慌、—得了不得、
—得厉害、—得够呛、—得要死、—得不行、—得可怜

13-5 “得”補語

“得”補語には程度補語、様態補語、可能補語の 3 種類があります。以下で順に見ていきますが、“得”を伴う程度補語については、13-4 で説明しましたので、ここではくり返しません。以下では、様態補語、可能補語について解説していきます。

13-5-1 様態補語（『会話編』第 12 課、『講読編』第 12 課）

「動詞／形容詞＋“得”」の後ろに置いて、動詞で示した動作・行為の具体的な様子や、形容詞で示した状況を具体的に説明する成分を「様態補語」と言います。この表現は、すでに実現している事柄について表現します。つまり、未来のことは表現しないということです。

13-5-1-1 様態補語の肯定表現

テキスト『会話編』の第 12 課の「表現のポイント」では、下記の例を挙げています。

1. 她唱**得**很不错。
2. 他开车开**得**好吗？　　　开**得**很好。／开**得**不好。

また、『講読編』の第 12 課の「表現のポイント」では、下記の例を挙げています。

3. 他走**得**很快。
4. 她说汉语说**得**非常好。

これらはすべて「動詞＋“得”」の例です。そして上記の２と４の例のように、「動詞＋目的語」を「動詞＋“得”」の前で表現しなければならない場合があります。それはなぜかというと、もともと中国語の動詞は非常に抽象的で、動詞だけでは具体的な意味が確定できない場合が多くあり、そういう場合には、目的語を表現することによって動詞の意味を確定させる必要があるからです。たとえば上記２の動詞“开”にはいろいろな意味があり、“开车”というように、“车”という目的語を表現することによってはじめて“开”が「(車を) 運転する」という意味に限定されます。上記４の動詞“说”も同様です。“说”にもいろいろな意味があり、“说汉语”というように“汉语”という目的語を表現することによってはじめて“说”が「言語を話す」という意味に限定されます。逆に１の“唱”はこれだけで「歌を歌う」という意味を表すので、目的語を表現する必要がありません。また３の“走”もこれだけで「歩く」という意味を表します。つまり、多義的である動詞の場合には、「動詞＋目的語」を「動詞＋“得”」の前で表現しなければならないということです。また、「目的語」だけを「動詞＋“得”」の前で表現するだけでよい場合もあります（たとえば、4. 她（说）汉语说**得**非常好。）。しかし、いずれにしても、多義的である動詞の場合には、「動詞＋“得”」の前で「(動詞＋) 目的語」を表現する必要があるということです。もっとも、文脈などから動詞の意味が限定できる場合には、「動詞＋“得”」の表現だけで大丈夫です。学習者にはこういう説明が必要です。

13-5-1-2　様態補語の否定表現と反復疑問型

様態補語に関して、もう１つ学習者に対して必要な説明があります。それは、**様態補語の表現の否定表現と反復疑問型は、様態補語の部分で表現する**ということです。上記の 13-5-1-1 の３を例に、以下で示します。

肯定表現　→　他走**得**很快。
否定表現　→　他走**得**不快。
反復疑問型　→　他走**得**快不快？

テキスト『会話編』においても、『講読編』においても、様態補語の否定表現と反復疑問形の特徴を、必ず学習者に説明してください。

13-5-1-3　「形容詞＋“得”」の例

上記 13-5-1-1 の 1 ～ 4 はすべて「動詞＋“得”」の表現ですが、下記の 5 と 6 は「形容詞＋“得”」の例です。5 は肯定表現、6 は否定表現です。

5. 他们高兴**得**跳起来了。
6. 昨天晚上热**得**我没睡好。

テキスト『会話編』と『講読編』においては、「形容詞＋“得”」の例は本文にも「表現のポイント」にも出てきません。しかし、教師としては、「形容詞＋“得”」の様態補語表現もあるということを知っておく必要があります。

13-5-1-4　様態補語の自立性

13-5-1-1、13-5-1-2、13-5-1-3 から分かるように、様態補語の部分は、非常に自立性が高いと言うことができます。

たとえば 13-4-2 に挙げた、程度補語の「“得” のないタイプ」（“一极了、一死了、一坏了、一透了、一多了”）は完全に非自立的成分で、これらはどれも、動詞や形容詞に付加しなければ表現できません。したがって、木村、宮本 2014a（p.164）でこれらを「接尾辞」として扱っているのも納得できます。また、13-4-3 に挙げた、程度補語の「“得” のあるタイプ」（「一得很、一得多、一得要命、一得不得了、一得慌、一得了不得、一得厉害、一得够呛、一得要死、一得不行、一得可怜」の “得” の後ろの部分）は、自立的に表現できるものとできないものがあります。

これに対して様態補語の場合には、下記のように、非常に自立性が高いと判断できます。これを下記の例で見てみます。

7. 昨天晚上你睡**得**好吗？　　　　很好。／不好。
8. 他游泳游**得**怎么样？　　　　　很好。／不好。

たとえば上記の７の問に対して、“睡得很好。／睡得不好。” と答えなくても、“很好。／不好。” とだけ答えることが可能です。また８の問に対しても、“游得很好。／游得不好。” と答えなくても、“很好。／不好。” とだけ答えることが可能です。これらのことからも、様態補語は非常に自立性が高いと言うことができます。このような様態補語の特徴も、学習者に対して説明する必要があります。

13-5-1-5　様態補語表現は「主述述語文」か

さらに、様態補語の前の「動詞／形容詞＋“得”」の部分については、独立性が高いと捉える考察があります。以下では、これについて述べていきます。

藤堂、相原 1985（p.105）において、「“得” は直前の動詞や形容詞を体言化します。つまり「動詞＋“得”」または「形容詞＋“得”」で名詞相当語になるわけですから、これが主語に相当します。勢い、“得” の後の部分は「述語」になります。」と書かれています。そして下記の例を示し、ここで言う様態補語表現を「主述述語文」と捉えています。

藤堂、相原 1985（p.105）の例　→　他　　说得　很快。
　　　　　　　　　　　　　　　　大主語　小主語　述語

しかし実は、このように単純に「“得” は直前の動詞や形容詞を体言化し、したがって「動詞／形容詞＋“得”」の部分を名詞相当語と捉える」ということはできません。それは下記の９のような、前置詞 “把” を用いた表現も成立するからです。

9. 他把房间收拾**得**整整齐齐的。

９の例の場合、“收拾**得**” を「名詞相当語」と捉えるのは無理があると思います。さらに、下記の 10 のように、助動詞を用いた表現も可能です。

10. 情况会变得更糟。

これらの例を見るだけでも、様態補語表現を従来の「主述述語文」(本書の「大主題述部文」)と捉えるのは不可能でしょう。やはり、「動詞＋“得”」の場合は動詞述語文、「形容詞＋“得”」の場合は形容詞述語文と捉えるのが妥当でしょう。

13-5-2　可能補語（『会話編』第 17 課、『講読編』第 18 課）

可能補語とは、動詞と結果補語あるいは方向補語の間に“得／不”を挿入して、可能・不可能を表現するものを指します。

この形式の表現については、拙著 2019 の第 3 章「3.2　可能の表現の比較」において詳述しました。

これについて解説するために、以下では便宜的に、可能補語の肯定型を“V 得 R”、否定型を“V 不 R”と表記します。

13-5-2-1　可能補語の本質的な意味

木村、宮本 2014a（p.133）では、この形式について、「「動作の結果として、補語の意味する変化・状態が実現し得る／し得ない」という意味の可能または不可能を表す。」と説明されています。また丸尾 2010（p.225）には、「動詞と結果補語、あるいは方向補語の間に“得 de ／不 bu”を挿入することにより、それぞれ可能・不可能を表す可能補語の表現になります。」と説明されています。しかし、どのような可能・不可能を意味しているのか、これ以上の説明はされていません。相原 2016 においても、この形式がどのような可能・不可能を意味しているのかについての説明は、ありません。

これについては、拙著 2019 の第 3 章「3.2　可能の表現の比較」の 3.2.4 と 3.2.5 において検証し、3.2.6（p.248）でまとめて述べています。以下で、これについて解説していきます。

可能補語の表現には、必ず「行為者が VR を実現したい」という願望が含意されています。これが、可能補語の表現の大きな特徴であり、この表現の可能の本質的な意味です。そして肯定形の“V 得 R”は、「行為者がVRの実現を願望すればVRを実現できる」という意味を表します。また否定形の“V 不 R”は、「行為者がVRの実現を願望したが、VRを実現できない」、あるいは「たとえ行為者がVRの実現を願望したとしても、VRを実現できない」という意味を表します。

可能補語の本質的意味⇒必ず「行為者がVRを実現したい」という願望を含意している。

・肯定形の“V 得 R”

＝「行為者がVRの実現を願望すればVRを実現できる」という意味。

・否定形の“V 不 R”

＝「行為者がVRの実現を願望したが、VRを実現できない」、あるいは「たとえ行為者がVRの実現を願望したとしても、VRを実現できない」という意味。

では、なぜ可能補語の形式には「VRを実現したい」という願望が含意されるのでしょうか。次にこのことを解説していきます（これについては、拙著 2019 の 3.2.6.2（pp.248 ~ 249）において詳述しています）。

この表現を言語化する際、それが可能の場合でも不可能の場合でも、話し手の思考の中では当然、実現したVRという事態が想定されています。それは「Vした結果のRの実現」ということではなく、「Vした後のRという状況まで含めたVRという事態の実現」です。そしてその実現が「できる／できない」と判断する前提には、必ず「VRという事態を実現したい」という願望があります。なぜなら、「VRという事態を実現したい」という願望がないのに、「VRという事態の実現が可能か不可能か」ということを認識して言語化する必要はないからです。つまり、**「VRという事態の実現を願望」するからこそ、それが可能か不可能かということを認識して言語化する**ということです。

13-5-2-2 可能補語の肯定型と否定型の使用頻度の差について

丸尾 2010（p.227）には、可能補語の肯定型と否定型の使用頻度の差について、「一般的に言って、可能補語については肯定型よりも否定型の方が多く用いられます。肯定型は主に問いに対する回答として、あるいは疑問文や反語文の中で用いられます。」と記述されています。しかし、肯定型よりも否定型の方が多く用いられる理由については述べられていません。

また、相原 2016（p.266）に、「結果補語・方向補語の可能形は実際には…“不”の割り込みによる否定の形で用いられる場合の方が、肯定の形を用いる場合に比べて圧倒的多数を占めています。」と説明されています。しかし、ここでもその理由については述べられていません。

その理由についても、拙著 2019 の第 3 章「3.2　可能の表現の比較」（pp.250 ~ 253）において詳述しました。以下で解説します。

確かに可能補語については、肯定型よりも否定型の方が多く用いられています。その理由としてまず考えられることは、通常、実現したいと想定した VR という事態が実際に実現した場合、VR が実際に実現したことを、客観的事実として述べるだけで十分だからです。換言すれば、実現したいと想定した事態が実際に実現した場合、そこにわざわざ行為者の VR という事態を実現したいという願望を含意させる必要はないということです。したがって、VR を実現したいと願望して実際に実現した場合には、多くの場合に“VR 了”と表現されるということです。しかし、実現したいと想定した VR という事態が実際に実現しなかった場合には、「実現したいと願望したが、実現しなかった」と述べる必要があり、否定型の“V 不 R”で表現します。したがって、当然の結果として、肯定型よりも否定型の方が使用頻度が高くなります。

しかし、だからと言って、丸尾 2010（p.227）のような説明（13-5-2-2 の冒頭で紹介＝「肯定型は主に問いに対する回答として、あるいは疑問文や反語文の中で用いられます。」）は、不十分な説明ということができます。なぜなら、可能補語の肯定型は「願望すれば、VR を実現することができる」という意味であり、実際にそういう状況はあり得るからです。たとえば拙著 2019（pp.236 ~ 237 の例（5））で取り上げた例（＝“有的人挺坏的,什么事都做得出来。”）がそれです。また、最近の中国テレビドラマ（《创业时代》）のセリフにも同様のものがありました。それは“为了毁掉你们公司，他们什么事儿干得出来。”（あんたたちの会社を壊すためなら、あいつらはどんなことだってやれるんだ。）というものです。願望して100パーセント実現できるという状況があり、話し手がそのことを伝えたいと思えば、可能補語の肯定形は表現されます。しかし実際には、この「願望して100パーセント実現できる」という状況が通常は少ないというのが、可能補語の肯定形の使用頻度が低い２つ目の理由です。

しかし、教師として教育上大事なことは、「この表現の肯定型はあまり使いません」と説明するだけではなく、「なぜそうなのか」ということをきちんと説明するということです。

テキスト『講読編』（第18課本文）では、“导航结束了，可是我们还是找不到林红家。”という表現がなされています。これは「（誕生日祝いに、林紅さんの家へ行こうと、スマホのナビで彼女の家を探しあてたいと思ったが、）見つけることができなかった。」という意味です。ここには、「林紅さんの家を探しあてたい」という願望があります。

13-5-2-3　可能の助動詞“能”と可能補語の連用（“能”＋V得R）

可能補語の肯定形は可能の助動詞“能”と連用されることがあります。テキスト『会話編』の第17課本文には、下記のような、まさにこういう表現が出てきています。

高桥健太：我们几个都是路痴，能**找得到**她家吗？
孙　国伟：跟着手机导航走吧！

この“能**找得到**”がどういうことを意味しているのか、解説します。

これは、次のような状況での発話です。林紅さんの誕生日に、彼女の家へお祝いに行こうとしている渡辺さんと、高橋さんと、孫さんですが、3人とも彼女の家がどこにあるのか知りません。そして実は3人とも方向音痴で、彼女の家を見つけることができるかどうか、高橋さんが不安に思い、高橋さんが“能**找得到**她家吗？”と発話しています。

助動詞“能”は先の「12. 助動詞」の 12-1-2 で解説したように、「個別の客観的な条件をクリアーして「できる」という可能」を意味します。そこで、上記の“我们几个都是路痴，能**找得到**她家吗？”というのは、どういう意味かというと、「私たちは方向音痴であるのに、彼女の家を見つけたいと願望してそれができる(“找得到”)ということが可能になる(“能”)のか？」という意味です。ここでクリアーする必要のある個別の客観的条件とは、“我们几个都是路痴。(私たちは全員方向音痴である。)”ということです。そして“高桥健太”のこの問に対して、クリアーする必要のある個別の客観的条件の解決策として、“孙国伟”が“跟着手机导航走吧！”（スマホのナビにしたがって行く）ことを提案しています。

教師の方々には、こういう説明をきちんとしていただきたいと思います。

14. 比較の表現（『会話編』第 10 課、『講読編』第 10 課）

ここでは比較の表現として、前置詞“比”と動詞“有”を使った表現について解説していきます。

現在多くの入門テキストで、比較の表現として前置詞“比”を用いるものを取り上げています。たとえば“他比我高。”のような例です。その際、否定表現として“没有”を用いた表現を挙げているものを多く見かけます。たとえば“他没有我高。”のような例です。そしてその場合、“他比我高。”と“他没有我高。”が、まるで肯定型と否定型のセットであるかのように取り上げられています。前置詞“比”を用いた表現の否定型である“不比”はあまり見かけない、というのが、そのように取り上げる理由です。しかし、“他比我高。”と“他没有我高。”は比較の肯定型と否定型のセットの表現ではありません。

以下では、前置詞“比”を用いた比較の表現と、動詞“有”を用いた比較の表現を、それぞれ見ていきます。

14-1　前置詞“比”を用いた比較の表現

まず、前置詞“比”を用いた表現について見ていきます。

14-1-1　学習者に対する説明のポイント

前置詞“比”を用いた表現は、「A ＋“比”＋ B ＋比較の結果」という語順です。この形式について、学習者に注意すべきことは２点あります。

まず１つ目は、「A は［B と比べて］比較の結果である」という意味の理解の仕方で、“比”と B はセットであるということです。したがって、音声的にも「“比”＋ B」の“比”と B の間には音声的停頓はありません。

２つ目は、A と B はカテゴリーが同じ語彙でなければならない、ということです。つまりこの形式は、A と B そのものが持っている特質について比較する表現である、ということです。したがって、「私はみかんよりリンゴの方が好きだ」という日本語は、「A ＋“比”＋ B ＋比較の結果」の形式では表現できません。この日本語はたとえば“比起橘子来，我更喜欢苹果。”となります。このことを学習者に説明する必要があります。入門レベルで“比起来”という表現まで学習することを求める必要はありませんが、「私はみかんよりリンゴの方が好きだ」という日本語は、前置詞“比”を用いるだけでは表現できないという説明は必要です。

14-1-2　前置詞“比”を用いた比較の表現の否定型は“不比”

次に、否定表現について見ていきます。

「A ＋“比”＋ B ＋比較の結果」という形式の否定型は「A ＋“**不比**”＋ B ＋比較の結果」です。

前置詞“比”を用いた比較の表現

・**肯定形**：「A ＋“比”＋ B ＋比較の結果」

“我**比**我弟弟高。”　⇒私は弟より背が高い。

・**否定形**：「A ＋“**不比**”＋ B ＋比較の結果」

→ A［**不**（比 B ＋比較の結果)］

“我**不比**我弟弟高。”　⇒私は弟より背が高くない。

（＝私は弟と一緒くらいか、あるいは弟より背が低い。）

最近は、この“不比”の表現の使用頻度が低いという理由で、前置詞“比”を用いた比較表現の否定型として取り上げられている中国語テキストが非常に少なくなっています。しかし、だからといって、“没有”を使った表現とペアにして教えるのは、体系的ではありません。

14-2 “有”を用いた比較の表現

“有”を用いた比較の表現では、前置詞“比”を用いた比較の表現と逆の現象が起きています。以下ではこれについて見ていきます。

“有”を用いた比較の表現は、たとえば、“我弟弟**有**我这么高了。”（私の弟は私と同じくらいの背の高さになりました。）というような例です。そしてこの“有”を用いた比較の表現の否定型は“我弟弟**没有**我这么高。”（私の弟は私ほど背が高くない。⇒私の方が背が高い。）です。しかし、“有”を用いた比較表現の場合には、肯定型である“有”を用いたものは使用頻度が少ないという理由で、最近はどの中国語テキストにも、“有”を用いた比較表現は取り上げられず、否定型の“没有”を用いた例だけが取り上げられています。

“比”の否定型が“不比”で、“有”の否定型が“没有”である、と考えるのは極自然なことです。「使用頻度」ということを理由に、入門段階のテキストの比較の表現の説明で（あるいは例文で）、あたかも“比”の否定型が“没有”であるかのように記述するのは、ちょっと違うのではないでしょうか。

14-3 “不比”と“没有”の比較の表現が続けて用いられている例

下記は、筆者が最近見た中国のテレビドラマ（《中国式关系》）の中で見つけた、**“不比”**と**“没有”**の比較の表現が続けて用いられていたセリフの例です。これは、20 代前半の息子が、事業家の父親に向かって言っているセリフです。

「爸，我知道，您对我挺失望的，我做得也**没有**您想象中的那样好。我也知道您对我操的心**不比**我妈少。」

（お父さん、（お父さんが）僕に失望していて、僕の仕事ぶりもお父さんの想像ほどじゃないことを、僕は知っています。それにまたお父さんが僕を心配する気持ちがお母さんより少なくないことも僕は知っています。)

私は、中国の小説などで実際に“不比”と“没有”の使用頻度を調べたことはありませんが、中国のテレビドラマを見ていると、“不比”はそんなに珍しい、特別な表現ではありません。たとえその使用頻度が「“不比”＜“没有”」であったとしても、上記の例から分かるように、“不比”と“没有”では意味が異なります。

日本の大学における中国語教育の、「とにかく簡単に！簡単に！」という流れの中で、こういう現象が起きてきたのだと思います。しかし、“不比”と“没有”では意味が異なるにもかかわらず、それらの「使用頻度」を理由に、“比”の否定型があたかも“没有”であるかのように教える中国語教育は、いかがなものかと思います。

テキスト『会話編』の第 10 課「表現のポイント」では、“比”を用いた比較表現の肯定型しか取り上げていませんが、『講読編』の第 10 課「表現のポイント」では、比較表現として“比”と否定型の“不比”、“有”と否定型の“没有”を取り上げています。教師の方々には、両者の相違をきちんと説明していただきたいと思います。

1. “比”を用いた比較表現

肯定型：“我**比**我弟弟高。”　⇒私は弟より背が高い。

否定型：“我**不比**我弟弟高。”　⇒私は弟より背が高くない。

(＝私は弟と一緒くらいか、弟より背が低い。)

2. “有”を用いた比較表現

肯定型：“我弟弟**有**我这么高了。”

⇒私の弟は私と同じくらいの背の高さになりました。

否定型：“我弟弟**没有**我这么高。”

⇒私の弟は私ほど背が高くない。(＝私の方が背が高い。)

15. “有点儿”（『会話編』第 11 課、『講読編』第 11 課）

“有点儿”は、中国語入門テキストでも文法解説書でも、“一点儿”という表現と比較して提示されることの多い表現です。以下で、“有点儿”について解説したいと思います。

15-1 “有点儿”と“一点儿”の従来の説明

従来、両者を比較してどのように説明されているのかをまとめると、下記のようになります。

《従来の説明》

	“一点儿”	“有点儿”
語順	形容詞＋“一点儿”	“有点儿”＋形容詞／動詞
意味	客観的な比較	主観的で、好ましくない・望ましくないという気持ち

丸尾 2010（p.140）では、まず“一点儿”と“有点儿”の語順の違いが説明され、“一点儿”は「客観的な比較」、“有点儿”は「主観的な感覚」と記述されています。さらに、“有点儿”は「形容詞・動詞には、当事者にとって好ましくない・望ましくない意味のものが多く用いられる」と説明されています。次に相原 2016（p.146）には、「“有点儿”は「ある基準や期待値と少しズレがある」と感じることを表す」と書かれています。そしてさらに“有点儿冷。”と“今天比昨天冷一点儿。”を比較して、「“有点儿”の方には「ちょっとイヤだな」という不本意な気持ちが含まれ、“一点儿”は比較したその差が「わずか」であるという客観的な差異を表します。」と説明されています。また、木村、宮本 2014a（p.178）でも、“有点儿”の表現について、「好ましくない性質や状態をそのままに表現することを避け、控えめに「すこし～：ちょっと～」と表現するときに用いる。」とあります。さらに小野他 2021（p.75）では、「“有点儿”を用いる文は、話者の不満あるいは不如意な気持ちを表すことが多い」と書かれています。このように、多くの文法書やテキストにおいて、“有点儿”の表現は「好

ましくないことに使用される」と説明しています。

以下で、これについて考えてみたいと思います。

15-2 “有点儿”の本質的な意味

例文検索で皆さんもよく利用している北京大学漢語語言研究センターの「ccl 语料库检索系统」で、「“有点儿”＋形容詞／動詞」の例文を検索してみました。特に、“有点儿”の後ろにプラス評価の形容詞あるいは動詞が表現されているものを検索してみました。その結果、“有点儿高兴”、“有点舒服”、“有点喜欢”などの例が多数見つかりました。この結果を見ただけでも、「“有点儿”＋形容詞／動詞」の表現は、決して「好ましくない・望ましくないという気持ち」の時にだけ使うものではない、ということが分かります。

そもそも“有点儿”とは「“有”＋“一点儿”」です。“有”については先の「10. “有”の表現」で見たように、「存在」を表し、“有”の後ろに来る名詞（句）の存在を表現します。したがって、“有点儿”というのは「少し存在する」というのが原義で、“有点儿”の場合は、その後ろに表現される形容詞や動詞が「少し存在する」ということを表現していると考えるのが妥当でしょう。

1. “有点儿”の原義＝「少し存在する」
2. 「“有点儿”＋形容詞／動詞」＝形容詞や動詞が「少し存在する」ということを表現している。

テキスト『会話編』と『講読編』の本文で使用されている表現は“有点儿贵。”です。「少し値段が高い」という意味で、当事者にとって好ましくないことを言っています。これは、これまでの中国語教育において説明されてきたもので説明しても、全く問題のない例です。

ここで、「ccl 语料库检索系统」の検索によって見つけた、《人民日报(1995年1月20日)》に掲載された“有点喜欢”の例を見てみます。少し長い文章ですが、全文を挙げてみます。

「后来，邻居阿姨帮我联系去北京王府井邮局当投递员。老实说，当时我真不想去，因为我知道这个工作很苦，一年到头骑车奔忙，冬冷夏热，滋味可想而知，可这好歹算是个职业，总比在家呆着强呀！

干了一段时间，也许是路况熟了，不知不觉地也不感到苦和累了。再往后，竟**有点喜欢**这份工作了。在外面，收件人接过我递过去的信和报纸时，差不多都会说声“谢谢您，师傅！”我听得出来，他们谢我是真心的。在局内，同事之间关系都挺好，即使你本事不大，别人也不另眼相待大伙还处处帮你忙。数九寒天送早报，很遭罪，可每次回到局里，一碗热粥马上送到面前，而且还是局长亲自熬的。粥还没喝，已经觉着身上，心理热乎了。看来自己在东闯西撞后好像找到了属于自己的位置，我现在心理挺踏实的。」

“有点喜欢”は「少し好きだ」という意味で、これは明らかにプラスの意味です。そして、この文章の中では、「少し好きだ」ということを言わなければならないから、そのように表現している訳です。では、「少しプラスである」ということを言わなければならない状況とは、どのような状況でしょうか。以下で、上記の文章を検証してみます。

“我”は当初、郵便局の配達員の仕事を好ましくないと思っていたが、だんだんとその仕事に慣れ、「少し好きだ」という状況になったということを“再往后，竟**有点喜欢**这份工作了。”と表現しています。「郵便配達員の仕事」というのは、一般的常識から言って、社会にとって必要で重要な仕事であっても、社会的には決して地位の高い仕事ではなく、結構重労働です。したがって、郵便配達員になったからといって、「この仕事が好きだ」という人は、決して多くはない仕事だということができます。“我”も当初は郵便配達員の仕事を好ましいものとは思っていませんでした。しかし、だんだんと仕事に慣れ、さらに、この仕事をする中で関わった人々との暖かい交流の中で、“有点喜欢”という感情が芽生えていきます。こういう状況の変化が、この文章からは読み取れます。

上記の文章の中で表現されているのは“再往后，竟**有点喜欢**这份工作了。”というもので、“有点儿”の後ろに好ましい意味の形容詞や動詞が来る表現例をたくさん見ていくと、そこには1つの特徴があります。それは“竟”、

“可”、“反而”、“甚至”、“只是”、“还” などの表現と連用されることが多いということです。これは、“有点儿” の後ろに好ましくない意味の形容詞や動詞が来た場合と、明らかに異なる傾向です。このことは何を意味しているのかというと、“有点儿” の後ろで「好ましい気持ち」を表現する場合、わざわざ「好ましい気持ちが少し存在する」ということを表現するわけですから、そこには「意外な気持ち」、「通常ではない気持ち」、あるいは「もともとはそうではなかった」などの気持ちが含意されているということです。

もう1つ、最近の中国のテレビドラマ（《创业时代》）の中で見つけた例を紹介します。下記がそのセリフです。

女的 : 怎么了？　不认识了？

男的 : 没有，就是**有点儿晃眼**，太美了。

これは30歳前後の男女の会話です。2人はお互いに思いを寄せていますが、いろいろな事情があって、お互いに明確な意思表示は避けている関係です。そんな2人があるパーティーで一緒になりました。いつもはそれほど派手な服装をしていない彼女がパーティードレスを着ている姿を見て、彼氏が驚いた様子でじっと彼女を見つめています。そんな彼氏に、彼女が “怎么了？　不认识了？” と、うれしそうに言います。彼女のその発言を受けて彼氏が我に返り、“没有，就是**有点儿晃眼**，太美了。” と言います。この “有点儿晃眼（ちょっとまぶしい）” という表現は明らかにプラス評価です。そして通常とは異なる彼女を見て、「意外な気持ち」、「通常ではない気持ち」が存在していることを表現するために、わざわざ “有点儿” を用いて “有点儿晃眼（ちょっとまぶしい）” と表現しています。

以上の例から、“有点儿” の表現は、以下のように捉えることができます。

“有点儿” は「少し存在する」というのが原義でした。したがって、“有点儿” の後ろで「好ましくない・望ましくないという気持ち」を表現すれば、そういう負の気持ちが「少しである」と表現しているのですから、それは木村、宮本 2014a（p.178）が説明しているような、「好ましくない性質や状態をそのままに表現することを避け、控えめに「すこし～:ちょっと～」と表現することになります。そして“有点儿”の後ろで「好ましい気持ち」を表現する場合は、わざわざ「好ましい気持ちが少し存在する」ということを表現するわけですから、「意外な気持ち」、「通常ではない気持ち」、あるいは「もともとはそうではなかった」などの気持ちを含意した表現となります。

> **1. “有点儿”＋「（好ましくない気持ちの）形容詞・動詞」**
> ⇒好ましくない性質や状態をそのままに表現することを避け、**控えめに**「すこし～：ちょっと～」と表現する。
>
> **2. “有点儿”＋「（好ましい気持ちの）形容詞・動詞」**
> ⇒好ましい気持ちが**意外**であったり、**通常でなかったり**することを表現する。

繰り返しになりますが、「少しそれ（形容詞／動詞）が存在する」ということを表現しているのが“有点儿”です。そしてそれは、わざわざ「少し存在する」ということを情報として伝達しなければならない状況がある場合においてのみ表現されます。その場合、それは決してマイナスの感情ばかりではなく、プラスの感情の場合もあり、そしてその存在を話し手と聞き手が共通理解として、話は進んでいきます。したがって、中国語教育においては、マイナスの感情ばかりを特化させるのではなく、マイナスの感情の場合もプラスの感情の場合も同等に扱うことによって、初めて“有点儿”の本質が理解されるということです。

ちなみに「“有点儿”＋動詞」の場合には、この動詞は状態性の高い動詞です。「[3] 中国語の品詞について」の「3. 中国語における形容詞と動詞」で述べた通り、中国語においては、「意味的に性質・状態を表す」と判断できる語彙を「形容詞」、「意味的に動作性の高いことを表す」と判断できる語彙を「動詞」と呼んでいるだけでした。つまり中国語において、「この語彙は形容詞だ」、「この語彙は動詞だ」、というのは、実は意味的な違いだけでどちらであるのかを判断しているのだ、ということです。さらにその判断基準である「意味」というのは、実際には一直線につながっており、その境界線を明確にすることはできないということも述べました。そして"有点儿"の後ろに表現される動詞を見てみると、それは「動作性の高い」ものではなく、形容詞よりの「状態性の高い」意味の語彙に限定されるということです。

中国語教育においては、「形容詞＋"一点儿"」と「"有点儿"＋形容詞／動詞」の表現は、敢えて対比して説明する必要はないでしょう。しかし、対比して説明する場合には、次のように説明するとよいのではないでしょうか。

> **1.「形容詞＋"一点儿"」:AとBを客観的に比較し、両者の差が少しであることを表現している。**
>
> **2.「"有点儿"＋形容詞／動詞」:「少し「形容詞／動詞」の状況が存在する」ということを話し手と聞き手が共通理解とするための表現。**
>
> ・**「形容詞／動詞」がプラス評価の場合**⇒好ましい気持ちが意外であったり、通常でなかったりすることを表現する。
>
> ・**「形容詞／動詞」がマイナス評価の場合**⇒好ましくない性質や状態をそのままに表現することを避け、控えめに「すこし～」と表現する。

"有点儿"の表現の説明の際、「話し手にとって好ましくない状況の時に使う」という説明だけでは、初級や中級レベルにはつながっていきません。そろそろこういう説明は止めにした方が良いのではないでしょうか。

16.「"好"＋動詞」の表現（『会話編』第16課、『講読編』第4課）

テキスト『会話編』、『講読編』では、「"好"＋動詞」の表現として、下記のような例を挙げています。

好吃　：食べやすい→（食べて）おいしい
好喝　：飲みやすい→（飲んで）おいしい
好看　：見やすい→きれいだ
好听　：聴きやすい
好做　：やりやすい
好写　：書きやすい

“好吃”、“好喝”、“好看”、“好听”については、中中辞典も、中日辞典も、中英辞典も、だいたい一語としてエントリーしています。これらは感覚に関わる動詞で、日本語でも“好吃”は「（食べて）おいしい」、“好喝”は「（飲んで）おいしい」、“好看”は「きれいだ」というように、ピッタリの形容詞があるものもあります。しかしすべてそうではなく、たとえば“好听”については、日本語ではピッタリの形容詞がなく、「聴きやすい」とか、「耳ざわりがよい」とか、「聞こえが良い」とか、説明的になります。

もともと「“好（hǎo）”＋動詞」の表現の原義は「V しやすい」です。そこで、テキスト『会話編』、『講読編』では、この形式の応用ができるように、“好做”や“好写”の例を挙げました。説明の際には、それぞれ下記のような例が分かりやすいと思います。

・这枝铅笔很好写。　（この鉛筆は書きやすい。）
・先做好做的事，然后难做的事。　（まずやりやすいことからやり、そのあとでやりにくいことをやる。）

ちなみに、「“难（nán）”＋動詞」は「V しにくい」で、「“好（hǎo）”＋動詞」の反義語と考えられます。学習者の学習意欲によってはこんな説明をプラスすると、学習者の中国語への興味や関心が深まるでしょう。

1.「“好（hǎo）”＋動詞」の表現の原義は「V しやすい」
2.「“难（nán）”＋動詞」の表現の原義は「V しにくい」

17. コミュニケーションを円滑にするための婉曲表現

（『会話編』（第 11 課）、『講読編』（第 11 課））

テキスト『会話編』と『講読編』では、コミュニケーションを円滑にするための婉曲表現として、「動詞の重複形式」と「動詞＋“一下儿／一点儿”」を取り上げています。以下で順に解説していきます。

17-1　動詞の重複形式

テキスト『会話編』と『講読編』の「表現のポイント」では、次のような例を挙げています。

『会話編』	我　**试试**。	你　**看看**。
	Wǒ　shìshi.	Nǐ　kànkan.
『講読編』	我　**问（一）问**。	你　**试（一）试**　吧。
	Wǒ　wèn(yi)wen.	Nǐ　shì(yi)shi　ba.

これらは日本語では「ちょっと V する / ちょっと V してみる」などと表現することができ、語気をやわらげたり、相手の負担を軽減したりする働きをしています。しかし、この形式について、学習者にこういう説明をするだけでなく、何のためにこういう表現を用いるかという説明が必要です。こういう表現を用いる理由は、「**話の相手とのコミュニケーションを円滑にするため**」です。「ちょっと V する」というわけですから、「V する」ことを婉曲的に表現しています。たとえば日本語で、「ちょっとやってみます。」と言ったからといって、やるのは短時間で、すぐにやめてしまうとは限りません。また、「(本を) ちょっと見せてください」と言ったからといって、5 分だけ見て、その本を返すとは限りません。日本語のこれらの「ちょっと」は、まさに、話の相手とのコミュニケーションを円滑にするための婉曲表現です。この日本語の「ちょっと」と同じ効果の表現が、中国語の動詞の重複形式です。学習者にはこういう説明を付け加えることが重要です。

それからもう 1 つ重要な説明は、**二音節目が必ず軽声**になるということです。両テキストには例として挙げていませんが、二音節動詞の重複形式の場合も、重複の部分は軽声となります。

我们　**研究研究**。　　你　**学习学习**。
Wǒmen　yánjiūyanjiu.　　Nǐ　xuéxíxuexi.

17-2　動詞＋“一下儿”、“一点儿”、“一会儿”

テキスト『会話編』と『講読編』の第 11 課の「表現のポイント」では、「動詞＋“一下儿”」と「動詞＋“一点儿”」の表現例を挙げています。

『会話編』　咱们在那儿休息**一下儿**吧。
　　　　　　你们多吃**一点儿**！

『講読編』　你等**一下儿**吧。
　　　　　　你再喝**一点儿**吧！

これらも、日本語では「ちょっとＶする／ちょっとＶしてみる」などと表現することができます。しかし実際にその動作・行為の量が少ないということを意味しているのではありません。これもやはり、語気をやわらげたり、相手の精神的負担を軽減したりする働きをしています。つまり「**話の相手とのコミュニケーションを円滑にするため**」の表現です。

また、『会話編』と『講読編』の両テキストでは例を挙げていませんが、「動詞＋“一会儿”」という表現も同様です。

これらについて説明する場合に重要なことは、これらが「話の相手とのコミュニケーションを円滑にするための表現」であることと同時に、必ず**“一下儿”、“一点儿”、“一会儿” のそれぞれの原義を説明する**ことです。それぞれの原義は以下の通りです。これらの品詞は「動量詞」ですが、それも原義を考えれば納得できます。

・“一下儿”：動作が「一回」という意味
・“一点儿”：動作の量が少しという意味
・“一会儿”：動作が時間的に短いという意味

したがって、たとえば“一下儿”は、その動作の回数が問題とならない動詞とは共起しないし、“一点儿”は量が問題とならない動詞とは共起しません。また“一会儿”は時間が問題とならない動詞とは共起しません。つまり原義を説明すれば、どういう動詞と共起できて、どういう動詞と共起できないかを理解することができるということです。もちろんどこまで説明するかは、学習者のレベルや学習意欲などから教師の側が判断する必要があります。

以下で、いくつかの動詞と“一下儿”、“一点儿”、“一会儿”との共起を見てみます。

	“一下儿”	“一点儿”	“一会儿”
等	○	×	○
休息	○	×	○
哭	○	×	○
来	○	×	○
吃	○	○	○
喝	○	○	○
看（読む）	○	○	○
学	○	○	○

この表から分かるように、“等”、“休息”、“哭”、“来”などの動詞は、「量が少しである」ことを意味する“一点儿”とは共起しません。その他の4つの動詞は“一下儿”、“一点儿”、“一会儿”のすべてと共起しますが、それぞれ使用される場面が異なります。これを“吃”という動詞で以下に例を示します。

1. “一下儿”：我还没吃过正宗的牛肉丸子面，有机会要去**吃一下**。
2. “一点儿”：你不要客气，再多**吃一点儿**吧！
3. “一会儿”：他们俩吵架以后，默默地**吃了一会儿**。

これらの“一下儿”、“一点儿”、“一会儿”は置き換えることができません。

このような例から、これらについては「日本語では、ちょっとＶする／ちょっとＶしてみるです」などという説明だけではなく、それぞれの原義を説明することが非常に重要であることが分かると思います。

18. 一文中に動詞が複数表現される動詞文

ここでは一文中に動詞が複数表現される動詞文として、連動式動詞文、兼語式動詞文について、解説していきます。

18-1　連動式動詞文（『会話編』第４課、『講読編』第４課）

本書およびテキスト『会話編』と『講読編』においては、連動式動詞文を以下のように捉えます。

連動式動詞文とは、一文中に２つ以上の動詞（V1 ＋ V2（…＋ Vn））が表現され、V1 と V2（…Vn）の動作者あるいは行為者は、すべて文頭の同一人物である文のことです。そしてさらに、V1、V2（…Vn）は必ず時系列順に表現されています。

> **連動式動詞文＝動作者／行為者＋ V1（＋ O1）＋ V2（＋ O2）（…＋ Vn（＋ On））。**
> ＝ V1、V2（…Vn）は必ず時系列順に表現される。

テキスト『会話編』も『講読編』も第４課の「表現のポイント」で、下記のような、動詞“来”、“去”を用いた連動式動詞文の例を挙げています。

1. 他**来**日本**观光**。
2. 我们**去喝**咖啡。
3. 我们**去**图书馆**看**书。

上記の１～３は時系列順に動作・行為の発生を表現していますから、これらを日本語で時系列順に表現すると、下記のようになります。

1-1　彼は日本に来て観光します。

2-1　私たちは行ってコーヒーを飲みます。

3-1　私たちは図書館に行って勉強します。

しかし 1-1、2-1、3-1 は、いかにも不自然な日本語です。通常これらは日本語で次のように表現されます。

1-2　彼は日本に観光しに来ます。

2-2　私たちはコーヒーを飲みに行きます。

3-2　私たちは図書館に勉強に行きます。

これらにおいては、2つ目の動詞（句）が、まるで“来”あるいは“去”の目的のように表現されていますが、それはあくまで日本語の訳語の問題です。中国語ではあくまで動詞が時系列順に表現されているということです。

下記に、動詞“来”、“去”を用いた連動式動詞文以外の例を挙げておきます。これらも当然2つの動詞は時系列順に表現されます。

4. 我**打**电话**告诉**他。　　　　（私は電話をかけて彼に知らせます。）

5. 我们**回**家**休息**。　　　　（私たちは家に帰って休みます。）

つまりこれらは、ある動作者あるいは行為者が複数の動作・行為を時系列順に行ったということを表現している文で、本書ではこのような動詞文を「連動式動詞文」と呼んでいます。また、テキスト『会話編』、『講読編』においても、同様に捉えています。

18-2　兼語式動詞文（『会話編』第14課、『講読編』第11課）

ここでは「兼語式動詞文」について解説していきますが、まず従来の捉え方を概観し、次に本書における捉え方について説明していきます。

18-2-1　従来の捉え方

いわゆる「連動文」と「兼語文」の捉え方は、研究者によって異なっています。

丸尾 2010（p.141）の「連動文」の捉え方は、本書の 18-1 の捉え方とほぼ同じですが、“有”という動詞の表現については同じではありません。

また木村、宮本 2014a（pp.123 ～ 125）では、「連動文」と「兼語文」について、以下のように説明されています。少し長いですが、全文を引用します。

「複数の動詞または動詞句が直接結びついて一つの述語を構成している文を「連動文」という（→学習のポイント 7.8）。連動文には「X ＋動詞 1 ＋ Y ＋動詞（句）2」のかたちで、X が Y に何らかの動作行為を行うように要請したり、促したりするという事態を表すタイプのものがある。この種の連動文は、前後の動詞の間に位置する名詞句（Y）が、前の動詞に対しては動作対象（受動者）の役割を担い、後ろの動詞（句）に対しては動作主体（動作主）の役割を担い、二重の役割を兼担するところから、「兼語文」という。」

つまり、木村、宮本 2014a では、「兼語文」を「連動文」という枠組みの中の下位分類として捉えているということです。そして「兼語文」として下記の 1 ～ 3 の例文が挙げられています（例文番号と太字は筆者が加筆、太字の部分が「兼語」の部分）。

1. 我爸爸请**她**当我的家教。
2. 章老师嘱咐**孩子们**上课尊重老师。
3. 妈妈要**我**九点以前回来。

また相原 2016（p.312）では、上記 1 ～ 3 のような例を、「兼語式連動文」と呼んでいます。このように、「連動文」、「兼語文」の捉え方は、文法研究者によって異なりを見せています。

18-2-2　本書の捉え方

本書およびテキスト『会話編』、『講読編』においては、「兼語式動詞文」を「連動式動詞文」の下位の範疇とは捉えず、以下のように捉えます。

兼語式動詞文とは、一文中に 2 つの動詞（V1 と V2）が表現され、V1 の後ろの名詞（句）が V1 の目的語であり、また同時に V2 の主題であるという意味関係にある構文を言います。

兼語式動詞文＝主題 1 ＋ V1 ＋ N ＝主題 2 ＋ V2（＋ O）。

↓

V1 の目的語

V2 の主題

このように、V1 と V2 の間に表現された名詞（句）が、「V1 の目的語」と「V2 の主題」という意味機能を兼ねているということから、このような意味関係にある動詞文を「兼語式動詞文」と呼びます。

テキスト『会話編』（第 14 課の「表現のポイント」）と、『講読編』（第 11 課の「表現のポイント」、トライ、チャレンジ）で取り上げた例をまとめると、下記の表のようになります。

主題 1	V1	名詞(句)＝主題 2	V2(／形容詞)	目的語	
我	有	一个朋友	会说	法语	。
今晚我	请	你们	吃	饭	。
那个商店	有	一个旗袍	很漂亮		。
医生	劝	他	在家　休息休息		。
明天我	有	时间	去	玩儿	。
我	没（有）	钱	买	车	。

18-2-3 “有”は兼語式動詞文

木村、宮本 2014a（pp.124 ～ 125）では、「9.4“有”を用いる連動文」として、下記の 4 ～ 6 の例が挙げられています（例文番号と太字は筆者が加筆）。

4. 明天有**一个人**来找我。
5. 我没有**钱**买车票了。

6. 图书馆有**很多学生**在看书。

また丸尾 2010（p.144）には下記の 7 と 8 が「連動文」の例として挙げられ、丸尾 2010（p.155）には下記の 9 と 10 が「兼語文」の例として挙げられています（例文番号と太字は筆者が加筆）。

「連動文」　7. 我有**一件事**要跟你商量一下。
　　　　　　8. 我平时没（有）**时间**上街买东西。
「兼語文」　9. 他有（一）**个儿子**在沈阳留学。
　　　　　　10. 教室里有**很多学生**在上课。

これらは「連動文」なのでしょうか、「兼語文」なのでしょうか。

本書およびテキスト『会話編』、『講読編』では、上記 4 ～ 10 の文をすべて「兼語式動詞文」と捉えます。その理由は、以下の通りです。

本書およびテキスト『会話編』、『講読編』では、「主語」という文法用語を一切用いていません（その理由は、本書の「[2] 2」において詳述しましたので、参照して下さい）。したがって、ここでも動詞 1 と動詞 2 の間の名詞（句）を、動詞 2 の「主語」と捉えず、「主題」と捉えます。

兼語式動詞文＝主題 1 ＋ V1 ＋主題 2 ＋ V2（＋ O）。

このように捉えると、「動詞 1 と動詞 2 の間の名詞（句）＝主題 2」は「何について」を表し、「それ以下の動詞句」は「主題 2 の説明」という関係となります。

	主題 2	説明
4.	**一个人**	来找我
5.	**钱**	买车票
6.	**很多学生**	在看书
7.	**一件事**	要跟你商量一下
8.	**时间**	上街买东西
9.	**一个儿子**	在沈阳留学

10.　　**很多学生**　　　　　　　　在上课

このような捉えかたは決して無理のあるものではないと思いますし、このように捉えることで、“有”という動詞を用いた表現も、説明が容易になるのではないでしょうか。

19. 存現文（『会話編』（第 13 課）、『講読編』（第 13 課））

文頭で場所や時間が表現され、存在、出現、消失などの現象を表現する文を、「存現文」と呼んでいます。

19-1　存現文の語順とその特徴

存現文とは、話し手（書き手）と聞き手（読み手）との間で共通理解になっていない人や物や事象の存在、出現、消失などを伝える文のことを言います。

存現文は、その語順に大きな特徴があります。その特徴は、情報伝達構造から見た中国語の文の語順の原則と大きく関わっています（この原則については、前述の「[2] 3. 情報構造から見た「中国語の文の語順三原則」」にまとめて書いています。もう一度確認して下さい）。中国語の文の文頭は、既知の情報でなければなりません。「既知の情報」とは、「話し手（書き手）と聞き手（読み手）の間で、共通理解となっている人や物や事象」です。文頭では、既知の情報しか表現しないというのは、換言すれば、文頭では「未知の情報」は表現されないということです。

では、なぜ「未知の情報」は文頭で表現されないのかというと、「未知の情報」を文頭で表現すると、情報伝達がスムーズに行われないからです。上述した通り、存現文とは、話し手（書き手）と聞き手（読み手）の間で共通理解になっていない人や物や事象の存在、出現、消失などを伝える文のことです。しかし、文頭に話し手（書き手）と聞き手（読み手）の間で共通理解になっていない人や物や事象を置くことはできません。その結果、まず文頭では、話し手と聞き手（読み手）の共通理解となっている既知の場所や時間などを表現することで、情報の枠組みを限定し、その枠組みの中で、聞き手（読み手）にとって未知の人や物や事象が存在、出現、消失したということを表現します。これが「存現文」です。つまり、情報伝達をスムーズに進めるための、話し手（書き手）の聞き手（読み手）に対する配慮の語順ということができます。

テキスト『会話編』と『講読編』の「表現のポイント」で取り上げた存現文の例を示すと、次のようになります。

場所／時間	動詞	未知の存在物／出現物／消失物
桌子上	放着	**一本书**。（存在）
前边	来了	**一个女孩儿**。（出現）
昨天	搬走了	**两个同学**。（消失）

先の「10. “有”の表現」で解説したように、動詞“有”の原義は「存在」です。したがって、そこでは下記のように説明しました。

“有”の語順：

「聞き手と共通理解になっている人あるいは場所」　＋“有”＋　「その存在が聞き手と共通理解になっていない人あるいは物」

このように“有”も「存現文」の中の「存在文」です。

ちなみに、日本語では聞き手（読み手）にとって「未知の情報」の場合、「X が」というように、必ず格助詞の「が」でマークし、「は」は表現できません。その他、たとえば“桌子上放着一本书。”は英語では“A book is lying on the desk.”というように、“a”という不定冠詞を用いて表現します。また“桌子上有一本书。”は英語では“There is a book on the desk.”というように、文頭に“a book”を置かず、新情報を伝える働きをする“there”を文頭に用いる「there 構文」で表現します。

このように、聞き手（読み手）にとっての「未知の情報」を伝える場合、情報伝達をスムーズに行うために、各言語でさまざまに工夫されています。中国語の場合、聞き手（読み手）にとっての「未知の情報」の伝達の仕方は、**「未知の情報は文頭で表現しない」**であるということを、学習者にきちんと説明する必要があります。

19-2　自然現象を表す文

自然現象が発生するときの表現も、「存現文」の中の「出現文」です。テキスト『会話編』も『講読編』も第18課の「表現のポイント」で取り上げています。

下**雨**　　下**雪**　　打**雷**　　刮**风**　　开**花**
（雨が降る）　（雪が降る）　（雷が鳴る）　（風が吹く）　（花が咲く）

上記のように、**自然現象が発生することを表現する場合には、「存現文」のかたちで表現**されます。しかし、一度発生した自然現象の「停止」や「終了」を伝える場合には、下記のように、まず主題が表現されて、その後に動詞を置くという語順になります。

雨停了。　**雪**停了。　**雷**停了。　**风**停了。　**花**凋谢了。

なぜなら、自然現象の「停止」や「終了」を伝える際には、その自然現象が発生していることがすでに聞き手（読み手）にとっても「既知の情報」であることが大前提であるからです。したがって、自然現象の「停止」や「終了」を伝える際には、自然現象そのものを主題とすることとなります。

文法書や学習参考書にはあまりここまで説明されていませんが、学習者にこういう説明を付け加えることも、非常に重要です。

20. 文と文をつなぐ接続詞

（『会話編』第10課、『講読編』第15課と第17課）

接続詞の項目としては、以下で2つの点について解説していきます。

20-1　逆接の接続詞―“可是”、“不过”、“但（是）”

テキスト『会話編』と『講読編』の「表現のポイント」では、「逆接の接続詞」として“可是”、“不过”、“但（是）”の３つを取り上げています。そしてそれぞれが両テキストの本文中にも使用されています。

この３つは、日本語ではどれも「しかし／でも（口語）」というように表現して、何ら問題はありませんが、この３つの接続詞を用いた文の前件と後件の意味関係は、それぞれ異なります。しかし、どの文法解説書にも、どのテキストにも、その意味的区別は書かれていません。

テキスト『会話編』と『講読編』では、以下のように説明を加えました。この３つの接続詞の意味を「同じです」と説明するのは、入門レベルであっても、避けるべきです。入門レベルだからこそ、きちんと説明する必要があります。以下でこの３つの違いを説明し、両テキストの本文に出てきた文を挙げておきます。是非、授業の際の説明の参考にしてください。

1．“可是”—強い逆接（＝しかし）

⇒これが本当の意味で逆接の意味関係となる「逆接の接続詞」と言うことができます。

・我很喜欢打篮球，**可是**我个子很矮。

・我的手机导航结束了，**可是**我们还是找不到她家。

2．“不过”—前述の事柄と一部分異なる（＝でも）

⇒“不过”というのは、「過ぎない」というのが原義です。したがって、接続詞で用いられた場合でもその原義は生きており、控えめなニュアンスが出ます。

・今天的电影我看懂了，**不过**有些台词没听懂。

・以前中国的动漫没有日本的好看，**不过**这几年好看的越来越多了。

3．“但（是）”—前述の事柄に対して、条件、例外を示す（＝ただし）

⇒“但”という漢字は日本語でも「但＝ただし」という意味です。「しかし」という日本語でなく、「ただし」という日本語を示した方が良いでしょう。

・我能吃辣的，**但是**太辣的不行。

・我很想去他家玩儿，**但（是）**我不知道他家在哪儿。

・我想跟大家一起去故宫，**但是**周末游客太多了。

20-2　接続詞および副詞と呼応関係のある接続詞の表現

ここでは、中国語の接続詞の表現される位置について、日本語の表現と比較しながら見ていきます。

テキスト『講読編』の第 17 課の「表現のポイント[4]」で、呼応関係のある接続詞についてまとめました。下記がそれです。

1. **“虽然～，还是…”**　　(～だけれども、やはり…だ)
　这件旗袍**虽然**有点儿贵，我**还是**买了。
　(このチャイナドレスは少し高いけど、私はやはり買いました。)

2. **“虽然～，但（是)…”**　　(～だけれども、ただし…だ)
　我**虽然**很想去旅游，**但（是）**现在没有时间。
　(私はとても旅行に行きたいけど、ただし今は時間がありません。)

3. **“不但～，还…”**　　((ただ) ～だけでなく、さらに…だ)
　孙国伟**不但**会拉二胡，**还**会唱京剧。
　(孫国偉さんは胡弓が弾けるだけでなく、さらに京劇を歌うことができます。)

4. **“要是～(的话)，就…”**　　((もし) ～なら、(その場合には) …だ)
　明天**要是**天气好（**的话**），我**就**去玩儿。
　(もし明日天気が良いなら、私は遊びに行きます。)

以下で、これらの表現の語順を中国語と日本語でモデル化して比較してみます。

中国語	接続詞	+前件「～」	,	接続詞 or 副詞	+後件「…」
1. 2.	“虽然” +	～	,	“还是／但（是）”	+ …。
3.	“不但” +	～	,	“还”	+ …。
4.	“要是” +	～	,	“就”	+ …。

日本語	前件「～」	+接続助詞、	接続詞 or 副詞	+後件「…」
1. 2.	～だ	+けれども、	やはり／しかし	+ …だ。
3.		+だけでなく、	さらに	+ …だ。
4.	（もし）	+なら、		…だ。

このモデル化から分かるように、文と文をつなぐ場合、前件と後件の意味関係を表す接続詞が、中国語では前件の前に表現されます。しかし日本語では、必ず前件の最後に接続助詞が表現されます。そして、中国語の場合、前件の前の接続詞は省略されることが多く、特に口語では、非常に多くの場合に省略されます。しかし日本語の場合は、前件の最後には接続助詞が必ず表現され、これが省略されることはありません。つまり、日本語の接続助詞は、文と文をつなぐ場合の必須の要素ですが、**中国語の文と文をつなぐ接続詞は、必須の要素ではない**ということです。

余談ですが、筆者は大学で中国語の勉強を始めた頃、中国のテレビドラマのビデオを見ていて、こんなシーンがあったことを、今でもはっきりと覚えています。それは中国の病院でのあるシーンです。今仮に患者Aと言っておきます。患者Aは入院していたのですが、患者Aの担当医が病室に行くと、患者Aが病室にいませんでした。そのことを担当の看護師に伝えると、その看護師は担当医に、自分は患者Aを病室で見たと言い、続けてその担当医に対して、“不信你去看吧。”と言いました。

これを日本語で表現すると、「（もし）信じないなら、あなたは見に行ってください。」となります。中国語では“不信”の後ろに音声的停頓もなく、“你去看吧”が続きます。ましてや話し言葉ですから、“**要是**不信**的话**，你**就**去看吧。”などという、まどろっこしい表現はされません。私はこのセリフに出会ったとき時に受けた衝撃を、今でもはっきりと覚えています。

つまり、**中国語は場面や文脈による依存度が非常に高い言語**であるということです。そしてそのことを示す１つの例が、中国語の接続詞の使い方であるということです。

テキスト『講読編』の本文においては、上記１～３の表現（“虽然”と“不但”）が出てきています（４の“要是”は出てきていません）。しかし『会話編』では上記１～４の表現（“虽然”、“不但”、“要是”）のすべてが出てきていません。このことから分かることは、**話し言葉の場合**であっても、日本語は文と文の意味的関係を話し手が明確に表現しますが、**中国語は文と文の意味的関係は、発話の場面から聞き手が判断する傾向が強い**、ということです。日本語と中国語のこのような相違についても、学習者に解説すると面白いのではないかと思います。

21．品詞の兼務

中国語の品詞の特徴については、先の「［3］中国語の「品詞」について」で解説しました。もう一度確認してください。

ここでは“在”と“给”の「品詞の兼務」について、解説していきます。

21-1 “在”の４つの品詞（『会話編』（第８課）、『講読編』（第８課））

“在”は通常、下記の４つの品詞に区別されます。

1.	動詞	：“在”＋場所名詞	＝「場所」ニ	イル／アル
2.	前置詞	：“在”＋場所名詞＋Ｖ（＋Ｏ）	＝「場所」ニ／デ	Ｖスル
3.	補語	：Ｖ＋“在”＋場所名詞	＝「場所」ニ／デ	Ｖスル
4.	副詞	：“在”＋Ｖ（＋Ｏ）	＝動作の進行形 →	Ｖシテイル

“在”について、教える側はまず１～４の４つの用法を押えておくことが重要です。

21-1-1 “在”の４つの品詞の例

テキスト『会話編』と『講読編』では、それぞれ第８課の「表現のポイント」で、上記１～４の例をまとめて挙げています。以下でそれらをまとめて示しておきます。

『会話編』では、上記１と２は第８課の本文に、４は第 12 課の本文に出てきます。３の補語の例は本文には出てきません。

また、『講読編』では、上記の１、２、３は第８課の本文に、４は第 10 課の本文に出てきます。

1. **動詞の例**（“在”＋場所名詞＝「場所」ニ　イル／アル）
   - 他 现在 **在**美国。
   - 他 **在**哪儿？　　　　——　他 **在**家。
   - 邮局 **在**哪儿？　　　——　**在**车站附近。
   - 我家 **在**东京，他家 不**在**东京。
   - 王老师 不**在**这儿。

2. **前置詞の例**（“在”＋場所名詞＋Ｖ（＋Ｏ）＝「場所」ニ／デ　Ｖスル）
   - 他们 **在**图书馆 看书。
   - 她们 **在**哪儿 吃饭？　——　**在**学生食堂 吃。
   - 我妈 **在**一家贸易公司 工作

3. **補語の例**（Ｖ＋“在”＋場所名詞＝「場所」ニ／デ　Ｖスル）
   - 他现在 住**在**哪儿？　——　他现在 住**在**上海。
   - 她现在 住**在**哪儿？　——　她现在 住**在**香港。
   - 他 生**在**西安，长**在**上海。
   - 弟弟 躺**在**床上 睡觉。

4. **副詞の例**（“在”＋Ｖ（＋Ｏ）＝動作の進行形：Ｖシテイル）
   - 我**在**写报告呢。
   - 他**在**看书。
   - 现在他**在**休息。

・他**在**做什么呢？　———　他**在**学习中文呢。
・他**在**看电视吗？　———　他没**在**看电视。
・你们在这儿做什么呢？　———　**在**聊你呢。

以下で、学習者に対する“在”の説明のポイントを述べていきます。

21-1-2　学習者に対する説明のポイント３つ

学習者に対する“在”の説明のポイントは３つです。これを順に説明していきます。

21-1-2-1　“在”の基本義

“在”の動詞としての基本義については、先の「10.“有”の表現」の10-2で、“有”との相違という観点から解説しました。確認してください。

ここでもう一度、**“在”の基本義を**説明すると、“在”は「その存在が話し手（書き手）と聞き手（読み手）との間で共通理解となっている人あるいは物の**所在地**を示す動詞」ということです。まずこれはしっかり押えておくことが重要です。

21-1-2-2　“在”に後置するもの

２つ目のポイントは、“在”の後ろに置かれるものについてです。

上記の **1. 動詞の用法、2. 前置詞の用法、3. 補語の用法の場合には、“在”の後ろには「場所名詞」**が置かれます。そして、**4. 副詞の用法の場合には、“在”の後ろには動詞**が表現されます。

１～３の場合には“在”の後ろが場所名詞ですから、「“在”の後ろの場所名詞は所在地を表している」という説明は分かりやすいと思います。そして４の場合は、“在”の後ろが動詞です。しかし４の場合も、“在”の意味するところは同じだと考えることができます。つまり、４の場合には「“在”の後ろの動詞の意味する動作・行為の真っただ中にいる」ということを意味しているということです。このように捉えれば、４も１～３とかけ離れた用法だということにはなりませんし、説明も無理はないと思います。

　ただし4は、1～3の説明の際に続けて説明するのが学習者にとって負担であると思われる場合には、テキストの本文で出てくる際（『会話編』は第12課、『講読編』は第10課）に、それぞれ第8課の「表現のポイント」に戻って説明するのが良いのではないかと思います。

21-1-2-3　前置詞の“在”の用法と補語の“在”の用法の意味の違い

　最後に、3つ目のポイントとして、“在”の前置詞の用法と補語の用法の意味の相違について見ていきます。

　この2つの用法は、どんな動詞の場合にも両方の用法が成立するというわけではありません。しかし､動詞によっては両方成立する場合があり、その場合には、両者の意味の相違を考える必要があります。ここではこれについて見ていきたいと思います。

　たとえば“住”という動詞は、前置詞の用法と補語の用法の両方の表現が可能です。これについては、拙著2019（第2章）において詳述しています。ここでは、下記のaとbの表現について、その相違を解説していきます。

　　a. 他**在**名古屋住。（前置詞の用法）
　　b. 他住**在**名古屋。（補語の用法）

　aとbは､日本語で表現すれば､どちらも「彼は名古屋に住んでいます。」です。したがって、aとbの違いは日本語では表現できません。しかし、aとbではこんなにも語順が異なるのに、同じであるはずがありません。ではその相違は何でしょうか。

　aとbのそれぞれに後続する発話の展開には大きな相違があります。aの場合（前置詞の用法）には、aで表現されている事柄全体が、これ以後の発話の内容と関連していきます。しかしbの形式（補語の用法）の場合には､必ず“在”の後ろの名詞（句）（上記のbの場合は“名古屋”）が、これ以後の発話の展開と意味的に強く連接していきます。つまり補語の用法の場合には、“在”の後ろの名詞（句）と関連した発話の内容となっていく、ということです。換言すれば、“在”の後ろの名詞（句）と関連した内容について発話したいと話し手が認識している場合には、b の補語の用法の表現になるということです。しかし a の場合には、このような傾向はなく、a で表現されている事柄全体が、これ以後の発話の内容と関連していきます。このことから、話し手に、特に“在”の後ろの名詞句に関して発話を継続していきたいという意識が強い場合には、b の補語の用法が選択されるということです。この問題については、拙著 2019 で詳述し、まとまった内容の話を展開している談話の中での表現例を具体的に示していますので、参照して下さい。

先の 7-1 で「前置詞」について解説したように、「中国語で前置詞と分類されているものは、もともとすべて動詞だったもの」です。そして中国語は、本来、事柄を時系列順に表現していきます。したがって、a はこの原則に則った表現です。これに対して上記の b は原則に則っておらず、動作・行為を行う所在地を文末に表現しています。これは先の「13. 補語」の 13-3-4 の「複合方向補語の表現の目的語の位置」の項目でも述べた「後部の重み」（end-weight）です。そこでは「どの言語にも共通して、より重要な情報をもつ部分を文の後部に置く」という、「後部の重み」（end-weight）という情報伝達の構造を紹介しました。上記 21-1 で示した、“在”の 3 つ目の補語の用法は、まさにこの構造なのです。しかし、3 についてどこまで詳細に説明するかは、学習者の学習意欲によるところが大きいと思います。それでも、教える側は、こういうこともきちんと把握しておく必要があります。

以上の 3 つのポイントを押えておけば、“在”の 4 つの用法について、学習者が混乱することはないでしょう。

21-2 “给”の 3 つの品詞（『会話編』（第 17 課）、『講読編』（第 17 課））

“给”には通常、下記の 3 つの品詞が当てられます。

1. 動詞　：A ＋“给”＋ B ＋ N　＝　A ガ B ニ N ヲ 与える
2. 前置詞：A ＋“给”＋ B ＋ V（＋ O）　＝　A ガ B ニ（O ヲ）V スル
3. 補語　：A ＋ V “给”＋ B（＋ O）　＝　A ガ B ニ（O ヲ）V スル

“给”については、教える側はまず1～3の3つの用法を押えておくことが必要です。

21-2-1　“给”の3つの品詞の例

テキスト『会話編』と『講読編』では、それぞれ第17課の「表現のポイント」で、上記1～3の例をまとめて挙げています。以下でそれをまとめて示しておきます。

1. **動詞の例**（A＋“给”＋B＋N＝AガBニNヲ与える）
   - 我**给**了她一本书。
   - 老师**给**了我一本词典。
   - 那个点心谁**给**你的？

2. **前置詞の例**（A＋“给”＋B＋V（＋O）＝AガBニ（Oヲ）Vスル）
   - 回国后，我**给**你写信。
   - 明天我**给**你打电话。
   - 他**给**我们介绍一下儿这个大学的情况。
   - **给**我看看。

3. **補語の例**（A＋V“给”＋B（＋O）＝AガBニ（Oヲ）Vスル）
   - 这本书你交**给**她吧。
   - 母亲节那天，我送**给**妈妈一束鲜花。
   - 这本书借**给**我看看吧。
   - 这封信寄**给**她吧。

以下で、学習者に対する“给”の説明のポイントを述べていきます。

21-2-2　学習者に対する説明のポイント3つ

学習者に対する“给”の説明のポイントは3つです。これを順に説明していきます。

21-2-2-1 “给”の原義

“给”の動詞としての原義は「与える」です。テキスト『会話編』も『講読編』も、本文では“给”の動詞の表現が出て来ていません。しかし学習者には、最初に“给”の動詞としての原義（＝与える）を説明する必要があります。以下ではまずこのことについて、**日本語と中国語の授受表現の相違**という観点から解説していきます。

日本語で「授受表現」というのは「やりもらいの表現」とも言います。これは、二者（与え手と受け手）の間で（具象的および抽象的な）物が移動する場合の表現のことを言います。日本語では「あげる／くれる／もらう」の３つの動詞で表現されますが、中国語では“给”だけです。

下記の日本語の①～⑥を中国語で表現するとそれぞれ（1)～(6）になります。

日本語	中国語
	A ──► B
① **私**が／はあなたにあげる。	(1) 我 给 你。
② 彼が／は**私**にくれる。	(2) 他 给 我。
③ **私**が／は彼からもらう。	(3) 〃
④ 彼が／はあなたにあげる。	(4) 他 给 你。
⑤ 彼が／はあなたにくれる。	(5) 〃
⑥ あなたが／は彼からもらう。	(6) 〃

まず、日本語の例を見ていきます。日本語の①～③には与え手と受け手のどちらかに「私」が表現されています。①は「私＝与え手」です。この場合､「あげる／やる」という動詞で表現されます。②と③はどちらも「私＝受け手」です。しかし、②のように「私以外が動作主」の場合には「くれる」となり、③のように「私＝動作主」の場合には「もらう」となります。つまり**日本語は､「私の立場」から「あげる／くれる／もらう」の３つの動詞のどれかが選択される**ということです。

次に､④～⑥の場合はどうでしょうか｡「与え手」にも「受け手」にも「私」

が表現されていません。このような場合には、日本語は発話者（＝私）が「与え手」か「受け手」のどちらかの立場に立って事柄を捉えないと、表現できません。したがって④～⑥は、それぞれ④は①と同じ立場、⑤は②と同じ立場、⑥は③と同じ立場に立って、発話者（＝私）が事柄を表現しているということです。

では、**中国語の場合**はどうでしょうか。**中国語の“给”は「与える」ということしか意味しません。**つまり、**AからBへ物が移動する（した）ことを客観的事実として述べるだけ**です。

中国語の“给”の説明の際、絶対にしてはいけない説明は、「中国語の“给”には、日本語の「やる」、「くれる」、「もらう」の3つの意味がある」という説明です。中国語の“给”には「与える」という意味しかありません。これが原義です。そして**中国語は基本的には**、上記のように**A→Bへの方向へ（具象的および抽象的な）物が移動することを、客観的に表現するだけ**です。中国語の“给”については、最初にこういう説明が必要です。

筆者がまだ中国語の勉強を始めたばかりのころに見た中国映画の中に、次のようなシーンがありました。幼稚園児くらいの子どもが手にお菓子を持っていました。それを見たその子の母親が、自分が与えたものではないお菓子を持っている自分の子どもに、中国語で“谁给你的？”と言いました。その日本語字幕には「誰にもらったの？」と書かれていました。これまでに何度か授業でこの映画のシーンの話をしたことがあります。その際、“给”について上で解説したような内容を授業中に説明した後で、この日本語字幕の「誰にもらったの？」の話をしたことがあります。そして、この日本語字幕の「誰にもらったの？」に対して、「この母親は中国語で何と言ったか？」と学生に質問してみました。私の説明をきちんと聞いて理解できた学生は、“谁给你的？”という中国語を表現することができました。

“给”の説明の際の順序としては、まず“给”の原義が「与える」であるということを説明することが重要です。その次に、二者（与え手と受け手）の間で（具象的および抽象的な）物が移動することを表現する場合、中国語では、その事柄を客観的に「与え手（A）から受け手（B）への物の移動」と捉え、そして、それは「A“给”B」と表現される、という説明が重要です。さらに、日本語の授受表現（「あげる／もらう／くれる」）の動詞と比較して説明すると、学生は“给”にとても興味を示しますし、母語に対しても内省することができます。

さらに、21-2-1 の「1. 動詞の例」にも挙げたように、“给”という動詞は二重目的語を取るということを説明するのも重要です。これは英語の“give”と同じですから、学習者には容易に理解できる事柄です。

1. 動詞の“给”の原義＝「与える」 **2. A＋“给”＋B＋N ＝AガBニNヲ与える**

21-2-2-2　前置詞の“给”

授業においては、まず“给”の動詞の表現について説明し、学生がそれを理解できれば、前置詞の“给”は全然難しくありません。

前置詞の“给”＝A＋“给”＋B＋V（＋O） **＝AガBニ（Oヲ）Vスル**

“给”の後ろは「与える相手」ですから、Aが動作・行為を与える相手がBであるということを“给”が示しています。このことは“给”の動詞の表現が理解できていれば、容易に理解できます。

21-2-2-3　補語の“给”

補語の“给”についても、“给”の動詞の表現についてきちんと理解できていれば、難しい表現ではありません。

補語の“给”＝A＋V“给”＋B（＋O） **＝AガBニ（Oヲ）Vスル**

“给”の後ろは「与える相手」ですから、“给”が補語の場合も、Aが動

作・行為を与える相手がBであるということを“给”が示しています。

つまり、下記の例のaのように、動詞の直後に名詞が表現されていれば、それが動詞の目的語となります。そして下記の例のbのように、動詞の直後に“给”が表現されることによって、“给”の後ろの名詞（＝人）が動作・行為を「与える相手」という意味になります。

a. 我寄了一封信。

b. 我寄**给**她一封信。

aは「私は1通の手紙を郵送した。」という意味で、bは「私は彼女に1通の手紙を郵送した。」という意味です。このように、aとbのような例を対比して示すと、学習者に分かりやすいでしょう。

さらに、下記のcとdを比較して説明するのも面白いと思います。

c. 王老师教我们汉语。

d. 王老师教**给**我们汉语。

“教”という動詞は二重目的語を取ります。cもdも日本語では「王先生は私たちに日本語教えます。」という意味です。しかしdには“教”の後ろに“给”があります。“教”の後ろに“给”があることによって、「私たちに中国語を教えて**くれる**。」というニュアンスが出てきます。

以上の3つのポイントを押えておけば、“给”の3つの用法について、学習者が混乱することはないでしょう。

22.「動詞＋[sentence]」の表現

テキスト『講読編』の第15課の「表現のポイント」の《まとめ②》で、動詞の目的語としてsentenceが表現される動詞のうち、本文に出てくる動詞を拾ってまとめました。

（1） 赞成 （第 5 課）：爸爸**赞成**［ 我去中国留学 ］。

（2） 觉得 （第 6 課）：孙国伟**觉得**［ 北海公园离大学太远了 ］。

（3） 问 （第 6 課）：他**问**大家：［“咱们怎么去北海公园？”］

（4） 决定 （第 6 課）：我**决定**［ 现在坐公交车去 ］。

（5） 说 （第 7 課）：她**说**：［“真羡慕你有哥哥和姐姐”］。

（6） 羡慕 （第 7 課）：我很**羡慕**［ 你有兄弟姐妹 ］。

（7） 知道 （第 12 課）：我**知道**［ 他一口气能游五百米 ］。

（8） 告诉 （第 13 課）：他**告诉**我们［ 从这儿到三里屯有七、八百米 ］。

（9） 夸 （第 18 課）：他**夸**［ 我中文说得很好 ］。

なぜ、「表現のポイント」にこの項目を設けたかというと、特に『講読編』では、「文の構造をつかんで意味を理解する」ということを、学習の目標としているからです。「漢字を見た感じで、文の意味を考えようとしない」ためには、とにかく「文の構造」を把握することが重要です。そのためには、まずそのことを教師の側が心掛けなければなりません。『講読編』では早くも第 5 課から、目的語に sentence が表現される動詞が出てきます。教師の側は、入門の段階から「文の構造」を正確に、分かりやすく説明することが重要です。

[5] その他

ここでは、日本語母語話者に中国語を教える際に、知っておくとよいのではないかと思われる、中国語の語彙に関するいくつかの項目について、解説していきます。

1. 親族呼称＝家族をどう呼ぶか

（『会話編』第3課、『講読編』第7課）

日本語では、家族の構成メンバーを呼ぶとき、家族の構成メンバーの一番年下の者から見た家族の役割で、相手を呼びます。したがって、夫婦はまだ子どもがいない時期には、お互いを名前で呼び合ったりしますが、子どもができると、お互いを子どもから見た役割で呼ぶので、お互いを「お父さん／お母さん（あるいはパパ／ママ）」と呼び合う現象が起きます。また、自分に子どもがいる場合、その子どもから見て、自分の父親や母親の役割を判断するので、自分の父親を「おじいちゃん」、自分の母親を「おばあちゃん」と呼びます。

中国語では、家族の構成メンバーを呼ぶとき、自分からみた相手の役割で呼びます。したがって、自分が“爸爸”と呼べるのは自分の父親だけであり、自分が“妈妈”と呼べるのは自分の母親だけです。もし自分の配偶者を「おとうさん（“爸”）／おかあさん（“妈”）」と呼びたければ、自分の配偶者に対しては“孩子他爸（子どものお父さん）”と表現したり、自分の子どもに対しては“你妈妈”と表現しなければなりません。

ここにははっきりと日中の文化の違いが現れています。つまり日本は中国と比較して、家族の中での役割というものが、その個人にとって非常に重視される文化だということができます。親族呼称を説明する場合、ただ単に「“爸爸”はお父さん」、「“妈妈”はお母さん」というような説明だけでなく、上述のような日中の文化の違いが、親族呼称の実際の使用状況の違いに反映されていることを説明することも重要です。そしてそれは「言葉は文化である」ということの傍証にもなり、また自己の文化への内省にもつながります。

2. 日中同形語

日本語と中国語で同じ形の語彙を「日中同形語」と呼びます。これには大きく分けて、3 種類あります。

① 意味概念が完全に一致するもの

② 意味概念が部分的に一致するもの

③ 意味概念が完全に異なるもの

次に、これらを順に詳しく見ていきます。

2-1 意味概念が完全に一致するもの

日本は近代に入って、いち早く西欧の文化文明を摂取しました。その際、江戸の幕末期から明治にかけて、日本語の中にはない意味概念を、日本の漢学者やその他の知識人たちが、漢語の語構成の規則に則って日本語として造語しました。これを**「新造漢語」**と呼んでいます。そしてそれは**1 万語**にも達し、経済、哲学、社会思想、医学など、あらゆる分野に及んでいます。とても 1 万語は紹介できませんが、下記にそのほんの一部を挙げておきます。

「法律、自然、世界、統治、恋愛、社会、抽象、判断、方程式、血管、電気、哲学、物理学、衛生学、幾何学、科学、化学、心理学、蓋然、価値、可能、金額、広告、合理的、思考、人格、必要、自由、帰納、演繹、外延、内包、先天、後天、概念、現象、主観、定義、本能、命題、議論、幹部、政策、経済、経営、投資、意識、情緒、演説、内科、外科……」

たとえば、中国の正式な国名である「中華人民共和国」は、「中華」、「人民」、「共和国」の３つの単語からできていますが、このうちの「人民」と「共和国」は日本語です。「人民」はもともと中国語の中にあったものですが、中国語では“奴婢”の意味でした。「人民」に、今日使われているような“people”の意味を付与したのは日本人です。さらに「共和国」は英語の“republic”の日本語訳です。つまり「中華人民共和国」という国名の３つの単語のうちの２つは日本語だということです。

日本はこれらの幕末から明治期の１万語の「新造漢語」によって近代化できたと言っても過言ではないでしょう。そしてこれらの「新造漢語」は、清朝末期以降に日本に留学した中国人留学生によって中国へ輸入され、現在でも中国語の中で日常的に用いられています（さらに同時期、朝鮮半島にも輸入されています）。現代中国語はこれらの語彙がなければ成立しないと言っても過言ではありません。これらは中国語から見れば「外来語」ですが、同じ漢字で表記されるので、今ではこれらの語彙を「外来語」であると認識する中国語母語話者は、恐らくいないのではないでしょうか。そしてさらには日本人も、これが明治の日本人の功績であることを知っている人は多くないでしょう。

これらの語彙は日本語と中国語で意味概念が一致していると考えて良いものです。

2-2　意味概念が部分的に一致するもの

これは意味範疇が部分的にずれるものです。この例としては“大”を挙げて説明してみます。

“大”は「彼の家は大きい。＝“他的房子很大。”」や「彼の声は大きい。＝“他的声音很大。”」など、日本語と中国語で同じ意味概念を表す場合もあります。しかし、中国語の“大”にはこの他、“风大”、“雨大”、“年纪大”などの表現があり、これらは日本語では「風が大きい」、「雨が大きい」、「年齢が大きい」とは言いません。こんな基本的な形容詞でも表す意味概念が日本語と中国語で異なる場合があることを、学習者にはきちんと説明する必要があります。

2-3　意味概念が完全に異なるもの

このような語彙は日常語に非常に多くあります。“手纸”、“汽车”、“猪”、“狗”など、枚挙にいとまがありません。同じ漢字を使っても、全く意味の異なる漢字あるいは語彙があるのだということを、学習者にはきちんと説明する必要があります。

このように、日中同形語の意味概念の相違には、上記のように3種類あることを、教師としては覚えておく必要があります。

3. “多音字（破音字）”

中国語の漢字は基本的に「一漢字一音」ですが、いくつかの漢字については一漢字複数音のものがあります。これを中国語で“多音字（破音字）”と呼んでいます。

大切なことは**“多音字（破音字）”の場合、「同じ漢字でも、音が変われば意味が違う」**ということです。たとえば、“都”という漢字は次の通りです。

“都”	ア. dū	→名詞	：みやこ	
	イ. dōu	→副詞	：いずれも、すべて	

日本語にもこういうものは入ってきています。たとえば、

“重”	ア. zhòng	→形容詞	：重い	（日本語で「ジュウ」）
	イ. chóng	→動詞	：重なる、重ねる	（日本語で「チョウ」）
“乐”	ア. yuè	→名詞	：音楽と関わるもの	（日本語で「ガク」）
	イ. lè	→形容詞	：楽しい	（日本語で「ラク」）

しかし中国の学校教育では「一漢字一音」の方向に進んでいます。たとえば“熟”という漢字は、“shóu（＝熟れる）”と“shú（＝よく知っている）”という区別がありました。しかし現在では“**葡萄熟**了（Pútao **shú** le）。”と

発音します。また、日本でも有名な「李白」は本来“Lǐ Bó”ですが、現在中国の学校教科書には“Lǐ Bái”と表記されています。

日本においても同様のことは起こっており、たとえば「重複」は本来の意味から言えば、「チョウフク」というのが正しい読み方ですが、現在では辞書に「ジュウフク」という音もエントリーされています。言葉は生き物であり、また皆の共通認識の上に成り立つものですから、皆がそれで認識できれば、本来のものから変化していっても構わないということです。

しかし、通常、複数音で意味の区別がある漢字については、学習者に「**音が変われば意味が違う**」ということを、きちんと説明する必要があります。

4. 外来語（『会話編』第 9 課、『講読編』第 15 課）

上記の 2-1 で説明した通り、日本の明治期の「新造漢語」は、現在、中国人にとって外来語ではありません。したがって、通常「外来語（“外来语”）」というのは、それ以外の西欧語を指します。テキスト『会話編』と『講読編』における「外来語」も、このような例を挙げており、ここでも、このようなものについて、解説していきます。

外来語はまず巷でいろいろ使われはじめます。そしてその漢字表記については、最終的に“普通话审音委员会”（日本の「国語審議会」にあたるもの）の中にある“外来语表记委员会”が決定します。

4-1　外来語の作り方

外来語の作られ方には大きく 3 種類あります。

1）音訳

2）意訳

3）上記の 1）と 2）をあわせたもの（＋説明語）

漢字の選び方としては、特に固有名詞を音訳する場合は、負の価値観を伴わない漢字をあてるということを基本に据えています。

下記の外来語は、テキスト『会話編』第9課「表現のポイント」の【語句7】で挙げた外来語です。

1）音訳語：幽默　咖啡　卡拉OK　巧克力　可口可乐　麦当劳

2）意訳語：电脑　（上）网　软件　硬件　鼠标

3）音訳＋意訳・説明語：黑客　啤酒　咖哩饭　汉堡（包）　比萨（饼）

〈その他〉地名：纽约　巴黎　伦敦　柏林

人名：哥伦布　爱因斯坦

また、『講読編』第15課の「表現のポイント4」に、本文で出てきた外来語をまとめて載せました。

『講読編』の本文に出ている外来語

1. 音訳語＝咖啡、（刷）卡、米
2. 意訳語＝（上）网、电影、手机、导航、蛋糕
3. 音訳語＋説明語＝咖啡厅

授業の際には、是非、学習者が興味を持ちそうな外来語を紹介してください。

4-2　外来語から見る語彙的経緯と中国文化

すでに中国語の中に定着している外来語には、日本語の「新造漢語」以外にも、それよりもっともっと古いものがたくさんあります。たとえば音訳語の“葡萄”はペルシャ語から入ってきた言葉です。そのことによって、ブドウはもともと中華民族の文化の中にはなかったことが分かります。また“菩萨”や“萝卜”はサンスクリット語（古代インドの文章語）が語源です。そして大根だけでなく、ニンジンが“红萝卜”と表現されることから、中華民族の文化にはもともと大根だけでなく、ニンジンもなかったことが分かります。さらに、トマトのことを“番茄”と言います。“番”とは「異民族」という意味です。またトマトは“西红柿”とも言い、これは「西方から入ってきた紅い柿のようなもの」という意味です。これらのことから、トマトももともと中華民族の食していたものではなかったことが

分かります。

同様に、“二胡”という楽器も“胡”という漢字から分かるように、もともと漢民族の楽器ではなく、西方の“胡”という民族が弾いていた、弦が2本の楽器という意味です。

その他、“旗袍”も、現在日本語では「チャイナドレス」などと言っていますが、“旗”とは満州族のことであり、もともと満州族の民族衣装であったことが分かります（テキスト『講読編』第11課のコラム参照）。

このように、外来語はその地域の歴史や文化を大いに反映しており、学習者に、その地域の歴史や文化に興味を持たせる1つの良い材料だと言うことができます。

5. 離合詞（『会話編』第12課、『講読編』第12課）

離合詞は、すべてもともと「動詞＋目的語」という語構成をしている二音節語の動詞で、辞書には一語としてエントリーされていますが、現在でも完全な一語とはなっておらず、二漢字の間に他の成分が挿入された形になることがあるものを言います。

辞書には、離合詞は語彙のピンインの部分に、下記のような記号が表示されています。ただし、語彙の少ない安価な辞書には、下記のような記号は表示されていません。

“结婚　jié//hūn”　　　　“结婚　jié▲hūn”

このことを知らない教師も多くいるようですが、学習者にはこのことを説明しておく必要があります。

二漢字の間に挿入される成分は、何でもよいわけではありません。

以下では、まずテキスト『会話編』と『講読編』の第12課の「表現のポイント」で示した例で解説していきます。

なお、両テキストの第12課の「表現のポイント」では、それぞれ本文に出てきた動詞で例を示しています。

『会話編』の第12課の「表現のポイント」の例

1. **听说**　他今天不来。

2. **听**　小王　**说**　这本小说很有意思。

打折（割引する）　→　**打**　八**折**　（八割に割引する＝二割引く）

请客（おごる）　→　**请**　你的　**客**　（あなたにおごる）

干杯（乾杯する）　→　**干**了　一**杯**　（乾杯した）

『講読編』の第12課の「表現のポイント」の例

［1］　**听说**　你喜欢看电影。

［2］　**听**　小王　**说**　你喜欢看电影。

打折（割引する）　→**打**　七**折**　（七割に割引する＝三割引く）

刷卡（カードで支払う）→**刷**过　两次　**卡**　（カードを2回使った）

打工（アルバイトする）→**打**了　半天　**工**　（アルバイトを半日した）

以下で、それぞれの構造を解説していきます。

① 听说（～だそうだ）：**听**　小王**说**　这本小说很有意思。

“听”の目的語は“说”以下の部分です。“说”の後ろには“说”の内容が表現されます。そしてこの場合には、“说”の動作者を“说”の前で表現することができます。したがって、上記のように、“**听**小王**说**”と表現することができます。

听　小王**说**

↓

“说”の動作・行為者

② 打折（割引する）：**打**　八**折**

“打”の目的語は“折”です。“折”は「掛け＝割引」の意味です。「どのくらいの掛け」であるのかということは“折”の前で数字で示します。したがって“八折”は「八掛け＝2割引き」のことで、「八掛けにする」は上記のように、“**打**八**折**”という表現になります。

打　八**折**

↓

数詞＋名詞

③　请客（おごる）：**请**　你的**客**

“请”の目的語は“客”です。“请”の原義は「請う」でした（[2]の1-2で詳述）。したがって“请客”は「客であることを請う」というのが原義です。“你的客”は「あなたの客」という意味ではなく、「あなたが客であること」という意味を表します。したがって“**请**你的**客**”は「あなたが客であることを請う」という意味になり、「あなたにおごる」ということになります。ちなみに“他请我的客。”は「彼が私におごってくれる。」ということです。

この他、「人称代名詞＋構造助詞“的”」と表現するものには、“(生气→）他**生**我的**气**。”や“(帮忙→）我**帮**他的**忙**。”などがあります。

请　你的**客**　　**生**　我的**气**　　**帮**　他的**忙**

↓　　↓　　↓

「人称代名詞＋構造助詞“的”」による連体修飾

④　干杯（乾杯する）：**干**了　一**杯**

“干”の目的語は“杯”です。時態助詞は動詞の直後に置かれるので、当然“干了”となります。また数詞は名詞の前に置きますので、“一杯”となり、上記のように“**干**了　一**杯**”という表現になります。

干了　　一杯

↓　　↓

時態助詞　数詞＋名詞

⑤　刷卡（カードで支払う）：**刷**过　两次　**卡**

“刷”の目的語は“卡”です。“刷卡”は「カードを（機械に）通す」というのが原義ですが、現在ではこの行為から「カードで支払う」という意味を表します。“**刷**过　两次　**卡**”という表現は、「カードで2

回支払った」という意味です。動作・行為を表現しているのは“刷”ですから、時態助詞の“过”は動詞“刷”に付加し、さらにその動作・行為が２回であったことも、その直後に置かれます。その結果、“**刷**过两次**卡**”と表現されます。

刷过　两次　**卡**
↓　　↓
時態助詞　動量詞

⑥ 打工（アルバイトする）：**打**了　半天　**工**

“打”の目的語は“工”です。時態助詞は動詞の直後に置かれるので、当然“打了”となります。さらに動作・行為の時間量を表す表現も動詞の後ろに置かれるので、上記のような“**打**了半天**工**”と表現されます。

打了　半天　工
↓　　↓
時態助詞　時間量

その他、入門や初級のレベルの教科書で紹介されるものには、下記のようなものがあります。

結婚　：　**结**了　两次　**婚**　（**结**了两次**婚**）
↓　　↓
時態助詞　動量詞

散歩　：　**散**一会儿　**步**　（**散**一会儿**步**）
↓
動量詞

发烧　：　**发**了　三十八度的**高烧**　（**发**了三十八度的**高烧**）
↓　　↓
時態助詞　連体修飾

照相　：　**照　张相**　　　　　　　　**（照张相）**

↓

量詞

以上の例から分かることは、結果的には「二漢字の間に他の成分が挿入される」というように見えるのですが、それは結果です。学習者には、「二漢字の間に他の成分が挿入されます」という説明だけでなく、**上記のように、それぞれの構造をきちんと説明する必要があります。**

実は、辞書には一語としてエントリーされている語彙でも、一語に成りきっていない離合詞は多数あり、挿入できる成分も多種多様です[56]。しかし、テキストに出てきた際には、教師としては、その離合詞の構造をきちんと説明できなければなりません。

6. 漢字の同音異義による誤解を避けるための方策

『中華字海』（1994 年に中国で出版された、漢字の字典）には、85,568 字の漢字が収録されています。現在の“普通话”で考えてみても、実際には 400 個余りの音節しかありません。しかし、人間が口腔の調音器官を使って作る音としては、このくらいの音の数が限界です。このことから、同音異義の漢字が非常に多いということは容易に想像できます。

そこで、同音異義による誤解を避けるため、3 つの方法が考え出されました。その 3 つとは声調、量詞（類別詞）、単音節の複音節語化です。以下で順に見ていきます。

56　離合詞の詳細な分析には、中山他 1990 があります。30 年以上前の著書で、語彙の変化は否めませんが、離合詞の構造を深く知ることのできる著書です。

6-1　声調

まず、1番最初に考え出されたのが、「声調」です。「声調」は“普通话”では4種類ですが、南へ行くほど声調の種類は増えます。たとえば広東語の場合、声調は6種類あります。

「声調」は、音の数を増やし、それによって漢字を区別するために産み出された方法です。現在の“普通话”は、音節の種類としては400個余りです。これらのすべてに4種類の声調が揃っていると考えれば、1600個ほどの音の数になりますが、実際には1240個ほどの種類しかありません。つまり、ある音は第一声がないとか、またある音は第三声がないというのが現状だということです。しかし、これだけでは何万個もある漢字の同音異義の問題を解決することができないのは、容易に想像できます。

しかし、「Ⅱ．発音部」の「1．声調」の「1-3　声調とは何か」で述べた通り、学習者には入門段階で**「声調は意味を区別するという役割を果たしている」**ということを、しっかりと説明する必要があります。

6-2　量詞（類別詞）

「量詞」とは類別詞のことで、名詞をグループ分けした、そのグループの共通の数え方を言います。実は「量詞」というのは中国語で、日本語にこういう語彙はありません。日本語では「類別詞」と言います。しかし、多くの中国語のテキストでそのまま「量詞」と使っています。テキスト『会話編』と『講読編』でも、そのまま「量詞」と使いました。

常用の量詞について、『会話編』では第3課「表現のポイント」の［語句3］に、『講読編』では第4課「表現のポイント」の［語句4］にまとめてあります。以下で常用の量詞について、そのグループの共通の意味をまとめておきます（量詞の意味についてはこれまで出版されている文法書や学習参考書に詳しく書かれていますので、そちらも参照して下さい）。

“个”：人や物に用い、「箇」という漢字の「たけかんむり」の左側の部分を簡体字としているということを説明する必要があります。

“本”：書籍やノートなどに用います。

“条”：細長いものに用います。たとえば“路”、“河”、“绳子”、“鱼”、“命”

などです。“命”にこの量詞が用いられるということから、中国人は命というものを細く長いものだと認識しているということが分かります。

“张”：紙や机などのような面のあるものに用います。

“件”：これは“衣服”、“行李”、“小事”というように、その使用される名詞に共通の概念がありません。しかし常用されるものです。

“座”：大地に根を張っているような、動かせないもの、たとえば“山”、“大楼”などに用います。

“把”：手で掴むところのあるものに用います。たとえば“伞”、“扇子”などです。“椅子”も背もたれがあるようなものには使います。

“只”：“鸭子”、“老虎”などのように、魚や動物に用います。しかし人間の生活の中で人間に近い動物については、その特徴部分を量詞として用います。たとえば“一口猪”、“一峰骆驼”、“一条鱼”、“一条狗”などです。

“双”：必ず2つで1セットと数えるものについて用います。たとえば“筷子”、“鞋子”、“袜子”などです。また、2つで1セットのものの片方だけを言う場合には、量詞として“只”が用いられるということも、説明する必要があります。

これらの量詞も、漢字の同音異義による誤解を避けるための方策として生まれました。先に述べた通り、量詞は名詞をグループ分けした、そのグループに共通の数え方です。そして「数詞＋量詞＋名詞」という語順で表現されます。つまり、量詞が表現されることによって、さらにその後ろで表現されるものが名詞であると確定できるということです。

日本語の中にもこの量詞という概念は入ってきましたが、名詞をグループに分けるときの概念が中国語と異なります。たとえば、中国語では箸と靴は2つで1セットの物という捉え方で同じ量詞を用い、どちらも“双”と数えます。しかし、日本語では箸と靴では類別詞は異なり、箸は「一膳」、靴は「一足」と数えます。これは日本と中国の生活習慣の相違から、グループの分け方にこういう違いが生じたと考えられます。学習者にはこういうことを説明することがとても大切です。

6-3 単音節語の複音節語化

時代が新しくなるにしたがって、コミュニケーションの内容が複雑になっていき、それに対応して単音節語の誤解を避けるため、単音節語がどんどん複音節語化していきました。複音節語化には下記のようなものがあります。

1. 名詞＋接尾辞：桌子、椅子、石头
2. 名詞＋方位詞：东边、南边、西边、北边
   上边、下边、里边、外边、左边、右边、前边、后边
3. 名詞＋意味的に近いもの：春天、夏天、秋天、冬天
4. ほぼ同じ意味のものを重複させたもの：人民、朋友、学习、喜欢
5. 動詞に補語的要素を付加したもの：说明
6. 結果補語：看见、听见
7. 離合詞：结婚、散步、发烧、生气
8. “好”＋形容詞：好看、好听
9. 形容詞に補語的要素を付加したもの：漂亮

上記の１～９に挙げた例語は、現在では辞書などで一語扱いされている例です。たとえば６の結果補語の場合、“看见”や“听见”はどの辞書でも一語でエントリーされていますが、すべての結果補語表現が一語になりきっているわけではありません。また８の“好看”や“好听”はどの辞書でも一語でエントリーされていますが、“好吃”や“好喝”はエントリーされている辞書と、エントリーされていない辞書があります。しかし現代中国語では二音節語の語彙が非常に多くなっていますし、今後ますます増えていくことでしょう。このような中国語の変遷も、教える側は知っておく必要があります。

7. 今後の中国語

今後の中国語は、まず語彙において、音声的には、複数の音を持つものが１つの音に収斂されていく傾向にあります。しかし語彙の種類においては、漢字圏以外の地域からの外来語がますます増えていくでしょう。さらに中国語は、漢字の二音節語彙を無尽蔵に造語することが可能な言語です。社会の変化と社会の複雑化に連動して、コミュニケーションがより重要かつより複雑になっていくにしたがって、今後、新たな二音節語彙がますます造語されていく可能性が非常に高いと言うことができます。藤堂、相原 1985（p.5）には、「語彙面では、“朋→朋友”“人→人民”“国→国家”のように二音節の熟語が後になるほどふえますが、それはもう戦国時代から見られる現象です。」と書かれています。戦国時代とは、紀元前 403 年から紀元前 221 年を指します。つまり中国語は、2400 年ほど前から漢字の二音節語彙化が始まり、それがずっと続き、さらには今後も新たな二音節語彙がどんどん増え続けるということです。

中国語の歴史とは、一漢字では抽象性が極めて高い漢字を用いて、事象、現象、心象を、いかに具象化して表現していくか、という歴史であるということができます。そのための１つの方策が二音節語彙の造語です。そしてその他、「Ⅲ. 表現部」で解説した内容のすべてが、中国語を具象化していくための方策の１つ１つであるということができます。したがって、今後これらの方策が変化したり、また新たな方策が生み出されたりしていくことは間違いないでしょう。

[6] 中国語の文の構造のまとめ

以上、「Ⅲ．表現部」において、中国語の表現について、文法項目を中心に解説してきました。本書の最後に、以下で、中国語の文の構造の全体像が分かるように、本書で取り上げた中国語の文法項目についてまとめておきます。

1．文型から見た構造のまとめ

「[2] 各文法項目の説明に入る前に」の「2．中国語の基本文型」において、本書における中国語の４つの基本文型について解説しました。以下で、そのうち３つの基本文型において、各文法項目が共起した場合の語順をまとめて示しておきます。各文法項目の下に挙げてある語彙は、テキスト『会話編』と『講読編』で取り上げたものです。

〈名詞述語文〉

主　題	＋	述				部		
[主題語]	＋	[　副詞	＋	“是”	＋	述部の中心語	＋	語気助詞　]。
		↓				↓		↓
		“也／都／还／就／才／不”				述語名詞（句）		“呢／吧／吗／啊”

〈形容詞述語文〉

主　題	＋	述		部		
[主題語]	＋	[　副詞	＋	述部の中心語	＋	語気助詞　]。
		↓		↓		↓
		“很／真／特别／太／也／都／还／就／才／不”		述語形容詞		“的／了／呢／吧／吗／啊”

〈動詞述語文〉

主　題 ＋　述　部

[主題語] ＋ [副詞＋助動詞＋前置詞句＋述部の中心語＋時態助詞＋動量詞＋語気助詞]。

前置詞句 → 前置詞＋名詞　“把／给／在／被／让／叫／使”

述部の中心語 → 述語動詞

動量詞 → “一下儿／一点儿／一会儿”

助動詞 → “会／能／可以”　“想／要／得／应该”

時態助詞 → “了／着／过”

語気助詞 → “的／了／呢／吧／吗／啊”

副詞 → “也／都／还／就／才／不／没”

☆「目的語」は述語動詞の後方に表現されます。

2. 名詞、形容詞、動詞の修飾表現（前から説明・限定する表現）

以下は、修飾成分と被修飾成分の語順についてのまとめです。

1.　連体修飾成分（＋“**的**”）＋ 名詞

2.　連用修飾成分　＋　形容詞

3.　連用修飾成分（＋“**地**”）＋ 動詞

情報伝達構造という観点から、[2] で「3. 情報伝達構造から見た「中国語の文の語順三原則」」について解説しました。その「原則 3」が中国語の名詞、形容詞、動詞と修飾成分の語順についてです。表現例については、「原則 3」の説明部分で確認してください。

3. 形容詞と動詞の補語表現（後ろで支えて補足説明する表現）

以下は、形容詞と動詞の補語の表現のまとめです。

1. 形容詞＋程度補語	忙**极了**
	高兴**得很**
形容詞＋様態補語	高兴**得**跳起来了
2. 動詞＋結果補語	看**完**、听**懂**
動詞＋方向補語	
単純方向補語	走**来**、跑上
複合方向補語	走**上来**、跑**下去**
動詞＋様態補語	唱**得**很好　／　唱**得**不好
動詞＋可能補語	找**得到**　／　找**不到**

授業の中においては、各文法項目を個別に説明せざるを得ないと思います。しかし教師としては、上記の 1、2、3 でまとめたように、中国語の文の全体像を把握しておくことが必要です。

参考文献

本書を執筆するにあたって、直接参考にした著書や論文に限って、以下に挙げておきます。

1898年、馬建忠《馬氏文通》商務印書館1983年版
1924年、黎錦熙《新著国語文法》商務印書館1982年版
1942年、呂叔湘《中国文法要略》商務印書館1982年版
1943年、王力《中国現代語法》商務印書館1985年版
1945年、王力《中国語法理論》山東教育出版社1984年版
1948年、高名凱《漢語語法論》商務印書館1986年版
1948年、趙元任『Mandarin Primer』HARVARD UNIVERSITY PRESS
1958年、《漢語教科書》北京大学
1959年、張志公等《漢語知識》人民教育出版社
1960年、三上章『象は鼻が長い』くろしお出版
1961年、丁声树等《现代汉语语法讲话》商务印书馆1979年版
1973年、鈴木孝夫『ことばと文化』岩波新書、
1975年、大河内康憲「“是”のムード特性」『大阪外国語大学学報』33号
1975年、三上章『三上章論文集』くろしお出版
1980年、吕叔湘主编《现代汉语八百词》商务印书馆
1981年、田中克彦『ことばと国家』岩波新書
1981年、倉石武四郎『ことばと思惟と社会　倉石武四郎著作集第一巻』くろしお出版
1981年、太田辰夫『中国語歴史文法』朋友書店
1981年、历为民「试论轻声和重音」《中国语文》1981年第1期
1982年、朱德熙《语法讲义》商务印书馆
1983年、刘月华等《实用现代汉语语法》外语教学与研究出版社
1985年、藤堂明保、相原茂『新訂 中国語概論』大修館書店
1986年、村松恵子「“了”の意味と機能」『名古屋大学人文科学研究』第16号
1987年、张静《汉语语法问题》中国社会科学出版社

1988 年、村松恵子「“着”の文法的意味」『中国語学』第 235 号
1990 年、中山時子他『中国語離合詞 500』東方書店
1992 年、村松恵子「現代中国語の談話的分析～談話の展開とその表現形式～」博士論文（名古屋大学大学院文学研究科文博第九号）
1994 年、杉村博文『中国語文法講座』大修館書店
1996 年、木村英樹『中国語はじめの一歩』ちくま新書
1998 年、大島正二『中国言語学史（増訂版）』汲古書院
2001 年、刘月华等《实用现代汉语语法（增订版）》商务印书馆
2001 年、平井勝利、松浦暢子「軽声音節試論」『ことばの科学』第 14 号、名古屋大学言語文化研究会
2002 年、金谷武洋『日本語に主語はいらない』講談社選書メチエ
2003 年、庵功雄『『象は鼻が長い』入門』くろしお出版
2006 年、加賀野秀一『日本語を叱る！』ちくま新書、
2007 年、小浜逸郎『言葉はなぜ通じないのか』PHP 新書
2007 年、謝平「日本語の「ちょっと」と中国語の“有点”について」『ことばの科学』第 20 号、名古屋大学言語文化研究会
2007 年、中村雅之「官話と北京語」『KOTONOHA』第 54 号、古代文字資料館発行
2008 年、鳥井克之編著『中国語教学（教育・学習）文法辞典』東方書店
2008 年、謝平「“有点 A（了）”与“A（了）一点”」《现代汉语》（下旬刊）
2010 年、丸尾誠『基礎から発展までよくわかる中国語文法』アスク出版
2011 年、大島正二『中国語の歴史』大修館書店
2012 年、平井勝利『教師のための中国語音声学』白帝社
2012 年、木村英樹『中国語文法の意味とかたち』白帝社
2012 年、中村雅之「明清官話の周辺」『KOTONOHA』第 117 号、古代文字資料館発行
2013 年、岡田英弘『岡田英弘著作集Ⅰ（歴史とは何か）』藤原書店
2016 年、相原茂他『Why？にこたえるはじめての中国語の文法書（新版）』同学社
2019 年、村松恵子『現代中国語談話論』好文出版

2021 年、川島真『中国近現代史②近代国家への模索』岩波新書

〈中国語テキスト〉

2007 年、本間史、孟広学『中国語ポイント 55』白水社

2008 年 a、劉頴、喜多山幸子、松田かの子『1 冊目の中国語・会話クラス』白水社

2008 年 b、劉頴、喜多山幸子、松田かの子『1 冊目の中国語・講読クラス』白水社

2009 年、小川郁夫『初級中国語　教科書＋参考書』白帝社

2011 年 a、平井勝利監修『キャンパス中国語・会話コース』白帝社

2011 年 b、平井勝利監修『キャンパス中国語・講読コース』白帝社

2014 年 a、木村英樹、宮本徹『中国語Ⅰ（'14)』NHK 出版

2014 年 b、木村英樹、宮本徹『中国語Ⅱ（'14)』NHK 出版

2018 年 a、宮本徹『中国語Ⅰ（'18)』NHK 出版

2018 年 b、宮本徹『中国語Ⅱ（'18)』NHK 出版

2019 年、丸尾誠、勝川裕子、李軼倫『初級中国語この 1 冊』金星堂

2019 年、杉野元子、黄漢青『(改訂版）大学生のための初級中国語 24 回』白帝社

2021 年、小野秀樹他『汉语课本』白帝社

〈辞典、事典類〉

1969 年、『中国語学新辞典』中国語学研究会編、光生館

1992 年、『言語学百科事典』大修館書店

2003 年、『日本国語大辞典（第二版)』小学館

2004 年、《现代汉语规范词典》外语教学与研究出版社、语文出版社

2008 年、『中国語教学（教育・学習）文法辞典』鳥井克之編著、東方書店

2012 年、『大辞泉（第二版)』小学館

2016 年、《现代汉语词典（第 7 版)》商务印书馆

2018 年、『広辞苑（第七版)』岩波書店

2022 年、『中国語学辞典』日本中国語学会編、岩波書店

おわりに

今回、本書を書き終えたところで痛感したことがあります。それは「中国語から中国語を見る」という姿勢で体系化された、実用的な「中国語文法論」というものが必要であるということです。文法論は実用的であることが重要です。藤堂、相原 1985（p.38）には、「「論」とは、しらずしらずの間に慣れ親しんでいる人間行為について、それを整理してみて、無意識の中にひそんでいる理を、いささか顕在化しようという、つつましい学問のことです」とあります。ここでいう「理」とは、ある文法項目について、単にその用法を列挙するということではなく、「用法 1、用法 2、…用法 n」を貫く、その文法項目の本質のことであり、また、「なぜそうなのか」ということであると思います。こういう姿勢で「中国語とはどういう言語であるのか」ということを考察することが重要であるということは、本書の随所で述べてきました。無意識の中に潜んでいる「理」なるものは、「中国語を中国語から見る」という姿勢がなければ明らかにすることはできません。そして、このような考えに基づいて書かれた、体系的で実用的な中国語文法論が作られなければならないと思っています。さらには、このような中国語文法論に基づいた中国語教育のための「中国語教育文法」と、その「解説書」あるいは「教授法テキスト」というものを作る必要があると思います。そしてさらに、「中国語教授法テキスト」というものを考える場合、そこには必ず「中国語教育音声」についても書かれなければならないと考えます。

私はこれまで約 40 年間中国語研究と中国語教育に携わってきました。本書にまとめた内容は、その 40 年間に考えたり、論文としてまとめたりしてきた内容であるということができます。さらにまた、問題提起を主旨として取り上げた項目もあります。しかし、特に各文法項目で心掛け、試みたのは、どの項目においても、単に「用法 1、用法 2、…用法 n」を記述するということではありませんでした。私が心掛け、試みたのは、単に「これはこうです」と説明するのではなく、各文法項目を貫く本質を考察すること、そして「なぜそうなのか」についての解説を加えることでした。

中国語の場合、学習者は大学生であっても、英語と違って、そのほとんどが中国語の初学者です。したがって、教師が「こうだ」と言えば、それで済んでしまうということが多いかもしれません。しかし、学習者は子どもではなく、「大人」です。したがって、教師の側は、きちんと「理屈」を説明できなければなりません。そして「はじめに」で述べたように、大学において「学生の知的好奇心を刺激する」講義を目指すよう､心掛ける必要があると思っています。

本書を読んでくださった中国語教師の方々や、現在中国語教師を目指している方々にとって、本書に書かれていることが、中国語について、あるいは中国語教育について、いろいろと考えるきっかけや手掛かりとなることを願っています。

さらには本書が、「中国語から中国語を見た」、体系的で実用的な「中国語文法論」、そして「中国語教育音声」、「中国語教育文法」とその「解説書（教授法テキスト）」のたたき台となれば、これほどうれしいことはありません。中国語で表現すれば“抛砖引玉”でしょうか。そして本書よりもっともっと中国語の「理」を解き明かした、さらには中国語の本質に迫った「中国語解説書（教授法テキスト）」が出版されることを期待しています。

最後に、今後、中国語学研究の分野と中国語教育の分野がさらに一層連携し、それによって両分野がさらなる発展、進歩を遂げていくことを願ってやみません。

本書の出版は、白帝社編集部の岸本詩子さんの多大なご協力によって実現しました。ここに記して心より感謝の意を表します。

村松　恵子

著者略歴

村松恵子　名古屋大学文学研究科博士課程後期課程修了（文学博士）
名城大学経営学部教授
専門―現代中国語学、日中対照言語学
主な著書：『現代中国語談話論―その帰納的実証研究―』
（好文出版）

中国語教師のための基礎講座
―入門から初級レベルの教授法

2023年8月15日　初版発行
2024年3月14日　第2刷発行

著　者　村松恵子
発行者　佐藤和幸
発行所　白帝社

〒171-0014　東京都豊島区池袋2-65-1
電話 03-3986-3271　FAX 03-3986-3272
info@hakuteisha.co.jp
https://www.hakuteisha.co.jp/

組版・印刷　倉敷印刷㈱　製本　大倉印刷㈱　装丁　㈱アイ・ビーンズ

printed in Japan 6914　ISBN978-4-86398-545-2

中国語音節全表

	韻母＼声母	(1) 介母 ϕ															(2) 介母 = i			
		a	o	e	-i		er	ai	ei	ao	ou	an	en	ang	eng	ong	i	ia	iao	ie
	ϕ	a	o	e			er	ai	ei	ao	ou	an	en	ang	eng		yi	ya	yao	ye
①	b	ba	bo					bai	bei	bao		ban	ben	bang	beng		bi		biao	bie
	p	pa	po					pai	pei	pao	pou	pan	pen	pang	peng		pi		piao	pie
	m	ma	mo	me				mai	mei	mao	mou	man	men	mang	meng		mi		miao	mie
	f	fa	fo						fei		fou	fan	fen	fang	feng					
②	d	da		de				dai	dei	dao	dou	dan	den	dang	deng	dong	di		diao	die
	t	ta		te				tai		tao	tou	tan		tang	teng	tong	ti		tiao	tie
	n	na		ne				nai	nei	nao	nou	nan	nen	nang	neng	nong	ni		niao	nie
	l	la		le				lai	lei	lao	lou	lan		lang	leng	long	li	lia	liao	lie
③	g	ga		ge				gai	gei	gao	gou	gan	gen	gang	geng	gong				
	k	ka		ke				kai	kei	kao	kou	kan	ken	kang	keng	kong				
	h	ha		he				hai	hei	hao	hou	han	hen	hang	heng	hong				
④	j																ji	jia	jiao	jie
	q																qi	qia	qiao	qie
	x																xi	xia	xiao	xie
⑤	zh	zha		zhe		zhi		zhai	zhei	zhao	zhou	zhan	zhen	zhang	zheng	zhong				
	ch	cha		che		chi		chai		chao	chou	chan	chen	chang	cheng	chong				
	sh	sha		she		shi		shai	shei	shao	shou	shan	shen	shang	sheng					
	r			re		ri				rao	rou	ran	ren	rang	reng	rong				
⑥	z	za		ze	zi			zai	zei	zao	zou	zan	zen	zang	zeng	zong				
	c	ca		ce	ci			cai		cao	cou	can	cen	cang	ceng	cong				
	s	sa		se	si			sai		sao	sou	san	sen	sang	seng	song				

(2) 介母 = i						(3) 介母 = u									(4) 介母 = ü			
iou	ian	in	iang	ing	iong	u	ua	uo	uai	uei	uan	uen	uang	ueng	ü	üe	üan	ün
you	yan	yin	yang	ying	yong	wu	wa	wo	wai	wei	wan	wen	wang	weng	yu	yue	yuan	yun
	bian	bin		bing		bu												
	pian	pin		ping		pu												
miu	mian	min		ming		mu												
						fu												
diu	dian			ding		du		duo		dui	duan	dun						
	tian			ting		tu		tuo		tui	tuan	tun						
niu	nian	nin	niang	ning		nu		nuo			nuan				nü	nüe		
liu	lian	lin	liang	ling		lu		luo			luan	lun			lü	lüe		
						gu	gua	guo	guai	gui	guan	gun	guang					
						ku	kua	kuo	kuai	kui	kuan	kun	kuang					
						hu	hua	huo	huai	hui	huan	hun	huang					
jiu	jian	jin	jiang	jing	jiong										ju	jue	juan	jun
qiu	qian	qin	qiang	qing	qiong										qu	que	quan	qun
xiu	xian	xin	xiang	xing	xiong										xu	xue	xuan	xun
						zhu	zhua	zhuo	zhuai	zhui	zhuan	zhun	zhuang					
						chu		chuo	chuai	chui	chuan	chun	chuang					
						shu	shua	shuo	shuai	shui	shuan	shun	shuang					
						ru	rua	ruo		rui	ruan	run						
						zu		zuo		zui	zuan	zun						
						cu		cuo		cui	cuan	cun						
						su		suo		sui	suan	sun						

本書に準拠した初級テキスト

中国語入門から初級の　　ISBN 978-4-86398-543-8

基礎力養成講座　会話編　トレーニングで力をつけよう！

中国語入門から初級の　　ISBN 978-4-86398-544-5

基礎力養成講座　講読編　エクササイズで力をつけよう！

村松恵子・謝　平　著

□ともにB5判・120ページ／本体2400円＋税　音声ダウンロード

■発音部＋表現部 18 課

■発音と文法を体系的に学び、中級につながる基礎力をしっかり養える。

■『会話編』—練習問題は置き換え練習によって「拼音＋声調」を書く訓練形式。**理解の重点は中国語の「音の仕組み」の把握。**

■『講読編』—練習問題は「表現のポイント」で示した文型の応用短文の発音と和訳が中心。**理解の重点は中国語の「文の仕組み」の把握。**

■週 2 回の授業では 2 冊の並行使用が発音、構文理解の両方に効果抜群。

【本文日本語訳 TM】

中国語の音声についてさらに深く理解したい人のために

教師のための中国語音声学　　ISBN 978-4-86398-119-5

平井勝利　著

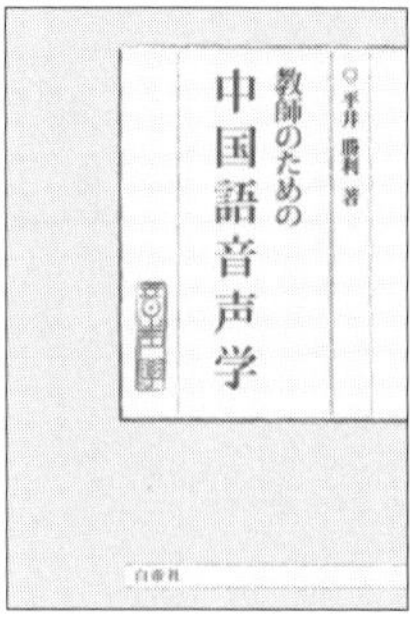

■A5判・160ページ／本体2000円＋税

■中国語教育に携わっている人、これから教えようとしている人を対象とした、中国語音声学待望の書。

■中国語音声の諸事象について、客観的な根拠をもとに、体系的、構造的、法則的に解説し、中国語教師が自信をもって説明し、自信をもって音声指導ができるように、具体的な事例を挙げて解説。